SEIZA

SAGA OJIVAS

Xavier Massa

Seiza
Saga Ojivas

Primera edición: 2024

ISBN: 9788410410374
ISBN eBook: 9788418832543

© del texto:
  Xavier Massa

© del diseño de esta edición:
  Caligrama, 2024
  www.caligramaeditorial.com
  info@caligramaeditorial.com

Impreso en España – Printed in Spain

Para ellas

Bienvenido al mundo Seiza si quieres saber más ....

@SEIZA_SAGAOJIVAS

PRÓLOGO

Hace años que conozco a Xavier y si algo lo caracteriza y lo diferencia es su pensamiento innovador y su capacidad de análisis. Su cabeza está siempre en constante movimiento e ideando cosas nuevas. Es un claro ejemplo de que combinar ambas habilidades es más que posible. Su capacidad analítica le permite pensar de manera creativa y viceversa. Muestra de ello es Seiza, donde el ingenio y la imaginación se unen a un largo trabajo de documentación y estudio previo para relatar ciertas escenas de la obra, como la propuesta fictiva literaria del capítulo "Estados no newtonianos".

"El futuro es complicado, el despertar de una tecnología que dio una vuelta de tuerca a las posibilidades de la capacitación humana no solo quintuplicó la esperanza de vida, acabó con enfermedades y redujo el dolor...". Este fragmento es un claro ejemplo de cómo Xavier ha explorado a fondo las infinitas posibilidades tecnológicas, provocando que, mientras disfrutas del thriller, incluso te atrevas a especular sobre las implicaciones de los avances científicos que desarrolla la historia.

Seiza supone adentrarte en un mundo tecnológico donde la ciencia ficción y el thriller se combinan para crear una obra literaria innovadora y original, con una trama transgresora capaz de generar un debate ético en torno a la inmortalidad humana. Sin duda, estos son aspectos clave que, a lo largo del relato, te impulsan a querer saber más y no poder dejar de leer.

El minucioso análisis de algunas escenas, la detallada descripción de los personajes, la ambientación de la obra y, sobre todo, el realismo y la credibilidad de los diálogos dotan a Seiza de una gran verosimilitud. Varios de los acontecimientos que se desarrollan podrían incluso materializarse en un futuro cercano, dada la velocidad a la que avanza la tecnología.

Aunque la historia principal transcurre en el año 2095, los sucesos varían en el tiempo. La secuencia cronológica del relato se altera con numerosos flashbacks, que generan una intriga constante en la historia al revelar detalles significativos del pasado de los personajes, esenciales para la trama.

Estos saltos temporales no solo se narran en la obra, sino que Xavier ha ido más allá al incluir líneas de tiempo que destacan los hechos más relevantes y los saltos cronológicos. Una idea diferente que añade singularidad al libro.

Si mezclas esta combinación de géneros y originalidad en una coctelera y la agitas bien, solo puede surgir una explosión de sensaciones fascinantes que no te dejará indiferente.

Miriam Marco

CAPÍTULO 1
DECISIONES

LIMITACIONES HUMANAS

Playa del Dosel, Valencia,
15 de octubre de 2095

Hacia la orilla, el silencio es tan intenso que incluso puede escucharse el sonido del agua al filtrarse entre las cavidades de sílice y sal justo a los pies de Pablo.

El inexistente oleaje deja tiempo suficiente para que el joven encuentre esa serenidad que tanto busca en la inmensidad de un mar donde, por ahora, predomina el reposo.

En el extremo de la pierna del muchacho pueden apreciarse tres perfectas marcas de igual forma y dimensión, con el relieve propio de un antiguo tatuaje que la piel nunca dejó marchar.

Ahora, en el mar, los últimos reflejos con los que el sol hace brillar el agua destapan la antagónica propuesta del horizonte que invade el cielo con una tormenta eléctrica que resquebraja la entereza de Pablo con cada nuevo asedio.

Sus tobillos comienzan a sentir el agua a través del traje, mientras los segundos que separan cada trueno anuncian la proximidad de la némesis que los dioses reservan para los creyentes más transgresores.

Indolente ante la situación, se adentra en el mar con su material de *windsurf*. Pese a no llevar auriculares en los oídos, Pablo hace desaparecer el sonido de la tormenta a través de una canción, que escucha como si saliera de su interior y que le ayuda a romper con su realidad.

Por fin, la explosión que lo libera de la sensación de estar atado a su propia naturaleza coincide con el vuelo de su primera acrobacia y el estallido de la música que escucha. Después de todo, parece que ya tiene lo que quería, aunque en contrapartida haya olvidado asuntos tan importantes como su propia integridad.

Una gran cantidad de *rallies*, saltos y caídas desde su tabla llevan de la mano el deterioro de las condiciones climáticas y la inconmensurable locura de un mar al que toda la humanidad le debe muchas explicaciones.

Durante las siguientes horas, la noche se encargará de tomar el relevo a una tormenta que, rehusando caer en lo monótono, continuará incrementando su entropía hasta dejar el temporal sumido en la oscuridad de la noche.

Horas después... 16 de octubre de 2095

En la misma playa de la tarde anterior, el agua aspira a sortear las nuevas irregularidades que aporta el rostro del joven contra la arena.

El devastador e inexplicable final de unos veinticinco años, propiedad del alto, guapo e imprudente navegante, se extienden en decúbito lateral, a la espera de la alerta de algún casual transeúnte.

Sus ojos azules permanecen medio abiertos, lo que certifica con esa mirada perdida que aquella piel morena que envolvía los 1,85 metros de su cuerpo no volverá a la vida.

Un sonido intermitente, como la recarga de un dispositivo electrónico de alta velocidad, se acopla a la perfección con la carga lumínica que despliegan aquellas tres marcas que escondía la piel de su tobillo.

En la sien, otra distinción idéntica a la anterior, oculta detrás del pelo, de igual intermitencia, expone su parpadeo al alcance de cualquier persona, incluso a plena luz del día.

Con la misma indiferencia a la muerte que a diario llega a todo ser vivo, el sol asoma por fin con la primera luz del día y augura un hallazgo inminente al que seguirá de cerca el correspondiente despliegue de atestados y ambulancias.

Sin embargo, en el mismo momento en el que el sonido de una gaviota destroza la idoneidad del ambiente lúgubre que se ha generado en torno a la muerte del joven, la playa descubre una realidad que poco se corresponde con la más cabal de las presunciones.

Nada parece encajar. Alrededor del cadáver que adorna ahora la orilla, no hay más que el murmullo de las escasas conversaciones de transeúntes y deportistas que sugieren que a nadie de los presentes le importa lo suficiente ni como para hacer el mínimo esfuerzo de sortear el cadáver con respeto.

LA SOLUCIÓN DE ESTER

Hospital La Fe, Valencia,
23 de octubre de 2034

El sol radiante y el bullicio de la ciudad anticipan un mundo irremediablemente insensible a las tropelías que el destino reserva a quien solo busca preservar la continuidad genética de una familia.

—Siento que la vida esté haciendo esto contigo, Rose, pero seguro que no pasará mucho tiempo hasta que consigas verlo como una oportunidad.

Frente a unos padres cuya magnitud de dolor es fácilmente interpretable, puede distinguirse un equipo de médicos que poco tiene que ver con el hombre, cuya intensa y grave voz había cruzado las paredes de la habitación donde se encontraban.

El traje sin corbata y camisa abierta de Glyn Torres viene acompañado por dos personas a cada lado, impasibles ante el discurso y prescindibles ante la situación.

Cada gota de dolor que se acumula entre los párpados de la mirada perdida de la madre, Rose Mora, responde a varios años de tortura emocional.

Una niña llamada Ester de tan solo cinco años, dormida en una habitación que infiere limpieza extrema y que atiende al nombre de «Unidad de Aislamiento de Alto Nivel», encarna el sinvivir de unos padres que ultiman las conversaciones con las que exprimir hasta la última opción y ofrecer a su hija lo más parecido a una vida.

—No sentirá la diferencia, no sentirán la diferencia. Si todo sale bien, nadie más que tú sabrá que está ahí dentro, si es que es eso lo que quieres —continúa Glyn Torres. Las pausas dejan ver la resignación del equipo médico al no poder hacer nada más—. No tengo ninguna duda de que hablamos del futuro. El problema, una vez más, es hablar del futuro de quién, o mejor dicho, ¿el futuro con quién?

»Rose... —apuntala la única persona que ha intervenido hasta el momento—, no quiero decirte lo que debes hacer, pero con todo lo que me ha pasado en la vida, y sabiendo el potencial de mi planteamiento, yo no tendría ninguna duda —añade mientras cierra el puño con fuerza.

Al que todos llamaban «el anciano», pese a sus sesenta y dos años recién cumplidos, se le habían torcido ya demasiados capítulos personales en la vida. Su infelicidad llegó a mermar hasta tal punto su físico que incluso necesitaba bastón para desplazarse y un audífono en el oído derecho.

A pesar del adinerado patrimonio de la familia Torres, Glyn no hacía gala de ello más que con algunas pocas costumbres, entre las que no estaban ni la forma de vestir ni la de tratar a las personas.

Todo aquello no quería decir que no cuidara su aspecto personal, el cual presentaba un afeitado diario, más pelo en la cabeza del que muchos a su edad quisieran, aunque tomado en su totalidad por las canas, y una mirada despierta en los mismos ojos marrones con los que intenta convencer a unos padres que ya están tan perdidos como exhaustos.

Por fin, Rose reacciona y se dirige a la única persona que proponía algo diferente que simplemente estar a la expectativa.

—¿Cuál es el siguiente paso?

El anciano, lastrado más por su pasado que por su edad y el estrés al que está sometido, tuerce todo lo que le permite su postura a la derecha para indicar a su colega el próximo movimiento que debe ejecutar.

Consciente de la situación y a través de un rostro petrificado, temeroso de mostrar cualquier tipo de emoción, un abogado desliza sobre la mesa el documento en el que los tutores deben plasmar su conformidad.

La espera del próximo movimiento de Rose se convierte para Glyn en la detección de un sinfín de peculiaridades que, por mucho que lo intente, no puede obviar. Buena prueba de ello es la impasividad del equipo médico, e incluso los ojos vidriosos de quien, *a priori*, consideraban el jurista más insensible y cuyo cometido debía limitarse a hacerles llegar el contrato.

MARIAN

Parque Tecnológico de Valencia,
23 de octubre de 2034

—Y, por fin, aquí lo tenéis, 2500 m² de oficinas con el personal más profesionalizado del sector. Todos ellos trabajando en una única dirección, el desarrollo energético sostenible de toda la industria de nuestra pequeña ciudad —explica una joven llamada Marian Sanz frente a un equipo de posibles inversores fascinados con la impactante imagen de un edificio dotado con los últimos avances tecnológicos—. No se dejen engañar, somos conscientes de que nuestros métodos pueden llegar a impresionar, pero a pesar de todo no debemos olvidar que nuestra fortaleza es nuestro equipo humano —continúa explicando la joven.

De pronto, una luz rotativa que acompaña a un leve sonido intermitente anuncia el movimiento de los cubículos acristalados situados en el piso 13, los desplaza hacia el centro y anuncia así a todos los demás departamentos un problema en la línea de generación térmica que abastece de energía el sector 7 de la ciudad.

—El corazón del edificio en el que nos encontramos está situado en la planta 17. Como pueden ver, el edificio está hueco por dentro y cada uno de los cubículos es accionado hacia el eje, en función de las necesidades o éxitos que cada equipo de trabajo presente. Y sí, como pueden ver, ¡incluso con ellos trabajando en su interior! —exclama Marian—. Una solución simbólica que, en efecto, es tan cara como efectiva. Con ello conseguimos que el personal del edificio tenga presente en todo momento donde se encuentra el mayor desafío al que se enfrenta nuestra compañía.

Marian Sanz, responsable comercial de Horizon Energy Industries, perfila el final de una presentación llena de posibilidades con las que siempre consigue ofrecer un valor añadido, sin ni siquiera tener la necesidad de emplear el recurso gramatical que lo define.

Con apenas veintinueve años, lleva las cuentas más poderosas del mundo, interesadas no solo en la promoción a nivel global, sino en de ser objeto de la metamorfosis conceptual que las marcas experimentan gracias a su asesoría.

Lo completa una preciosa piel blanca con pecas a los lados de la nariz, sobre un cuerpo que bien podría encontrarse en un desfile de moda, si no fuera por el don con el que día tras día lucha para hacer destacar su capacidad de gestión sobre el de su atractivo.

Además del brazo con el que sostiene una carpeta cerca de su pecho, puede distinguirse un bolígrafo que a duras penas sujeta su enorme cabellera ondulada y de color castaño; muestras evidentes de un duro día de trabajo.

Sus ojos de color verde aceituna son capaces de pasar desapercibidos detrás de las gafas de vista que acompañan un modo de vestir profesional y algún que otro complemento, con el que consigue disimular ciertas cicatrices a la altura de la muñeca.

Su jefe, junto a los potenciales inversores que apenas alcanzan la estatura de Marian, no puede hacer más que estremecerse ante la seguridad y cercanía con la que la única responsable del contacto mantiene atados a los invitados. Entre los asistentes destaca un afroamericano conocido como Hang Maison, cuyo semblante aún no había podido doblegar.

Advertidos de la diversidad conductual de este hombre tan poderoso, la disyuntiva tiene a todo el equipo en ascuas, mientras este último pierde la vista en la dinámica que se ha generado en todo el edificio.

Para Marian, la espera adquiere un matiz diferente al haber perdido la noción del tiempo durante un instante. La vibración de su teléfono móvil, oculto tras su carpeta, la ha estado avisando de que su mejor amiga Leire ya la apremiaba para ir a celebrar lo que todavía no era una realidad.

De vuelta con ellos, Marian comienza a fijarse en ciertos rasgos físicos del líder del equipo de inversores al no poder distinguir en él ni el más leve pestañeo mientras continúa deliberando. Los 1,80 metros de altura de Maison vienen acompañados de un traje a medida con una barba bien perfilada y el clásico pelo rizado que denota sus raíces africanas.

A su estatura hay que sumarle una envergadura media que alcanza con la clásica barriga de un hombre que rozará los cincuenta y cinco años. Y aunque su piel tan morena consiga disimular los efectos de la edad, las canas de su barba indican lo contrario. Aunque, a decir verdad, nadie se atrevería a describir a Hang por sus rasgos físicos o los típicos trajes caros que utiliza como coraza y que caracterizan a la mayoría de los tiburones de las finanzas. Lo que de verdad lo define es su clásica respuesta sonriente, con la que finge ocultar sus emociones y con la que insta en todas sus interacciones a seguir el cauce de sus planteamientos.

El vértice de todas esas multinacionales, y también responsable de la decisión que a todos mantiene congelados, dirige, después de todo, sus curiosos ojos rasgados y negros hasta los de la joven promesa del *marketing*. Asiente de forma casi inapreciable y demuestra plena conformidad en todos los aspectos tratados; por fin, el afroamericano acaba de dar a Marian algo por lo que lleva trabajando años.

De inmediato, y como si un resorte hubiera cambiado incluso su conducta, camina hacia el jefe de Marian con una sonrisa para, sin más, estrecharle la mano a la voz de su inconfundible «amigo», que siempre utiliza de muletilla con independencia del idioma en el que se exprese. La sonrisa del director de *marketing* y superior de Marian asoma a la vez que un mensaje de WhatsApp de Leire:

Tía, vente ya, te espero en el Fix You.

Marian permanece inmóvil, mientras cada uno de los asistentes desliza la mano por su hombro y gesticula en silencio como señal de agradecimiento. Unos golpecitos que anuncian su despedida llegan a través de Hang en la espalda de la chica, lo cual justifica una vez más la satisfacción del trato recibido y la impresionante presentación.

—No la dejes escapar, amigo, o me la quedaré yo —afirma Maison al tiempo que caminan hacia la salida de la planta desde donde se controla todo y sin reparar en que Marian aún ni se ha movido del sitio.

Por fin, la joven puede coger el teléfono y llamar a su insistente amiga, que responde sin haber acabado de sonar el primer tono.

—Tía, vente, ¿cómo te ha ido?

—Bien, pero estoy muerta. —Su insólita actitud no da muestras de satisfacción por haber culminado un trabajo que apunta a poder convertirse en uno de los mayores logros de su carrera y de Horizon Energy Industries.

Durante las últimas semanas, Leire trataba de no dar importancia al hecho de que su mejor amiga se hubiera distanciado y que, al fin y al cabo, pareciera más infeliz de lo normal.

—¿Pero lo has cerrado? Tía, vente. Mira, si te ha ido mal, vente, pero si te ha ido bien..., joder, vente más. ¿Lo has cerrado? —pregunta con el frenesí habitual que le caracteriza y encontrándose en ambientes antagónicamente diferentes.

—¡Sí! —responde abrumada por la forma de expresarse de su mejor amiga, que aplasta una pregunta sobre otra—. Pero no voy a ir, Leire, estoy muy cansada. Mañana hablamos, ¿vale? Necesito descansar, de verdad.

—Tía... Vale, mira, venga, enhorabuena, pero mañana por la mañana me paso, ¿vale? Descansa mucho, un beso.

—Pasadlo muy bien.

Las doce menos cuarto de la noche justifican el vacío de la calle, en la que nada más que los tacones de Marian llenan un ambiente desolador. Su lenguaje corporal podría ser el de una persona que ha celebrado y asimilado su éxito a marchas forzadas, sin embargo, ni ha sido así ni la expresión de su cara corresponde con la magnitud y el potencial que le puede reservar su carrera.

A pocos metros de la salida del edificio, sus pasos se ven ralentizados de forma significativa para distinguir con mayor seguridad lo que la espera a veinte metros. En la oscuridad, un niño de unos nueve años, delgado y de piel morena como la de un nepalés, viste una camiseta rota por varios sitios y unos pantalones que no lucen mucho mejor aspecto. En cambio, Marian se abraza a sí misma, evidenciando el contraste de una vestimenta que ella completa hasta con bufanda, frente a la poca ropa del chico.

Jugando con un gato con la misma destreza que emplearían dos felinos, y ante una situación que no tiene ningún sentido, sabe que de continuar andando en la misma dirección no tendrá más remedio que intercambiar alguna que otra palabra con ese niño llamado Akash.

A medida que se acerca a él, puede incluso distinguir como su ropa rota deja entrever un escuálido cuerpo en el que se le marcan todas las costillas. Parece un niño sacado de la habitual propaganda de ayuda a países en vías de desarrollo, en el que su pelo negro, más bien largo y que tapa hasta sus orejas, presenta tantos enredos como suciedad.

Cualquier otra persona se habría desviado. Sin embargo, Marian ya se ha detenido frente a los dos animalitos. Y como si ya lo conociera, sin reparar siquiera en que sus claros rasgos del Nepal vienen acompañados por capas y capas de suciedad, se dirige a él.

—¿Cómo se llama? —le pregunta al chico mientras acerca la mano para acariciar al animal que ya clava sus ojos en ella. Al tocarlo, arremete contra Marian y le hace un pequeño rasguño que apenas sangra, aun así, ninguno de ellos pierde el pulso de desviar la mirada.

—Recuerda las palabras, Marian... Yaveh Joshua —pronuncia el niño como si no hubiera oído la pregunta acerca del nombre del pequeño felino.

Las agujas del reloj son ahora las únicas que acompañan al movimiento del gato, el cual olisquea y acerca la boca hasta una gota de sangre de la joven que ha caído al suelo. De pronto, los dos animalillos comienzan de nuevo sus juegos y se marchan entre saltos y desvaríos, que no hacen otra cosa que aumentar la crudeza de la inmóvil expresión con la que han dejado a Marian.

Fix You, Valencia,
24 de octubre de 2034

Minutos más tarde, en la barra del local donde se originan las últimas tendencias de la ciudad, la mejor amiga de Marian, Leire, espera con Ángel y otros amigos a ser atendida por un camarero.

—Ponme tres chupitos —grita Leire en la dirección del barman.

De repente, en la perspectiva de su visión y ante los constantes zarandeos de la puerta de entrada, ven aparecer a la única persona capaz de completar una noche perfecta. Un grito de Leire, que llama de nuevo la atención del camarero, anuncia la inesperada aparición que han podido detectar en la entrada del local: es Marian.

Con la presencia de su amiga, se ve incapaz de cesar en los insistentes golpecitos que imprime en la mano de Ángel y con los que procura evitar que puedan perderse un segundo más de lo que ya habían dado por perdido.

—Cuatro, cuatro. Ponme uno más, anda —rectifica Leire medio cantando y ebria ahora también de felicidad.

Marian muestra por fin la enorme sonrisa que desvela el último encanto con el que, sin ninguna duda, haría enamorarse hasta al más arrogante de los presentes.

Al acercarse al grupo, da un enorme abrazo a Leire, puede que incluso más largo de lo que corresponde a un saludo afectuoso. Segundos después, y a través de Leire, las bebidas llegan a cada uno de ellos, lo que asegurará una embriaguez equiparable a la suya.

La música va llenando de risas y pasión las siguientes horas de la noche, a la vez que múltiples abrazos hacen captar, incluso con los ojos cerrados, el infinito sentimiento de afecto que las une.

Tanto es así que comienzan a alternar todos esos brindis con bailes con los que sin duda más de uno comienza a interpretar ciertas trazas de sensualidad y seducción. Absortas en lo que tienen entre manos, no pueden evitar que sus labios también participen en esa cautivadora conducta, a la que acompañan caricias que su teórico corazón heterosexual no podrá explicar mañana.

Fix You, Valencia,
25 de octubre de 2034

Las horas han dejado atrás una celebración que ya ven alejarse desde el taxi que los lleva a casa. Ángel, que ocupa el asiento de copiloto, se contonea para poder hablar con ellas y agarrarse a cada segundo de una noche que no querría que acabara. Leire apoya la espalda en uno de los lados de la parte trasera, con la irreverencia que le permite fingir que el vehículo es una limusina.

Después de haber dejado en casa a otra amiga, Marian ya ha hecho del asiento de atrás del copiloto su feudo y utiliza la ventanilla como ayuda para sostener la enorme cantidad de alcohol que trata de desequilibrar su cuerpo aun estando sentada.

—Pero yo no estoy diciendo eso —replica Leire sin saber ni la estructura de la frase con la que pretende puntualizar la conversación—. Ángel... ¡que no es lo que digo yo! Lo que yo digo es que hay cosas que no se pueden pagar ni con todo el dinero del mundo. Mira mi prima, por ejemplo —argumenta señalando a su amiga—. ¿Cuánto le pagarías si trabajara con nosotros?

La pregunta sitúa a Ángel en medio de un compromiso. Después de la escenita anterior de sus amigas en el Fix You, alguna mirada furtiva habría situado a Marian con todavía más evidencias de los sentimientos que Ángel siempre había tenido hacia Leire.

—Ya, pero, pero... Está claro que hay cosas que no se pueden pagar con dinero. Yo lo que digo es que no sabemos si de verdad algo tiene un precio hasta que te lo ofrecen, es como el juego del millón y vas bajando. —Bebido y condicionado por la atenta mirada de Marian, echa balones fuera.

—¿El del millón si le das un beso al taxista? —pregunta Leire ahogada entre risas provocadas por el alcohol y que se incrementan al percibir la mirada de reojo con la que el chófer declina la oferta.

Sin respuesta desde el asiento contiguo al del pelirrojo conductor, todo indica que la pausa se alargará confirmando un silencio incómodo.

—20 000 euros —afirma Marian.

—No te jode, el tío no está nada nada mal, 100 euros —apunta ahora Leire.

Las risas empiezan a ser incontenibles ante el caso omiso del chófer.

—¿Pero qué estáis diciendo? 50 euros y veréis qué bien —ultima Ángel.

—22,45 euros —anuncia el chófer al detener el vehículo.

—Tío, no te pases, eso es bajar mucho. —El grado irracional de la conversación que ha rematado Leire y que solo a ellos divertía se ha convertido ya en un burdo intento de disimular las risas.

—Aquí me bajo yo —afirma Marian, a la vez que se apea del coche dando pequeños saltos con los pies y los zapatos en mano.

Entre el amplio abanico de posibilidades de que dispone para despedirse, se inclina por la de besar su inmóvil mano clavando sus ojos en los de Ángel y dedicándole un cariñoso «Adiós, amor». En el medio de esta improvisada despedida, Leire la aplaca con cuidado haciendo caer sus zapatos y forzando el apoyo de mucha más parte del pie del que tenía previsto en principio.

Las risas desesperan cada vez más a un taxista que ya recibe los detalles del siguiente alto en el camino, a través de un copiloto que sonríe ante el espectáculo.

Un último abrazo acaba en las más sinceras y, con toda seguridad, repetidas palabras que la embriaguez ha provocado a lo largo de la historia de la humanidad.

—¡Te quiero! —anuncia Leire.

Playa del Saler, Valencia,
al mismo tiempo, 25 de octubre de 2034

Al otro lado de la ciudad, en la playa más desierta que propone la madrugada del otoño más cerrado, es imposible no fijarse en que apenas hay un solo detalle en el paisaje que no se vea afectado por el reflejo de la luz de la luna llena.

Entre aquellos pocos detalles que siguen ocultos, una cicatriz a la altura del lóbulo temporal ha logrado camuflarse para desviar la atención de una de las principales características que definen a Thian Matsuyama, un individuo oriental de mediana edad originario de Iwate, Japón.

Desnudo de cintura para arriba, Thian lleva a cabo su práctica en bucle alineando su silueta en un único ente junto a Akash, el niño que jugaba con aquel gato, y el afromaericano que acaba de cerrar el trato con Marian, Hang Maison.

Con absoluta precisión, ejecutan los mismos movimientos más allá de la comprensión de nadie que les pudiera observar y con una sincronía que a cualquiera hipnotizaría. Detrás de la concentración que sugiere cada movimiento, se percibe la pura esencia del dominio de una materia.

Sus coordinados movimientos seguirán alargándose una y otra vez, lo cual indicará que ha habido un encuentro absolutamente necesario a través de un ritual tan enigmático como elegante.

BUEN VIAJE

Barrio del Carmen, Valencia

En uno de los barrios más antiguos de la ciudad de Valencia, Ángel y Leire intentan cubrir con sus gafas de sol cualquier desvergüenza que la noche anterior desvelara de más.

—Joder. ¿Y por qué hacéis esas cosas? ¿Por qué la llamas «prima»? Llevo años pensando que era tu prima —inquiere Ángel.

—¿Y a ti qué más te da? No te lo vas a montar con las dos a la vez, listillo.

Ángel sonríe haciendo vibrar sus labios casi sin mover ninguna otra parte de su cuerpo, más allá de sus piernas, para, al menos con el menor esfuerzo, continuar en paralelo a su amiga, teniendo en cuenta la resaca que lo escolta.

—Es que me pareció muy raro. Después de tanto tiempo, creía que erais primas de verdad y ayer bailando parecía que os ibais a liar —responde buscando su mirada, ya que la conversación había llegado a un punto en el que de verdad pretendía que le tomaran en serio.

—¿Estás de coña? ¿Te creías que era mi prima? ¡No te la voy a quitar! —continúa mientras le da una pequeña palmada en el hombro, acompañada de un saltito con el que acaba estrechando su brazo durante los siguientes pasos.

El joven mira al frente preguntándose si de verdad estaba tan perdida en cuanto a sus sentimientos o es que lo disimulaba muy bien.

—Pero que sepas que la quiero como si fuera una hermana, aunque no lo es —acaba canturreando como si se tratara de una competición a ver quién consigue antes a Marian.

La competición que propone ya es absurda incluso a ojos de ella misma. Por mucho que se ha esforzado en ver a Ángel como un amigo, quien por un lado es su jefe y por otro es el nieto del anciano y todopoderoso Glyn Torres, ha sido imposible. Año tras año le ha resultado difícil abstraerse del singular atractivo que desprende su amigo.

Con su raspado metro ochenta, ha tenido suerte de heredar una constitución atlética hasta sin ejercitarse demasiado. Sus huesos y musculatura ancha acompañan a un poderoso cuello, encargado de sostener, entre otras cosas, una cara con rasgos simétricos, barba cerrada y unos ojos expresivos de color negro.

Nada que ver con la tibia propuesta física de Leire, que más bien roza la fragilidad con unos huesos y manos pequeñitas, en absoluta sintonía con el palmo de estatura que le falta para alcanzar a Ángel. Pero es como siempre le han gustado las chicas a él, no hacía falta que tuvieran curvas, con esos ojos azules acompañando esa bonita cara, y con un pelo negro y largo como el que hoy llevaba en una trenza su amiga, ha sido suficiente para no poder apartar su mirada de ella durante meses. Además, tiene esa especie de encanto cuando habla que parece que no exista la posibilidad de que diga algo que no te guste.

—Joder, ¿y tú como te acuerdas de nada de ayer, si no te tenías en pie? —pregunta Leire mientras ya parece gestarse uno de los típicos enfados que acompañan a la forma de ser de Ángel y a los que recurre cuando comienzan a acumularse estímulos que no son de su agrado.

La cuestión queda huérfana al llegar al portal número 10, donde el muchacho se apresura a llamar a uno de los timbres mientras alguien sale como una exhalación del edificio.

Ocurre tan rápido que no se percatan de que ambos podían conocer a la persona que ha dejado la puerta abierta y que da la posibilidad de que irrumpan en las zonas comunes aun sin haber recibido respuesta de Marian en el videoportero.

Además, en el caso de Ángel, ese cambio inmediato de paradigma con el que se hace el distraído no hace más que reforzar la desconexión visual con la mujer que se marcha. Ahora, una vez dentro, parece que ambos están dispuestos a soslayar la conversación anterior sustituyéndola por jugueteos que adecuarán su actitud ante la inminente llegada a casa de Marian.

Durante la escalada al tercer piso sin ascensor, uno ríe y el otro empuja, la primera abraza y el segundo la aparta alcanzando ya el rellano de la segunda planta, donde un gato al que ni siquiera prestan atención huye asustado.

Peldaño tras peldaño, ahora fijan su atención en la pantalla del móvil de Leire, para que el boquiabierto joven se lo acabe quitando y se lo devuelva segundos más tarde abrumado, mientras ella se parte de risa.

Al llegar al segundo piso, la joven choca con alguien que baja y Ángel ríe cuando su amiga se disculpa al perfil de una persona cuya cicatriz en el lóbulo temporal es más llamativa que su propia cara. Acaban de conocer a Thian Matsuyama, pero la imagen de la puerta de casa de Marian abierta al final del pasillo es un detalle mucho más significativo y alarmante que una disculpa en condiciones al extraño japonés.

Ángel consigue abrir un poco más la puerta tras el constante golpeteo con el que intenta avisar a Marian de su presencia. Parece que algo borroso se mueve como un péndulo delante de la cegadora luz de la ventana. Un libro y el móvil de Leire caen frente a un silencio que estremece a la ciudad, como si todo un planeta se tomara un respiro de tan solo un segundo, como si sus corazones hubieran decidido detenerse un instante después de millones de latidos.

Los ojos azules de la única joven que todavía respira en el salón se enfrentan al duro reto que Ángel ya ha perdido al ser incapaz de contener las lágrimas que se distinguen por su cara. Ni siquiera ha sido necesario el parpadeo para dejar caer las emociones de toda una vida de amistad. No se atreven a ver la cara de Marian, pero una nota que lleva el nombre de su mejor amiga es la prueba irrefutable de que se ha suicidado.

Ambos continúan abrazados minutos después, cuando las autoridades, junto con el inspector Enzo Monzó, quien seguro se encargará del caso, entran en la escena y toman declaración a los que, según las primeras conclusiones, podrían haber sido los últimos que vieron a su amiga con vida.

Thian Matsuyama, el oriental que perfiló esa práctica de madrugada junto al niño Akash y el afroamericano Hang Maison, continúa en la calle observando el rápido despliegue con el que ha reaccionado la comisaría situada a los pies del edificio.

Los sonidos propios de una ciudad tan viva, al lado de la sensación de muerte que ahora persigue a Leire, consiguen dar forma a un extraño contraste parecido al que ocurre cada vez que se apaga una estrella en el universo. A veces, da la sensación de que nadie echará de menos algo tan excepcional como lo que acaba de marcharse.

TRES LUGARES

El tiempo, una de las más importantes «magnitudes fundamentales», transcurre bajo la misma escala temporal en todo el planeta. Condicionados por esa particularidad, Hang Maison y Akash se verán afectados por diferentes acontecimientos mientras muchos otros se despiden de Marian. Todo ello sucederá bajo una simultaneidad milimétrica que solo se verá afectada por la diferencia horaria de las distintas ciudades donde se encuentran cada uno de ellos.

Cementerio de Valencia,
25 de octubre de 2034

Camposanto, la composición gramatical que da nombre al testigo de las atrocidades emocionales más insondables del planeta y también al lugar donde Ángel y Leire darán por finalizadas las treinta y dos horas que marcarán el resto de sus vidas.

«Los vivos viniendo en masa a enfrentarse a la muerte... ¡No entienden nada! Lo único que hacen es llorar. ¡Joder! Qué cansado estoy...». Agachado y tocando la tierra situada a los pies de un enorme árbol encargado de transmitir vida a un lugar tan lúgubre, el inspector Enzo Monzó se repite para sus adentros una y otra vez las mismas cuestiones, consciente de que quizás son argumentos más propios de un filósofo que de su profesión.

La muerte es para él un enigma que persigue desde edades tempranas, al haber podido contemplar como su padre era diagnosticado de tanatofobia y echaba lo que le quedaba de vida por la borda, más preocupado en no morir que simplemente en vivir.

Con el tiempo, y sin reparar en ello, las inquietudes del detective pasaron a convertirse en el fruto de una obsesión que profesionalizó una mente lógica, intuitiva y diestra en la resolución de los fundamentos de la muerte y en los motivos que conducen hacia el homicidio. Era lógico que la enfermedad mental de su padre tampoco ayudara, al ser cómplice de la instrucción involuntaria de un niño que nunca dejó de intentar justificar la inconsistencia de cada propuesta de muerte que aquel hombre encontraba.

Enzo solo tenía doce años cuando en parte perdió a su padre. Sin su apoyo, todavía destacaba más la trayectoria de un niño que, si ya antes no se caracterizaba por ser fácil, la etapa más dura de su vida lo acabaría etiquetando en el grupo de los adolescentes menos integrados. La ausencia de apoyos en su entorno lo convirtió en un niño refugiado en obsesiones, que no hicieron más que alimentar el desdén que encontraba a diario en el trato con los demás. Para bien o para mal, todo aquello lo hizo convertirse en el hombre cuyo reconocimiento no pudo sino derivar de su propia excentricidad.

En la actualidad, toda la soledad compilada era proporcional al tamaño de su éxito. Con solo treinta y cuatro años, el número de casos resueltos multiplicaba por tres las mejores cifras de los inspectores con más renombre. La muerte, y todos los caminos que discurren hasta acabar en ella, había sido, durante años, su rompecabezas, el motivo de su soledad y, en consecuencia, el motivo de un éxito aderezado con continuos sarcasmos como respuesta a cualquier provocación.

Son ya casi las seis de la tarde en el cementerio municipal de Valencia. La marea negra que distingue los entierros de cualquier otro evento aparece desde todos los flancos. Ángel y Leire bajan del coche, con el difícil desafío de mostrar una mínima parte de entereza que pueda servir para recordar al resto que todavía los espera una vida después de todo. Abrazados, pasan por detrás de la figura agachada de Enzo de camino hacia los restos de Marian.

—Sigo esperando que me cuenten lo que necesito —afirma el detective sin ni siquiera dirigir su mirada hacia ellos y con unas dudosas formas, producto de su cuestionable saber estar.

La exclamación con la que Ángel le reta a repetirse muestra la sensible situación por la que atraviesan. Sin embargo, una débil exclamación de Leire con la que pide calma, y que coincide con haber dejado caer un poco más su peso sobre los brazos de su amigo, evita con un éxito rotundo la confrontación entre ellos.

—No os podréis esconder siempre detrás del dolor —grita Enzo a medida que se alejan de su ubicación.

Al instante, el inspector descubre como una amiga que trata de alcanzar a Leire aparece en su campo visual al mismo tiempo que le dedica un alto y claro «gilipollas». El leve resoplido que el agente combina con una extraña sonrisa como respuesta a ese ataque hubiera permitido, a cualquiera que se fijara en él, distinguir desde su método y su compromiso hasta su inseguridad y sus miedos, los cuales salen a relucir ante la simple naturalidad de las relaciones sociales improvisadas. Podría decirse que en solo un segundo Enzo ha dejado ver la luces y sombras de su carácter, tanto como para llegar a sentirse ridículo, aunque a nadie de los presentes le haya importado lo más mínimo. Pero el obstinado inspector sabe bien que no ha llegado a ser considerado como el mejor en su campo por seguir procedimientos estándares secundados por protocolos oficiales.

En este caso, su deliberada e inapropiada insistencia responde a la firme creencia de que las mentes, aún en duelo y llevadas al punto de tensión óptimo, pueden convertirse en el altavoz de un sinfín de detalles determinantes para las investigaciones. Así pues, su capacidad de hacer amigos era envidiable.

La despedida es como tantas otra. Un sacerdote que lee la Biblia recuerda que la vida es un fugaz préstamo, cuyo aval dejamos en manos del azar de miles de experiencias. Una foto de Marian custodia su féretro y recuerda que otra luz más ha dejado de brillar para la desesperación de una humanidad condenada a su estéril indiferencia.

Numerosas manos en los hombros de Ángel e incontables abrazos a Leire tratan de reconfortar a estas dos almas, que miran la foto de Marian por última vez preguntándose qué ha podido pasar para que ni a ella misma le importara lo que sucediera con ese potencial que deslumbraba a todo el que la conocía.

El camino que han recorrido juntos se acaba tras ese enorme árbol que abre un hueco entre sus ramas para que hasta el sol sea testigo de la última vez que los tres amigos compartirán un instante.

San Francisco

Las alarmas del avión suenan sin control y superan el nivel de percepción de todos los sentidos de Hang Maison, de igual modo que ocurre con los escasos pasajeros que se encuentran a bordo del vuelo privado tras haber vuelto de cerrar el negocio con Horizon Energy Industries.

Aún con las constantes sacudidas que se entremezclan con un sonido mucho más preocupante que ensordecedor, no podría esperarse que, nadie aparte del afroamericano, reaccionara poniéndose en pie. Como aquel que se arremanga para echar una mano ante cualquier situación cotidiana, ya se aproxima a la cabina del avión para colaborar en el restablecimiento de la cuestionable situación de la aeronave. De inmediato, la azafata manda sentar al osado pasajero e intenta hacerle entender la poca lógica de una reacción que termina sin resultados y con la caída de las mascarillas de oxígeno en plena maniobra de vuelta a su asiento.

Simultáneamente, la auxiliar de vuelo consigue cambiar de lugar y sentarse frente a él para asegurarse de que ninguna tropelía más arruina el protocolo, al menos, en la cabina de pasajeros.

Todas las luces que muestran los parámetros de la aeronave parpadean, mientras los pilotos ponen en práctica su instrucción para controlar los diversos fallos de motor a los que se enfrentan. «Mayday, mayday, mayday». Llevan a cabo numerosas operativas para tratar de reiniciar una de las turbinas laterales durante los minutos, en los que la mayoría de los viajeros ven pasar su vida delante de ellos.

Montpellier

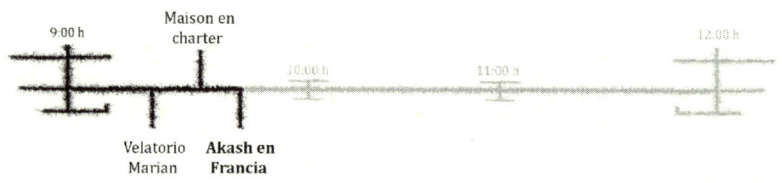

Akash, el niño de diez años que supuso el meridiano entre la última parte de vida profesional y privada de Marian, se encuentra escondido en la parte de atrás de la furgoneta *pick up* de un joven al que la mayoría conoce como Xander, de Alexander Massa.

Unos gendarmes han parado junto al vehículo estacionado en una vía de servicio de la E15, a la altura de Montpellier, para hacer un control rutinario al haber visto sospechoso el lugar apartado donde se encontraba el automóvil. Observan desconfiados al robusto colega de Akash, cuando uno de los agentes comienza una conversación en francés con él.

—¿Dónde se dirige?

—Montpellier —responde.

—¿Y qué hace aquí parado?, ¿tiene algún problema el vehículo?

—No, en absoluto, agente. He parado a estirar las piernas.

—¿Aquí? No es el lugar más apropiado.

Alexander Massa, que llevaría una camiseta de manga corta hasta en la Antártida, espera impasible con las manos en el volante a la siguiente embestida en forma de pregunta que pueda hacerle cualquiera de ellos.

Lo poco que el policía que le enfoca con la linterna puede ver de su cara tras su prominente barba y su pelo largo es su nariz aguileña y un tanto torcida que sobresale por encima de los ojos medio cerrados de color verde. La constitución musculosa que no solo avalan sus antebrazos consigue que el policía comience a ponerse nervioso, convencido de que algo va a pasar, y más teniendo en cuenta que, por lo menos, estamos hablando de una persona de 1,90 metros, treinta años, actitud esquiva, etc.

—Su identificación y la de su vehículo, por favor.

Alertado y disimulando, como si no pudiera cumplir la petición de la autoridad, llama la atención de ambos agentes con un primer gruñido más elevado de lo normal que simultanea con un par de golpes en el volante para continuar explicando:

—¡Ah!, perdone, agente, tengo mucha prisa y...

De pronto, mientras el segundo agente que revisaba la carga de atrás se ha distraído con la explicación del conductor, Akash salta de la furgoneta y corre hacia los árboles. El policía que pedía la documentación del vehículo pone la mano sobre la puerta para evitar ningún otro imprevisto mientras grita.

—¡No se mueva!, no se le ocurra moverse de donde está.

En el lado opuesto, su compañero que revisaba la carga ya ha desaparecido al comenzar a correr detrás del chico, que se adentra en el bosque que atraviesa la autopista.

Cementerio de Valencia

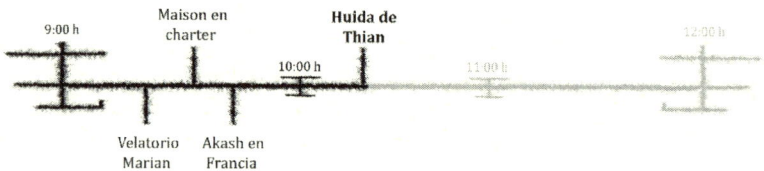

Casi es de noche, pero los últimos rayos del sol aún se reflejan en el féretro de Marian. Enzo, fiel a la insistencia que le caracteriza, se acerca de nuevo a las únicas personas que se niegan a decir adiós a su amiga. Los rápidos pasos que le aproximan a un nuevo enfrentamiento con los afectados se aceleran a medida que la distancia que lo separa de ellos se reduce. Ángel afronta la situación, dispuesto a hacer lo que sea necesario para acabar definitivamente con la inexplicable obsesión del agente.

El inspector no aparenta tener ganas de volver a preguntar nada. Su acelerado ritmo cardiaco evidencia síntomas de estar en disposición de acometer una batalla física, que sin duda Ángel perdería, tanto por condición física como por el hecho de que su adversario pertenezca a los cuerpos de seguridad del Estado.

—¡Que nos dejes en paz! —grita Ángel enfurecido mientras se acerca.

Leire mira atónita, no puede creer lo que ve y menos aún después de no poder asumir que Marian ya no está. Tras el primer contacto, Ángel se quita de encima al inspector con un torpe empujón, haciéndole caer sin demasiado problema. De una forma u otra, ha quedado patente que el detective no quería más que provocarle, es imposible alcanzar el cuerpo de un policía atacando con tal torpeza.

—¿Qué quieres de nosotros? —pregunta ahora el joven, acobardado ante la posible réplica del inspector y consciente de que esa actitud con tendencia al enfado, que utiliza Ángel como mecanismo de defensa, no salvaguarda una valiente postura para los enfrentamientos físicos.

—¡Eso de ahí! —responde señalando a Leire, e invitándole a mirar a su amiga con un gesto que realiza con la cabeza y desde el suelo.

Leire lucha por encajar de nuevo la expresión de su rostro, a la vez que observa a Thian Matsuyama en la distancia. Puede que el azar o la perseverante táctica del inspector haya desencadenado por fin la identificación de un individuo, cuyo rasgo más significativo es la cicatriz con la que se cruzaron en el segundo piso y que, por el motivo que fuera, habían borrado de su memoria.

Thian no es más que el clásico hombre oriental de unos cuarenta años, estatura más bien baja y casi tan escuálido como Akash, que viste con la típica ropa ancha que recuerda a la de un monje tibetano, solo que con colores mucho menos llamativos.

Una eternidad pasa desde que Ángel mira a Leire y busca lo mismo que su mente había conseguido desbloquear. Es como si ya supiera lo que iba a ver.

—Es él. Es quien salió corriendo de casa de Marian —susurra Leire con la mirada absorta en el oriental, que por lo que se ve podría estar hablando para sí mismo.

Como un resorte, Enzo inicia una persecución. La distancia es amplia, pero no tanto como para no intentarlo, y más si desde el primer instante ya da la sensación de que Matsuyama no parece estar en el mejor momento para una carrera. Reacciona tarde, resbala y tropieza varias veces. Sus erráticos movimientos provocan que el inspector le vaya ganando terreno poco a poco. La pugna continúa fuera del cementerio, es cuestión de tiempo que le dé caza.

El primero intenta cruzar la calzada y sortea los vehículos con éxito, situación que Enzo no consigue ejecutar con tanto acierto, hasta el punto de provocar el bloqueo de los frenos de un vehículo que le hace besar la lona. Aun con todos los segundos perdidos, continúa la persecución mientras algo parece estar pasando: el oriental se autoanima en la carrera mostrando la fuerza de sus brazos, como se anima un boxeador en el *ring*.

Ahora el fugitivo parece mucho más despierto. La exhibición de acrobacias apoyándose en paredes y sorteando peatones le ayuda a ampliar la distancia con su perseguidor, el cual encuentra una alternativa que podría aventajarle al forzar el relevo del conductor de una motocicleta que esperaba el cambio de señal de un semáforo.

Un automóvil derrapa delante de Thian y, como si hubiera sabido lo que sucedería, desliza su cuerpo sobre el capó del vehículo que le interrumpe el paso. La inercia de la frenada del coche redirige la caída del sospechoso hacia el carril contiguo. Este, tras acariciar el suelo, consigue catapultarse y coger con ambas manos la moldura que separa la puerta trasera y delantera de otro coche en circulación, hasta columpiar su entrada por la ventanilla trasera y romper el cristal con los pies. El ceño fruncido de Enzo, quien viaja a toda velocidad, no hace justicia a lo que acaba de pasar. Ahora es un automóvil rojo su objetivo, del que pocos segundos después del inverosímil abordaje cae en marcha el que debería ser el propietario original del mismo.

El vehículo se dirige al exterior de la ciudad. Los diferentes derrapes y cambios de dirección del coche se ejecutan con una maestría milimétrica y son escasos los centímetros que le separan de los vehículos que sortea. Mucho más fácil lo tiene Enzo al seguirlo con una motocicleta, aunque sabe que no puede distraerse, ya que la evolución de la persecución no anima precisamente a ello. Poco más podrá hacer en la autopista para escapar del inspector, que tiene claro que no es el lugar ideal para que Thian desaparezca y más cuando la motocicleta casi circula en paralelo a él.

Un derrape con el que define un giro de ciento ochenta grados sitúa el coche en la mediana para cambiar de dirección y sorprende al inspector, que procura frenar dentro del arcén lo más rápido posible para dar la vuelta cuanto antes. Pero su velocidad es elevada, por lo que concede una nueva ventaja al vehículo que conduce el sospechoso, el cual ya circula en medio de dos enormes camiones y en sentido contrario a Enzo.

Segundos más tarde, su perseguidor consigue atravesar la mediana a toda velocidad. No ha servido de mucho la maniobra de distracción del oriental y, aunque todos los recursos que ha empleado son dignos de análisis, parece que no serán suficientes para perder de vista al agente. El automóvil adelanta a los camiones para situarse delante de uno de ellos, mientras el inspector lo pierde varios segundos de vista.

Enzo sonríe consciente de que esa madriguera no le permitirá desaparecer mucho tiempo, además, constata la brusca deceleración del tráiler que podría haber decidido no tomar parte en la persecución, lo cual aún le beneficia más si cabe. Sin embargo, al colocarse de nuevo en paralelo al automóvil, Enzo no puede creer que los escasos segundos en los que lo perdió de vista fueran suficientes para descubrir el completo vacío de un vehículo que se ha detenido con su propia inercia.

Son las nueve de la noche y el carril izquierdo de la autopista ha quedado colapsado ante el fascinado inspector, que comprueba para su completa seguridad como, en efecto, después de más de un increíble movimiento, Thian ha desparecido. Entretanto, el resto del tráfico circula ajeno al atasco generado en ese carril e indolente ante las caras con las que Enzo se retrata por no encontrar ningún tipo de explicación a lo sucedido.

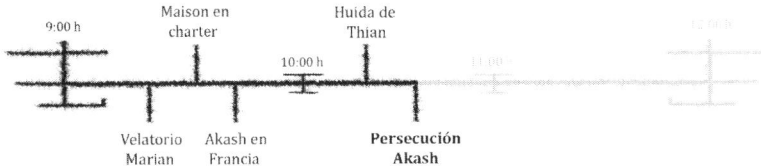

En paralelo, en la otra parte del mundo, mientras uno de los agentes franceses continúa corriendo detrás de Akash, su compañero no pierde detalle del vehículo de Alexander Massa. Como si la cosa no fuera con él, este último descansa hastiado sobre la parte trasera de la camioneta.

En el bosque, el chico intenta por todos los medios zafarse del agente que pretende darle caza. El escarpado terreno presenta desniveles importantes que, al parecer, dificultan en gran medida su avance; en este caso, la corpulencia de su perseguidor es un factor decisivo.

Después de muchos más metros de los que ambos hubieran querido recorrer, el agente consigue desequilibrar al chico cogiendo parte de su hombro izquierdo y derribándolo en carrera. Entre los numerosos impactos contra el suelo, el policía trata de encontrar una posición cómoda para inmovilizarlo. Sin éxito y a pesar de haberlo derribado de forma intencionada y violenta, nadie diría que su intención pueda ser hacerle más daño del necesario. «No es más que un inmigrante asustado», piensa.

—Necesito que me dejes ya. No tengo tiempo para esto —exclama Akash en francés para sorpresa del oficial por la correcta dicción empleada y el contenido de la protesta.

«¿Cómo que no tiene tiempo?», piensa el oficial.

Por fin y tras los continuos choques para aturdir al chico, el gendarme consigue colocarse sobre él sujetando una de sus muñecas contra el suelo, con intención de colocarlo de espaldas y ponerle las esposas. Akash flexiona ambas piernas y las pasa por encima del brazo del policía, quien continúa descargando el peso de la mitad superior de su tronco sobre la misma superficie donde el chico tiene la mano, tras lo que consigue hacer palanca y liberarse. El éxito del complicado movimiento desequilibra al policía, que cae y se golpea la cara contra el suelo.

El joven sale corriendo de nuevo, pero el rápido gendarme golpea su pierna y lo vuelve a desequilibrar. Esta vez seguro que el asunto se pondrá más serio. Después de esta segunda caída, y aún sin tiempo ni para darse la vuelta, ya tiene a su captor encima forzando ambos brazos para detenerlo. Encaramado a su espalda y ayudándose de su rodilla, consigue inmovilizarlo y ponerle las esposas para, por fin, cogerlo y ponerlo en pie.

—¿En qué estabas pensando, chico?

—Lo siento, no tengo tiempo para esto ni para seguir avisándote —exclama, frío como el hielo.

Ante el asombro del gendarme, el chico se deja caer y provoca la rápida reacción natural de quien solo acude al suelo en su ayuda, aunque en contrapartida obtiene como resultado las piernas del muchacho enroscadas en su cuello. Pero no debe de haber calculado tan bien sus palabras como sus movimientos, teniendo en cuenta que la proporción entre ambos permite al gendarme incorporarse incluso con el chico en sus hombros.

En la más pura y absoluta vertical respecto al suelo de uno encima del otro, Akash cierra los ojos y con un impulso coloca los talones en diferentes puntos del cuello y de la cabeza, para dejarse caer como un péndulo en paralelo al cuerpo del oficial. La violencia de esta nueva maniobra de palanca parte de inmediato el cuello del agente.

Tras minutos de frenética huida desde la escena del crimen, el chico descansa en un árbol cuyo diámetro supera su pequeña estructura ósea e incluso llega a dormirse. Sus ojos cerrados y su respiración tranquila se presentan a escasos centímetros del frío acero de las esposas que ha conseguido colocar en la parte frontal de su cuerpo, gracias a técnicas que no están al alcance de ningún adulto. Al constatar que el paso del tiempo no está siendo un aliado para su delicada situación, el gendarme que custodia a Xander pide refuerzos, así como un furgón de traslado de sospechosos.

San Francisco

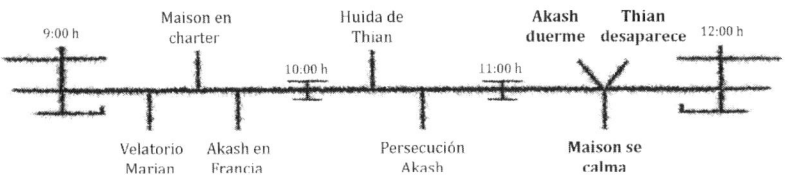

Casi en la parte opuesta del planeta, el avión de Hang continúa en caída libre mientras la azafata le suplica a Dios, sin perder de vista cómo la puerta de la cabina de pilotos abre y cierra acorde a los intentos de estabilización de la aeronave.

Hang está en el asiento con el oxígeno y los ojos cerrados. El contraste desde los primeros momentos de la incidencia, hasta la inmóvil situación en la que ahora se encuentra, consigue llamar la atención de la azafata, aunque no tanto como para poder olvidar el posible desenlace al que se aproximan. Preocupada por el estado del pasajero, hace el esfuerzo de tocar la mano de Hang al percibir que su aparente serenidad podría ser un indicativo de haber perdido la vida, incluso antes de estrellarse. Con la cabeza reclinada hacia arriba, el afroamericano por fin abre de nuevo los ojos y mira a la auxiliar de la aerolínea privada como aquel que acaba de despertar de una relajante siesta.

60 AÑOS DE MIGRACIONES

Central de ETech Technologies, Valencia,
25 de octubre de 2034

Rose Mora, la mujer que aceptó la propuesta de Glyn Torres para salvar a su hija, se viste con un traje para no contaminar nada de la habitación donde, de una forma extraña, se despedirán para siempre.

Antes de ponerse la especie de escafandra que incluso le impedirá oler la piel de su pequeña Ester, vuelve a mirarse al espejo y observa durante segundos cómo los últimos cinco años han mermado sobremanera su apariencia. Su pelo rizado, corto y negro presenta numerosas canas entre tanto tirabuzón, mientras que en su cara ya pueden verse numerosas arrugas que muestran el aspecto de una persona que apenas ha reparado en su cuidado. Tiene una complexión delgada, la de una madre de cuarenta y cinco años que ha ido viendo apagarse a su hija poco a poco. Una niña que le recuerda tanto a su marido que tiene claro que si la perdiera no podría seguir a su lado, porque cada vez que viera el rubio y pelo liso de su padre sabría que perdió lo que más quería. Pocos rasgos distinguen a la pequeña Ester de Rose, sin contar con el mismo color miel en sus ojos que el de su padre, y la fisonomía de una niña de cinco años que rematan unas gafas con cristales anchos que no hacen más que convertir la situación en más desgarradora si cabe.

Asustadas, se despiden con el insípido abrazo que la cruel enfermedad de la pequeña ha acostumbrado a esta familia y a cualquier persona que haya querido sentir el tacto de su piel. La enfermedad de Ester, la cual reacciona con anafilaxia por cualquier contacto de materias específicas, ha ido agravándose con el paso del tiempo, ampliando el abanico de limitaciones hasta restar unos cuantos tejidos. La muerte prematura que espera a la pequeña podría incluso tener ciertos matices de liberación de una vida de restricciones degenerativas, junto con la desesperación de una madre que nunca ha podido sentirla cerca de su corazón.

Central de ETech Technologies, Valencia,
61 años después, 16 de octubre de 2095

Esa misma pequeña criatura de la que Rose se despidió medio siglo antes hoy apenas aparenta tener veinticinco años y, sin embargo, ya tiene sesenta y seis. Acompañada de su hija Alba, se despide con el mismo abrazo que su madre le dio sesenta y un años atrás, con la sutil diferencia de que en esta ocasión ellas sí pueden tocarse.

Alba es la viva imagen de Ester en el momento en el que se sometió al mismo proceso, solo que sin las gafas y algunos pocos rasgos, como los ojos, que en su caso se acercan más al color del padre, azules. En cuanto a Ester, poco ha cambiado. Su pelo largo y liso conserva el color rubio de su padre y la evolución de su cuerpo la ha convertido en lo que parece ser una joven de proporciones envidiables con las que podría atraer a quien se lo propusiera. Quizás, la única nota discordante podría ser su altura, esos 1,66 metros son la herencia genética de Rose, porque en lo que respecta su rostro hasta sus carnosos labios contribuyen en facciones que sin duda han sacado lo mejor de cada uno de sus progenitores.

No obstante, el proceso, en este caso, parece mucho más normalizado. A la entrada de la sala donde le intervendrán la esperan dos camillas.

—No te preocupes, cariño, te esperaré ahí fuera —señala la Ester adulta gesticulando con la cabeza al sujetar el cuello de la camisa de Alba con las manos.

Abrumada, la pequeña asiente al haber entendido algo que no comparte. ¡Que no debe preocuparse!

Central de ETech Technologies, Valencia
61 años antes

—Van a tener que esperar aquí —explica Glyn Torres—. Hemos pensado en su situación y hemos decidido hacerlo en esta sala donde podrán seguir todo el proceso.

Rose asiente agradeciendo el último de una interminable cadena de detalles que el investigador ha tenido con su familia.

Los cristales de la sala y las dos camas que se ven a través de ellos apenas cambiarán en los próximos sesenta años. Tampoco la parte superior de la estancia donde pueden distinguirse dos complejos dispositivos que, por su parte, tampoco presentarán grandes modificaciones. Uno de ellos aparenta ser un mecanismo guiado parecido al sistema de copia de un escáner que apunta con una luz parpadeante a la camilla en la que se sitúa la pequeña Ester, cuyas constantes se reproducen en un monitor cardíaco muy próximo a la posición de la niña. El rostro de Rose coincide en posición con el que Ester tendrá sesenta y un años después. Sin embargo, poca similitud podría apreciarse entre la cara de esperanza y preocupación de una madre con la pura concentración a la que responderá la otra.

La máquina sobre la camilla número dos es otro dispositivo cuyo movimiento se realiza a través de raíles, sobre los que se desplaza un inyector del tamaño de un brazo adulto. Las máquinas se encienden y emiten un sonido de espera de órdenes único, el cual fuerza a que los padres de Ester intensifiquen su preocupación. Tras un *beep*, estas barrederas articuladas por dos guías laterales anuncian un ciclo de más de cinco millones de barridos a los que acompañará el fuerte sonido del equipo situado sobre Ester.

Horas después...

El tiempo pasa y el procedimiento mantiene a Rose pegada a ese cristal que la separa de aquello que más quiere. Por fin el misterioso proceso coge forma, encima de la camilla vacía ahora puede distinguirse una copia perfecta, a la que llamarán «la ojiva» de la pequeña criatura que su madre accedió a materializar. Solo unos pequeños símbolos idénticos diferencian una ojiva de su huésped; tres pequeños segmentos paralelos parecidos a una «E», correspondientes a la primera letra de la pionera en adentrarse en el desarrollo tecnológico, «ESTER», interrumpidos por un nuevo segmento perpendicular a los anteriores que simulan la primera letra de la palabra «ETechnology».

La Esing comienza a consolidarse como el apodo de estos distintivos que las copias tienen en el tobillo derecho y en la sien izquierda. Además de estos, disponen de cinco segmentos aislados en la parte interior de cada brazo.

—¿Por qué le llaman ojiva? —pregunta Rose a Glyn Torres, con el objetivo de distraer su atención del procedimiento.

—Las ojivas son la parte delantera de una cabeza nuclear. Pueden estar vacías o rellenas con cualquier tipo de isótopo que garantice la extinción de toda vida que se pretenda extinguir. Si lo piensas, ese es justo el mismo escenario que resultaría con un humanoide que hubiera sido diseñado como un cascarón vacío, a la espera de ser rellenado por una mente humana capaz de decidir cómo utilizar la tecnología que lo compone.

»Al llamarlo ojiva, quisimos que siempre quedara constancia de la peligrosidad que puede llevar implícita el uso de este avance sin responsabilidad y, al mismo tiempo, quería que la gente entendiera el enorme potencial de la tecnología. Además, la forma de la ojiva y el negativo de su perímetro constituyen la forma del hombre y de la mujer —explica Glyn mientras coloca sus manos en forma de V y V invertida respectivamente.

—¿Cómo has podido conseguir todo esto, Glyn? Es como si toda la ciencia ficción que vemos en las películas se hubiera cumplido —insiste la madre.

—Todas esas historias nunca pensaron en el mapeado del cerebro de un mamífero —responde Torres—. Es imposible volcar la conciencia en redes neuronales que no sean copias idénticas, y eso solo nos da el margen de las cuatro horas que esta increíble impresora tarda en realizar la copia.

»Más allá de ese tiempo, las migraciones no son efectivas porque el cerebro cambia a velocidades inimaginables. Además, en toda esa ficción siempre abandonan su cuerpo como si ya no importase y eso eliminaría nuestra esencia como humanos. Mientras que aquí, al acabar todo esto, tu hija seguirá en el mismo cuerpo que tú le diste, aunque nunca más quedará expuesto a enfermedades, daños o dolor. ¡Nosotros cuidaremos de ella mientras vive una vida plena dentro de su ojiva! —responde el anciano introduciendo brevemente a Rose en las diferencias potenciales de la ficción y del milagro que presencian.

Veinte minutos después, tan solo unos pequeños tejidos de las partes más elevadas de la criatura restan para acabar la copia. Los cuerpos de miles de millones de criaturas de edades muy similares pasarán por la misma camilla, justificando así por qué esa niña que ahora se distancia a un cuerpo de su enfermedad con la migración de su consciencia considerará todo aquello como un procedimiento habitual sesenta años más tarde.

—Enhorabuena, Rose, por fin vas a poder tocar a tu hija.

Central de ETech Technologies, Valencia,
61 años después

El equipo situado sobre la camilla de Alba no desarrolla ningún sonido que destaque por encima de otros. Es curioso que Ester, la niña que superó la enfermedad medio siglo antes, sea capaz de cribar lo que no representa algo extraño para ella. Dada la normalización del proceso, puede concentrarse en el *beep* que indica que las constantes de su hija Alba continúan dentro de los parámetros establecidos. Tanto es así que mientras se mantiene vigilante es capaz de encerrar su mente para analizar las implicaciones de la conversación que, sin llegar a ser su finalidad, logró escuchar esa misma mañana al volver a casa de improviso.

Su marido Pablo Sanders y su padre, el suegro de Ester, habían estado discutiendo ciertas implicaciones acerca del comportamiento del propio chico, después de haberse adentrado en el mar en plena noche con tan altas probabilidades de morir o, mejor dicho, de sacrificar una ojiva. Aun con el equipo de técnicos de ETech recogiendo el cuerpo artificial sin vida de la arena, el muchacho, indemne, comenzaba esa batalla dialéctica con su padre donde uno recordaba que a pesar de poder renovar sus ojivas de forma gratuita, por ser quienes eran, se trataba de una concesión que no debían desperdiciar. Ester, como primer humano migrado de la historia, era considerada un símbolo, la matriarca de toda una generación.

Por otro lado, a Pablo no parecía importarle que sus acciones pusieran en entredicho la posición de su mujer. Es más, a ojos de

Ester, todo aquel comportamiento era una vulgar protesta ante ciertos desacuerdos que empujaban hacia el fin de su matrimonio. Ester, escondida, había estado escuchando los argumentos con los que aquel anciano trataba de instigar al joven.

—No puedes entender que no se trata de ti, te has convertido en el único error que ha cometido tu mujer en su vida —afirmaba mientras arrancaba un esbozo de sonrisa a la joven.

Sin embargo, y en consonancia con su tónica habitual, no había sido capaz de emitir más que un susurro que lo dejaba todavía más en evidencia si cabe.

—¡Cuidado, humano!

«Humanos» se había convertido en los últimos años en el apelativo despectivo al que la generación ETech había recurrido, en la mayoría de los casos, como una simple catalogación del colectivo que todavía encarnaba la evolución natural de Darwin. No obstante, en esta ocasión, y con una tendencia de crecimiento exponencial, a medida que maduraba la tecnología, el adjetivo trataba de señalar la debilidad y fragilidad de una estirpe abocada a la más que posible extinción.

Aunque para Ester nada de esto era relevante. Mientras continúa con sus ojos clavados en su pequeña, su reflexión se centra en la indolencia con la que Pablo acabó respondiendo al reproche de su padre por su intención de no acudir a la migración de su hija Alba. Puede que detrás de toda esa impertérrita fachada que ahora muestra Ester, en el fondo, se sienta responsable sobre aquel último detalle de la discusión, ya que había sido ella quien se esforzó en recordarle a su marido que no lo quería allí.

EL COMIENZO DE TODO

Central de ETech Technologies, Valencia,
16 de octubre de 2095

El sonido del monitor cardiaco llena ahora la sala de migraciones. Tras de sí, ya quedaba para el eco del tiempo el sonido de los escáneres y de las decenas de millones de migraciones con éxito de los últimos sesenta años.

Con una mano apoyada en el cristal, Ester se intenta aferrar a cada instante como si ya no quedaran más, como si pudiera tomar partido en cada uno de ellos para cambiar lo que estaba sucediendo, como si cada segundo que pasara le hiciera estar más lejos de su pequeña. Las Esing del tobillo y la sien de la ojiva de la niña alternan su luminosidad, un vestigio de las primeras pruebas que Glyn quiso mantener frente a la posibilidad de un fallo de sincronización que nunca antes había pasado.

En la sala, los tres médicos que rodean a Alba todavía comprueban sus constantes, la reacción de sus pupilas, el latir de su corazón, etc. Por mucho que lo intentan, no consiguen proyectar una imagen diferente a estar igual de perdidos de lo que, con toda seguridad, está la conciencia de la pequeña en ese momento. Poco a poco, esos mismos médicos y asistentes abandonan la sala cabizbajos; han sucumbido a la realidad de lo que significa este suceso. A excepción de Ester, que mientras una lágrima recorre su mejilla, continuará inmóvil hasta prácticamente desfallecer y comprender que la única razón que le quedaba para sonreír todos los días ha quedado atrapada por

seguir jugando a ser Dios, incluso cuando ya poco les quedaba de humanos.

CAPÍTULO 2
MÚLTIPLES OFERTAS

500 PIES

San Francisco,
25 de octubre de 2034

Incontables objetos caen a cada uno de los lados de la aeronave donde Hang Maison perderá la vida hoy, a no ser que los pilotos hagan algo más de lo que hacen ahora para impedirlo. Por lo que respecta a la percepción de la situación, ajena a la mayoría de los tripulantes, ya puede divisarse tierra, pero de poco servirá con los dos motores fuera de servicio.

Desde el asiento de Maison puede verse a los pilotos intentar reencender el último motor que colapsó, ya que el primero fue el que los obligó a cambiar de rumbo y volver a tierra; pero casi es mejor no mirar. La imagen de la puerta de cabina dando golpes es la mejor evidencia del fracaso de las múltiples maniobras con la que los pilotos intentan revertir la situación. Vasos, papeles, equipajes, hasta la cartera de Hang sale despedida e impacta en varias ocasiones sobre el comandante.

Es inevitable escuchar al copiloto la temible cuenta atrás que indica la altura que resta hasta el suelo. La elevada voz que informa de los «3000, 2500, 2000, 1500 pies...» se alterna con el protocolo de comunicación de emergencias:

—*Mayday, mayday, mayday*, November 816 Sierra Alfa, hemos perdido los dos motores.

De pronto, una maleta impacta contra una de las manos con las que la azafata se agarra al asiento con todas sus fuerzas, innegable ocasión para que el ejecutivo le devuelva el favor que ella le procuró minutos antes. Sujetando su mano, trata de calmar un golpe que bien podría justificar su amarga expresión por sí sola, sin ayuda de la caída libre en la que se encuentran. Todos tienen la sensación de que serán los últimos metros que recorrerán, mientras que aquellos que aún pueden pensar con cierta claridad lamentan no poder despedirse de aquello que más aman.

En el momento en el que ya se anunciaban las temidas palabras «prepárense para el impacto», uno de los motores consigue arrancar de nuevo, seguido del curioso y alentador sonido de una turbina en operación.

Parece increíble, pero la potencia que les ha dado un solo motor ha conseguido estabilizar la aeronave lo suficiente, aunque no todo ha acabado. La poca altura con la que ya encaraban el campo de trigo que hubiera servido de ubicación para la recuperación de sus cadáveres y efectos personales indica que no podrán escaparse de tener que realizar un aterrizaje forzoso. Sin embargo, algunos pasajeros comienzan a sonreír incluso con el avión sobre aquel campo. Puede que el contraste de la situación anterior con la estabilidad que proporciona la mínima velocidad que ejercen los *flaps* dé a algunos una idea equivocada de la peligrosidad a la que aún están expuestos.

El tren de aterrizaje por fin toca con delicadeza aquel suelo que desaparece entre las largas cañas de cereal. Con la parte delantera del avión levantada para evitar clavar la cabina contra el suelo, los pilotos tantean un par de veces el campo hasta que, sin querer, parten el bastidor izquierdo trasero. Y aunque parezca increíble, el contexto convierte la pronta rotura del tren de aterrizaje delantero en fortuna para la situación, ya que el casco comienza a deslizarse sobre el suelo dejando como único freno esa ala que, a pesar de los continuos golpes y zarandeos que provoca, también actúa como protector ante semejante pesadilla. El apagado progresivo de los sonidos del accidente es casi lo único que ocurre durante los siguientes cinco minutos, que se llenan del habitual silencio con el que nadie cree haber podido superar tal situación, hasta que las sirenas de las ambulancias y los bomberos se encargan de atestiguarlo.

Ya en tierra, y después de haber comprobado una y otra vez que el suceso se ha saldado con unas cuantas magulladuras y cortes, Hang interrumpe a los servicios médicos a los que el comandante trata de evadir para admitir que todavía hay algo que resolver con quien ya se dirige hacia él.

—¡Amigo!, me gustaría decir que ha sido un placer, pero...

—Yo diría que esto es suyo, señor... —señala el piloto mientras le entrega la cartera que custodiaba después de haberle golpeado varias veces durante las complicadas maniobras—. ¿Anga?, ¿se llama usted Anga? —pregunta sorprendido, pues le resulta inevitable leer las credenciales del ejecutivo.

—Ya hace mucho tiempo que me cansé de corregir a todo el mundo —admite mientras observa como su azafata abraza una y otra vez al copiloto, sin reparar en que el dolor del golpe que bien podría haberle roto la mano ha desaparecido.

LA VEHEMENCIA DE ESTER

Central de ETech Technologies, Valencia,
61 años después, 17 de octubre de 2095

Ester continúa en la sala de migraciones de pie junto a la cama donde pocas horas antes le dijo adiós a su pequeña. Confusa entre tantas emociones, no puede hacer más que seguir acariciando la frente de su vacío cuerpo. A su espalda, unos parabanes que esconden la ojiva de Alba permiten al equipo médico comenzar de nuevo con numerosas pruebas a un cuerpo que sin duda aparenta ser una copia perfecta y funcional.

La joven madre arrastra con determinación las manos por su cara para afrontar esta nueva etapa de su vida y hacer desaparecer las lágrimas que acumula su rostro entre las palmas de sus manos. Minutos después, la vehemencia demostrada por Ester a la entrada del despacho del director del centro está a una escala en la que incluso el asistente encargado de gestionar las visitas trata de pasar inadvertido.

—¿Dónde está mi hija? —pregunta Ester exaltada.

El director del centro se encuentra rodeado por un par de médicos que explican los resultados mostrados por una *tablet* transparente que apagan frente a la abrupta interrupción. Sin articular palabra ni movimiento en primera instancia, más allá del retorcer del médico sentado a espaldas de la puerta, dirigen su mirada hacia ella.

—Estamos muy disgustados —afirma el médico—. No sabemos qué ha pasado, los resultados son buenos y todos los valores son normales. Las correlaciones y tendencias están dentro de los procesos estándares de división molecular.

—¡Basta!, no ves que las palabras no me sirven de nada. ¿Quieres darme a entender que todo ha salido bien? Pero yo no veo a mi hija conmigo. ¿Las ves tú?

—Es muy pronto aún para contemplar alternativas, Ester. ¡Estamos tan perdidos como tú! Este procedimiento no ha sido igual que todos los anteriores y tú lo sabes. ¡Aún tenemos la esperanza de que despierte! Puede que lo único que necesite tu hija es más tiempo para concluir con la sincronización.

—¿Esperanza? ¿Esa es tu respuesta para lo que le está pasando a mi hija —inquiere Ester extrañamente calmada—. ¡Deberíais tener propuestas, comparativas, protocolos... que me dieran a entender que estáis haciendo algo más que miraros como imbéciles! —maldice ahora mientras abandona el despacho, absorta en lo que a su juicio no era más que pasividad e incompetencia del equipo médico.

Es el año 2095, el corte de los árboles se ve perfecto en una ciudad impecable que asoma a través de la ventanilla del coche en el que viaja Ester, el cual no es que no tenga conductor, es que no tiene ni sitio reservado para ello. La ciudad se ve infestada de ETech, no parece haber ni un humano real en la calle.

Minutos más tarde, al llegar a casa, en un lugar imperceptible para ella, su marido Pablo espera sentado en el suelo sobre el que arrastra una dinámica autocomplaciente que, legítima o no, hace que se sienta culpable del fallo de migración de su hija. Contemplando la misma foto familiar que su padre sostuvo horas antes, esperaba llamar la atención de su mujer, aunque no haya sido posible debido a la velocidad con la que ha entrado y se dirige al dormitorio. La estancia no es muy diferente a las de principios de siglo. Nada más que un enorme cable con un diminuto conector se presenta en el cabezal de una cama, cuyo colchón no debe ser demasiado blando.

Aún no ha terminado de quitarse los zapatos y ya se encuentra tumbada a punto de conectar ese aparatoso cable en la toma que poseen todos los ETech en la nuca. Nada más establecer la conexión, la Esing del tobillo se ilumina con un color azulado muy claro, más blanco cuanto más al centro de cada uno de los segmentos que conforman la insignia. Ester cierra los ojos. La luz se vuelve estable y adquiere se vuelve estable y adquiere una potencia que incluso consigue iluminar la habitación a la que aún invaden las habituales sombras de las últimas horas del día.

Estado de conexión: conectando...
Interfaz red de usuario código: -**EP061036**- **Ester del Páramo**
Fecha: 16-10-2095. 21:05
Acceso a red pública/Archivos

Los ojos cerrados de Ester se mueven a gran velocidad, está accediendo a todos los datos de su red neuronal: constantes, estado de carga, información de la red pública (internet) e incluso vivencias en tercera persona que permiten volver a experimentar recuerdos con más detalle de como los percibieron la primera vez. La tecnología ETech puede llegar a usar el cien por cien del potencial del cerebro copiado en la ojiva, a diferencia del huésped que lo controla, que no lo puede hacer.

La ventaja evolutiva se hace patente con la increíble capacidad de memoria selectiva durante etapas subconscientes. Es decir, los humanos que controlan las ojivas pueden focalizar todos los recursos de su mente en áreas específicas del cerebro. De este modo, tienen la capacidad de aislar de forma eventual las funciones que no consideran intrínsecas a los procesos esenciales para la vida, con el objetivo de potenciar la memoria. Con ello son capaces de explorar recuerdos que su mente captó, pero con mucho más detalle.

Ahora bien, distanciándose de aquel bulo en el que se asegura que el ser humano solo usa una capacidad limitada de su potencial (el diez por ciento), ETech permite administrar a voluntad los recursos cerebrales para acoplar la psique a las necesidades del usuario durante un estado inducido similar a la fase REM. En la práctica, es como tener un disco duro con una capacidad inimaginable, cuyas vivencias y recuerdos son accesibles a través de la selección del conjunto de memoria que se desea explorar, todo durante una etapa inducida de sueño. Tal y como lo explicaron en el lanzamiento de la innovación, la potencia del cerebro de una ojiva puede cribar las funciones corporales para aprovechar mucho más su capacidad y convertir huéspedes en superhumanos, capaces de iluminar específicas zonas neuronales del cerebro a voluntad.

Así, Ester repasa una y otra vez el proceso de migración de Alba. Recrea el momento exacto como si volviera a estar allí, solo que esta vez avanza en el tiempo y lo retrasa a su voluntad, asimilando los detalles que sin duda memorizó, pero que a su cerebro no le dio tiempo a procesar. Agotada por no encontrar nada extraño, decide acceder a la red pública donde se ve a ella misma sentada en una sala circular de una biblioteca, cuyas estanterías con libros pierden su vista en el cielo.

Un tubo de cristal transparente situado en el centro de la sala reproduce numerosos sucesos relacionados con ETech y, aunque carece de accesorios para interactuar con semejante plataforma, las gráficas y noticias del pasado se suceden muy rápido para su análisis. La imagen de una antigua herida irreconocible para la joven aparece entre uno de los periódicos digitales, justo al lado de la crónica que relata el aumento sistemático del interés por la migración humana, después del primer caso de éxito en el año 2034. Además de ser algo que ha pasado desapercibido para ella, la cicatriz de Thian Matsuyama es algo que no podrá olvidar y que mantendrá latente en la memoria, a la espera de que algún hecho relevante la lleve a proyectarla de nuevo en sus recuerdos.

Ester sale ahora de la red pública para adentrarse una vez más en esos últimos acontecimientos que su mente acababa de grabar. Vuelve al momento en el que irrumpió en el despacho del director de migraciones y, con el tiempo detenido, como si hubiera salido de su propio cuerpo, se acerca para analizar las imágenes de la *tablet*. Nada importante, más allá del texto «sincronización completada», le llama la atención.

En cuanto a la vida real, el cambio de luces en el dormitorio señala que ya han pasado varias horas. Dispuesta a abandonar la conexión sin nuevas pistas que puedan ofrecer algún otro detalle del porqué de la situación de Alba, decide retroceder hasta el último abrazo que le dio a su hija.

Al despertar en el lujoso chalé, a oscuras, Ester deambula buscando a Pablo hasta llegar al salón. El moderno ingenio que ha sustituido la televisión está encendido para la admiración de lo que, *a priori*, parece ser nadie. Sentado en el suelo delante del sofá, su marido apenas levanta la cara para ver las proyecciones de ese enorme agujero que materializa imágenes como si se encontraran en la propia estancia. En su interior se emiten veinticuatro horas televisadas de informativos, en los que en ese momento se oye a un reportero:

> Hasta dos veces más que el reciente y destituido presidente. Y en lo que respecta a la actualidad nacional, todo indica que los cimientos de la comunidad científica se tambalean, cuando aún no han pasado ni cuarenta y ocho horas desde que el mundo entero se estremeciera con la noticia de que Alba Sanders del Páramo, hasta donde sabemos, la hija de la matriarca del desarrollo tecnológico más importante de la humanidad, no ha superado con éxito el proceso de migración a su ojiva. Por ahora no se ha hecho ninguna declaración y tampoco se ha visto salir a ningún familiar del edificio de ETech Technologies, sede oficial en Valencia...

La larga búsqueda acaba con Ester agachada frente a Pablo, que fuerza la dirección de sus ojos hacia ella hasta conseguir conectar con su mirada para decirle: «La voy a encontrar». Pablo la abraza desconsolado reavivando una relación que la opinión pública ya daba por acabada. Situación que reafirma la realidad más cruel que a menudo los traumas ocasionan, al atreverse a encontrar lecturas positivas hasta en la peor de las desgracias.

—¡Lo siento mucho! —repite su marido una y otra vez mientras llora abrazado a ella como si todo hubiera ocurrido por su culpa.

SEÑORITA RAFTER

61 años antes, cementerio de Valencia,
25 de octubre de 2034

La última luz del día se agota tras el majestuoso árbol del cementerio minutos después de iniciarse una persecución, en la que Enzo acabaría identificando una cicatriz que nadie más en el planeta podría tener. Abrazados, Ángel y Leire están delante del ataúd de su amiga, que aún espera en el nivel destinado a los vivos a que, por fin, den la orden de bajarlo junto con todos sus otros iguales. Sin embargo, a través de la única mano libre que no está sirviendo de apoyo el uno al otro, abren el féretro por última vez para descubrir un habitáculo vacío en el que poder depositar el ramo de flores que, por lo que parece, sustituirá al cuerpo de la fallecida.

Igual que en muchos otros casos, Marian se había marchado de este mundo ante la escasa asistencia a su velatorio, ensombrecido más si cabe por el hecho de ser huérfana, aunque ahora nada de todo eso importaba para quien no podía apartar su mente de la misma idea.

—¡No entiendo nada —apunta Leire—. Estoy segura de que podríamos haber hecho algo para evitarlo, pero no noté nada raro.

En la mañana que precede al velatorio, Leire se queda sin tiempo para decidir el destino de los restos de Marian, cuando ni siquiera ha pasado un día desde que la encontraron sin vida. Condicionados por el diálogo que mantuvieron con Anna Rafter el mismo día del suicidio, han aceptado escuchar la peculiar propuesta que expone, con su acentuado castellano, la nativa de Francia, una vez desplazados a sus oficinas.

—Como pueden observar, nuestras investigaciones no están mucho más lejos del reciente éxito que ha cosechado ETech. Son ya veinticinco años dedicados a una única idea, la ralentización de la muerte. Los crionanorrobots que ayer inyectamos a Marian, inmediatamente después de encontrar su cuerpo, han permitido hasta el momento revertir los últimos instantes de la muerte de numerosos seres vivos, desde plantas a mamíferos —explica Anna, directora ejecutiva nacional de CrioTech Technologies, hasta interrumpir tanto su discurso como su camino delante del laboratorio de ensayos.

La joven, que apenas ha cumplido veintiséis años, presenta una seguridad impropia de alguien de su edad. Ataviada con un vestido negro que no infunde más que profesionalidad, combina unos pendientes grandes y dorados que, como acostumbra, consiguen la perfecta mezcla con otros complementos como el cinturón. Su pelo negro y ondulado baja casi hasta la cintura y alcanza las curvas de su cadera que mantienen un equilibrio donde muchos jóvenes pierden el juicio, al menos, hasta tener que volver a encontrarlo cuando perciben que no dejará de clavar sus ojos marrones en cualquiera que le insinúe una falta de respeto.

Observando los ratones que se encuentran en el interior de la vitrina, consigue hacer un gesto que da sentido a su interrupción en lo que a Leire respecta. Ángel, por otro lado, indiferente ante el propósito de Anna, continúa con su burdo intento de acoso y derribo.

—Anna, aún puedo hablar con mis abogados y estudiar las posibles causas contra CrioTech Technologies. ¡Te sugiero que vayas al grano! Puede que esa sea la única forma de que entendáis lo lejos que está vuestra tecnología de la nuestra.

—Ustedes no han venido hasta aquí para medirse con nuestra corporación, por lo que le sugiero que se relaje, señor Torres, y escuche bien nuestra propuesta —apunta Rafter sin perder las formas—. Por otro lado, y como saben, el atestado policial del suicidio ya había sido levantado y el cadáver estaba en la camilla a punto del trasladado cuando yo llegué. ¡La inyección de crionanorrobots se hizo bajo su presencia y consentimiento!

Sin querer entrar en el debate con el que Ángel intenta desquitarse, las respuestas de Anna se suceden sin conectar siquiera la mirada con su circunstancial oponente y en favor de la vitrina llena de animales.

—Además, la autopsia reveló que, en definitiva, fue la hipoxia la causante de su muerte. Ambos sabemos que lo que menos le interesa ahora a su corporación es comenzar un litigio con causas cuestionables. Eso deterioraría la imagen del nacimiento de la tecnología que Glyn Torres se ha esforzado tanto en preservar. ¿Me equivoco, señor Torres? ¿O prefiere que le llame Ángel? —la tenaz réplica se extiende a lo largo del tiempo, en el que un técnico de laboratorio se dedica a infligir todo tipo de abusos a la cobaya que tienen delante.

Durante la exposición, los ojos de Leire dejan de prestar atención a la anfitriona y pasan a concentrarse en la electrocución con la que la criatura muere. El silencio que le proporciona el cristal de un espesor tan considerable impide percibir el sadismo del procedimiento. Enmudecidos, los minutos pasan como segundos, a medida que cada uno de los presentes se encierra en sus conclusiones, sin perder de vista al técnico que acaba de terminar con la vida del animal.

Pasan unos minutos más hasta que otro técnico intercambia impresiones con Anna Rafter, la cual no solo responde, sino que también reprende por la poca idoneidad del momento. Este pequeño paréntesis sirve para presenciar una nueva inyección de crionanorrobots que, sin duda, los invitados identifican por el vial tan característico utilizado en el cuerpo sin vida de Marian. Para el asombro de Ángel y esperanza de Leire, consigue hacer que el ratón vuelva a mover partes de su cuerpo e incluso a abrir los ojos. Sin embargo, y de vuelta al discurso, Anna insiste en que de ninguna forma puede considerarse una recuperación íntegra del organismo. La visita prosigue hasta el despacho del fondo del pasillo.

—¿Y por qué nos has elegido a nosotros para esto? —pregunta Leire—. ¡Nuestra empresa...! No tiene sentido. ¿Es que no había más personas muriendo que aceptaran tu propuesta?

Ángel, nieto de Glyn Torres, había asumido pocas semanas atrás el cargo de gerente ejecutivo de ETech y responsable de la migración de toda una generación de humanos. Al fin y al cabo, el fundador de la tecnológica se vio obligado a ejercer de padre del muchacho al haber perdido ambos a la mujer de sus vidas con otra muerte más que se adjudicó el cáncer. En cuanto a Leire, a pesar de su juventud, era la neurocientífica responsable de implantación y sincronización que daba vida a la migración humana, y por todos era conocido que sin sus estudios no habría sido posible concluir el proyecto de Glyn Torres.

—¿Quién mejor para entender el alcance de estas tecnologías? CrioTech se encuentra en un momento muy delicado —explica Rafter—. El gran avance que ha logrado su corporación constituye una pérdida de inversores importantes para nosotros y podría significar el abandono del proyecto estando tan cerca. ¡Tenemos tanto que ofrecer!

»He dedicado los últimos años de mi vida a la gestión financiera y desarrollo de la criotecnología, y cuanto más cerca estamos, más parece que se acerque nuestro fin. No quería quedarme con la sensación de haber podido hacer algo más.

»Como humanos y como tecnólogos, todos nosotros no somos rivales, es el mercado el que hace que nos despedacemos. Sé bien de lo que hablo, Ángel, a su abuelo le mueve ayudar a las personas, le mueve los desarrollos tecnológicos, no el dinero. Por eso, nada más supe de lo sucedido, cogí el vial y me dirigí al lugar del suceso sin pensarlo dos veces.

»Como les dije ayer, lo único que puedo hacer por ustedes es mejorar las cosas. Esto no tiene nada que ver con ETech, tiene que ver con ayudar a quien mejor posición estratégica tiene para nosotros.

—Puede que ni siquiera Glyn sepa hasta dónde llegan las posibilidades de Crio —susurra Ángel a su compañera mientras da la espalda a la anfitriona y simula estar interiorizando tanta información.

—A nuestra tecnología aún le faltan años, ¿cuántas migraciones habrá hecho ETech hasta ese momento? —continúa Rafter.

—Entonces, ¿qué tiene que ver Marian con todo esto si no podéis revivirla ahora mismo? —pregunta la neurocientífica de pie y con los brazos cruzados en la esquina del despacho, intentando recobrar el hilo conductor de sus intereses, más allá de la pugna política establecida por los CEO de cada corporación.

—Pongamos las cartas sobre la mesa. En esencia, nuestra tecnología no está ofreciendo algo diferente a la suya —continúa Rafter—. Mientras ustedes necesitan migrar a una nueva ojiva cada cinco de los veintiocho años totales del proceso, quintuplicando así la esperanza de vida del huésped, CrioTech plantea lo mismo con la ralentización del envejecimiento celular.

»A diferencia de ustedes que plantean reparaciones de los ETech o incluso migración a nuevas ojivas ante daños irreparables, nosotros planteamos autorreparación inmediata o forzada con la ralentización del metabolismo.

—No se te olvide mencionar que vosotros vinculáis vuestra tecnología como un simple avance del sector farmacéutico —indica Ángel—. A nosotros nos habéis pintado como «la atroz solución tecnológica que fabrica humanoides» y con la que alejamos al ser humano de nuestros orígenes biológicos.

—No me irá usted a decir que le extraña que juguemos nuestras cartas, dada la coyuntura —apunta la joven CEO—. ¡Esos humanoides van en cabeza! Y están haciendo que nuestra continuidad dependa de ustedes. Marian seguirá congelada hasta que nuestra tecnología esté preparada.

»Como han podido ver en el laboratorio, incluso la muerte puede ralentizarse en los casos de hipoxia como el de su amiga, pero hasta que no estemos en disposición de concebir un despertar sin secuelas no podemos suponer nada diferente a que ella ya no está entre nosotros.

»La otra alternativa es despedirse tal y como dicta el protocolo hoy en día, pasar página y que se desvinculen de la oportunidad que les ofrezco. Deben entender esto como una simple donación de su cuerpo a la ciencia. CrioTech evolucionará con o sin ustedes, pero puede que este sea el momento para tender un puente entre nosotros.

Sin haberlo pretendido nadie, ahora es el segundero del reloj de pared el que toma el protagonismo ante un silencio que cada cual aprovecha para digerir la propuesta entre múltiples miradas que la anfitriona prefiere evitar.

—Como saben, sus restos pasan a ser tutelados por los beneficiarios de su herencia y, dada su situación familiar, le convierte a usted, Leire Aragó, en la última frontera que determinará si debemos ponernos en marcha o no —continúa la francesa—.

Este es el documento que nos permitirá traer el cuerpo hasta nuestras instalaciones. Tan solo debe firmarlo.

Ángel observa como su amiga continúa dudando de pie en una esquina del despacho, abrumada por tantos cambios en tan poco tiempo y advertida de que de la aceptación de la propuesta dependerá el recorrido del sinfín de quehaceres pendientes para el velatorio. Tanto es así que en el depósito municipal esperan esa misma decisión que ya reflexionan al margen de Anna, eso sí, sin perder de vista que la oferta de CrioTech responde a una posibilidad estratégica que vincularía ambas tecnologías. Todo ello con el aliciente de la remota posibilidad de volver a ver a su amiga y cambiar aquello que le llevó a tomar esa trágica decisión.

Minutos después, el consentimiento no ha visto alterada su ubicación original desde que Leire finalizara los últimos trazos de su firma. En contrapartida, el balanceo con el que Anna exterioriza su satisfacción constituye la mejor prueba ante la jugada que sin duda abrirá nuevas oportunidades y horizontes.

LAS TRETAS DE HANG

Sacramento, Top golf,
30 de octubre de 2034

Las luces del atardecer se sumergen en la calidez de las bombillas que aclimatan la música en el famoso lugar de ocio que, por lo que parece, no supone una barrera para el teórico estatus de Hang Maison. Sonriente como de costumbre, espera su turno sentado en un sofá sobre el que descansan sus brazos como si dos atractivas mujeres hubieran dejado su hueco por un momento.

Una multitud de personas en diferentes *stands* ensayan su *swing*, mientras obtienen una puntuación basada en su teórica puntería, ya que como Hang diría: «Aquí nadie tiene ni puta idea de lo que hace, menos los dueños».

Sobre el *tee*, un tembloroso joven, al que sin ser su intención Maison ya ha amedrentado, trata de alcanzar un acuerdo para poder llevar al afroamericano ante sus jefes, los poderosos estudiosos de la Biblia de la Casa Blanca. Viendo cómo se desenvuelve y desde su posición privilegiada ya ha podido detectar que el pobre chico intenta a medias estar a la altura de lo que supone ser un joven de diecinueve años y alguien influyente del sector del cristianismo. Sea lo que sea que ha querido aparentar, a quien percibe no es más que un chico escuálido, que no parece tener interés en nada que no tenga que ver con la iglesia, cuestión que incluso su indumentaria refleja. Su cara todavía refleja más inseguridad y poca adaptación al entorno que acné, que ya es decir, teniendo en cuenta la efusividad con la que aún se presenta este trastorno en la piel. Claro que todo aquel análisis con el que Maison se distraía queda en un segundo plano al detectar una pugna sin sentido que el joven plantea cuando pone en duda la idoneidad del sitio escogido para la reunión.

—¿Sabes por qué me encanta esto? —pregunta el afroamericano retóricamente, a la vez que se levanta para golpear después de colocar su pelota en el *tee*.

—Mira a tu alrededor, son todo sonrisas, ¿quién no querría estar aquí?

—¿Los verdaderos amantes del golf? —responde el chico.

Para Maison, ya es un hecho que el joven ha olvidado que el objetivo de la reunión era valorar la capacidad tecnológica de Crio-Tech contra el emergente producto de ETech Technologies. El impresionante *swing* de Hang hace que la pelota toque la red del fondo. Tras ello, y al haber detectado que la conversación había llegado al punto en el que medirían sus egos, el afroamericano toma asiento a su lado.

—Mira, tú crees que me estás ganando porque tu puntuación es el doble que la mía —afirma con las dos manos apoyadas sobre el vértice del hierro 2—. Pero la verdad es que, si esto fuera un campo de golf, ya habría llegado al *green* antes de que tú te ataras los cordones de los zapatos, cosa que sabes. Aunque aquí el juego no es ese y por eso voy perdiendo yo.

»Por otro lado, no has sonreído ni una vez desde que estás aquí y en eso vas perdiendo tú, porque ese no es el juego que se esconde tras estas cuatro paredes; ese, amigo, es el juego de la vida. Por eso siempre trato de venir aquí, la naturalidad es la esencia de nuestra existencia. Si quitamos todo lo que es natural y biológico, ¿qué nos queda?

—ETech Technologies —responde el joven al haber captado rápido dónde quería llegar.

Hang asiente y deja madurar las ideas del chico por sí solas. El objetivo de la reunión vuelve a su cauce y el diálogo coge de inmediato el guion que tenía previsto de inicio.

—Pero tampoco tiene nada de biológico una tecnología basada en la criogenización. Inyectáis en el cuerpo nanorrobots congelados que alteran el normal progreso de envejecimiento molecular, eso no tiene nada de natural —insiste el chico.

—Sin embargo, la mayoría de las corrientes del cristianismo aceptan la vacunación como expresión de la modernidad. Católicos, ortodoxos, episcopalianos y batistas han aislado en este aspecto a testigos de Jehová y algunas comunidades *amish* que rechazan esta práctica —replica Maison de inmediato.

—Entendemos que también forma parte del diseño de Dios, pero no puede estar al alcance de los designios del hombre el aumento de la esperanza de vida o incluso la resurrección.

—¡Amigo! —exclama el afroamericano sonriente—. Es imposible revivir a alguien de la muerte, eso seguirá estando en manos de Dios por la eternidad, aunque lo que sí es cierto es que nosotros sí que aspiramos a ralentizar el proceso que lleva al colapso del organismo, porque la mayoría de las muertes tienen su fundamento en el tiempo en el que tardamos en sanar una herida.

»Al fin y al cabo, ¿las vacunas no alargan la vida de todo aquel que podría haber perecido por infecciones que el hombre ha aprendido a combatir?, ¿es que no es todo cuestión de tiempo?

—Hang, no me malinterpretes, no es que no crea en tu tecnología, pero necesito que ambos estemos preparados para enfrentar cualquier planteamiento que pueda surgir. Las personas a las que represento no han llegado a ese estatus dejándose llevar y sin tener sus propias inquietudes.

—Amigo —responde Maison con el clásico gesto de la mano en el hombro del joven, acentuando con una sonrisa ese espacio de tiempo que siempre deja entre su palabra preferida y el resto de su discurso—. Durante décadas, muchos hemos tenido la sensación de que la humanidad se convertirá en otra fugaz etapa a la que el planeta tierra sobrevivirá con indiferencia. En los próximos años, los humanos deberán decidir hacia dónde se dirigirá la evolución de nuestra especie para evitar la extinción.

»Déjame decirte que, sin lugar a dudas, el cristianismo querrá tomar parte en esta decisión, como ha demostrado a lo largo de la historia. Por lo que tú solo llévame ante ellos y déjalos obrar en consecuencia. Estoy seguro de que tomarán la decisión acertada.

Concentrado en la práctica del próximo movimiento con el que intentará pasar de mitad de cancha, el chico analiza los pros y contras que le ayudarán a tomar la decisión de si llevar a Hang Maison hasta su jefe o no.

INSATISFECHO

Carretera CV35, Valencia,
4 de noviembre de 2034

El tráfico es fluido, son las diez de la mañana y el ruido de la ciudad casi no escapa de las arterias circundantes. Con la marca de ceño fruncido instaurada de forma permanente, señal de haber pasado más tiempo del necesario concentrado, el detective Enzo Monzó conduce absorto hacia el Parque Tecnológico. Instintivamente, simula subir de manera inapreciable el volumen del programa de actualidad de la radio para focalizarse de nuevo en ella y escuchar con atención las palabras de Rose Mora:

Es un milagro de la ciencia. Hasta hace unos días, apenas habíamos podido tocar a nuestra hija Ester y el pronóstico acerca de su evolución...

El silencio derivado del nudo en el estómago de la madre no deja ni un instante vacío sin el sonido de *flashes* de cámara y el clásico chorreo de preguntas. El locutor interrumpe la conexión en directo de la mediática rueda de prensa en la Ciudad de las Artes y las Ciencias de Valencia para dar paso al reportero:

Ya han pasado varios días y numerosos reconocimientos médicos señalan que esta criatura ha superado con creces el proceso de migración de su cuerpo, según han explicado los responsables en desarrollo de la compañía ETech Technologies.

Como si fuera un disco duro, el cuerpo biológico de Ester se encuentra confidencial y cuidadosamente conservado. La onda expansiva generada tras la explosión de esta tecnológica sin precedentes está generando dos principales vertientes de opinión, a cada cual más razonable.

Mientras tanto, ya hay fecha y hora para la siguiente sincronización de un paciente de idéntica edad y afecciones muy similares a las de Ester. Es curioso señalar que hasta la fecha ningún alto cargo en representación de la Iglesia ha decidido pronunciarse al respecto...

Enzo apaga la radio al divisar las oficinas centrales de CrioTech, para acabar recibiéndole el más alto cargo de la compañía; no sin antes aparcar, llamar al timbre y esperar en el *hall* principal.

—Detective Monzó, mi nombre es Anna Rafter. Soy la actual responsable nacional de CrioTech, ¿qué puedo hacer por usted?

—Estoy investigando el caso de Marian Sanz y me he llevado una enorme sorpresa al intentar inspeccionar de nuevo su cuerpo y encontrar el nombre de su laboratorio como el responsable de haberlo hecho desaparecer del depósito —explica con ironía mientras mira a su alrededor para hacer entender que quizás no eran nadie para llevarse el cuerpo.

—Disculpe, ¡aquí no se puede fumar! —se apresura en responder ante la última de las provocaciones del inspector.

La tecnóloga percibe a un hombre atractivo, a pesar de estar delante de un fumador que con sus evidentes brillos en la frente consigue advertir excesos poco saludables y barba descuidada de varios días. Incluso se ha fijado en que los extremos de los dedos de su mano derecha tienen esa tonalidad amarillenta del humo del tabaco. Aun así, su forma de expresarse, sus facciones..., es un hombre guapo y él lo sabe. Además, sus 1,87 metros de altura acompañan a una constitución atlética pese a que sus costumbres son el aval perfecto de que no se la merece.

Sin desviar ni un milímetro sus ojos color marrón de los de la CEO de CrioTech, el detective Enzo Monzó coloca su cigarrillo en la oreja dejándolo oculto entre tanto ricerío con el que su pelo color castaño claro juega con el límite de media melena o pelo largo.

—Verá, inspector, creímos que con el informe de la autopsia confirmando el suicidio, sin olvidarnos del consentimiento de traslado firmado por parte de la señorita Leire Aragó, sería suficiente —responde abrazando su carpeta contra el pecho y añadiendo un gesto en el que destaca la seriedad inherente a su puesto.

—Podría servir, sí. Aunque aceptaré encantado que me deje ver su cuerpo ahora mientras me explica como ha conseguido convencerlos con una investigación abierta —explica secando esos brillos de la frente de los que es consciente que presenta aun sin haberlo constatado.

—Puede que en lugar de haber venido corriendo aquí, señor Monzó, debiera haber investigado antes...

—Lo mío es más la acción —interrumpe Enzo.

—... quiénes somos y por qué mis clientes han decidido contar con mi confianza —continúa Rafter—. Y no, inspector, no se trata de un caso abierto porque, como usted sabe, no podríamos haber traído el cuerpo...

—¿De verdad está aquí? —interrumpe de nuevo canturreando en voz baja mientras busca la forma de rascarse para mostrar al máximo su incredulidad.

—... y sí, le dejaré ver el cuerpo, teniendo en cuenta las circunstancias —termina después de todo sin responder a las provocaciones del inspector, el cual sonríe señalando con las manos abiertas la puerta por donde apareció minutos antes Anna.

—Detrás de usted.

—Va a tener que comportarse, esto es un laboratorio —advierte dirigiéndose a la puerta de entrada.

—¿Qué le hace pensar que no lo haré? Así que ¿crían conejos aquí? —apunta el detective mirando una de las vitrinas que separaba el pasillo de los laboratorios y que, con gran acierto, también aprovechaban como jaulas para los animales.

—Como me consta que sabe, CrioTech es una empresa que centra sus investigaciones en el desarrollo y potenciación de la tecnología de nanocriogenización. En la actualidad, nos encontramos en una de las últimas fases de desarrollo, previo a la autorización de pruebas con humanos, pero los trámites son complicados.

El discurso de la joven se distancia ajeno al ralentizado paso con el que Enzo observa cómo, al otro lado de la vitrina, el personal de laboratorio se acerca con un cuchillo y lo clava en una de las cobayas. Impactado, el detective alterna unas cuentas veces la mirada entre el animal y el investigador, incrédulo ante la barbarie, pero sin perder su irónica expresión. Varios segundos después, la herida sana y la criatura comienza a corretear de nuevo.

—¡Joder! —grita sobresaltado el inspector, que al girarse repara en que Anna está esperando.

—Y usted, señor Monzó, ¿a quién ha hecho enfadar para que le dejen perder el tiempo investigando suicidios? Por lo que tengo entendido, Marian era huérfana, no tenía familia ni raíces. Muy joven y con mucho éxito, un perfil muy similar al de este tipo de incidentes —explica mientras espera delante de la puerta de otro laboratorio.

—Ya sabe lo que dicen, ¿no? Si te portas bien es señal de que quieres quedarte donde estás, si no, continúa molestando hasta que te trasladen donde quieres.

Las puertas se abren para dar paso a una nueva vidriera que le separa de una cápsula acristalada en diferentes tramos de su extensión donde, a través de la escarcha, se intuye una silueta muy similar a la de Marian.

—Estoy segura de que encontrará la puerta al salir. Si me disculpa, le he dedicado más tiempo del que mi agenda me permite.

—Pero... y ahí dentro, ¿cómo accedo? —pregunta Enzo señalando el habitáculo que contiene la cápsula con Marian.

—Me temo, inspector, que ya le he mostrado más de lo que mis inversores aceptarían, para el resto de la visita será necesario la orden de mis superiores o la de un juez. ¡Espero que disfrute las vistas!

La completa insatisfacción de Enzo obtiene en consecuencia el golpe en el cristal que le separa de su ansiado objetivo. Se marcha de nuevo hacia su coche, mientras que Anna se dirige a su despacho en el que de inmediato hace uso del teléfono móvil.

—Tengo encima a Enzo Monzó —afirma Anna, la cual prosigue escuchando tras una pausa—. Ha visto la cápsula.

Segundos después de atender las indicaciones, la conversación telefónica termina con la visión del inspector, que la directora ejecutiva puede distinguir a través de los cristales tintados de su despacho. El detective se encuentra fuera del coche hablando también por teléfono y haciendo caer sobre Ángel el peso de la frustración acumulada desde que entró en la sala del criotubo de Marian.

—¿Sin consultarme? —pregunta Enzo a la persona a la que pide explicaciones, Ángel Torres.

—Nos pareció la única oportunidad de volver a ver a nuestra amiga.

—Y entonces yo, ¿quién soy?, ¿el imbécil que corre detrás de los chinos de circo que desaparecen? Este movimiento lleva más tu firma corporativista que la de Leire, ¿tú cómo los ves?

—Enzo, solo la han cambiado de sitio —responde Ángel.

—Pues en este nuevo sitio no me dejan verla. Bueno, sí, a dos metros, tres cristales y cinco kilos de nieve de distancia.

—¿Qué? —pregunta extrañado—. Esto no es lo que acordamos, espera allí. Voy enseguida y, por lo que más quieras, no le cuentes nada a Leire.

—¡Perfecto! —exclama enfadado ante lo que había sido una absoluta y completa pérdida de la mañana.

El sol brilla casi en la vertical del inspector que, sentado en el bordillo de la acera y entornando los ojos, adecúa su aspecto a lo que parecía haber sido hasta ahora el trabajo de más de un único y caluroso día concentrado en apenas unas horas.

En el Palau de les Arts Reina Sofía, Rose continúa con la segunda parte del evento organizado por ETech para la presentación de su tecnología. Mucha gente influyente se pasea frente a los estanques que se extienden en el perímetro de la futurista terraza trasera, seleccionada para la celebración del evento en el que no se contempló límite económico alguno. Con las piernas flexionadas hacia un lado y ante la imposibilidad de cualquier otro movimiento, Rose consigue igualar la cota de sus ojos con los de un niño afectado por una enfermedad que le mantenía atrapado dentro de su cuerpo. Entre los elegantes asistentes, destacan por su escasez de recursos tanto el padre como la madre de esta desdichada criatura.

Anna continúa redactando informes y hablando por teléfono mientras observa a través de su ventana los seleccionados movimientos con los que Enzo da a entender que, a pesar de parecer un chulo y un imbécil, nunca suelta una presa cuando ya la tiene cogida.

La camisa del inspector luce a tramos sus bordes inferiores por encima del pantalón y los movimientos de un lado a otro de la acera, así como los intermitentes puntapiés a todo tipo de objetos que encuentra en sus vaivenes, vienen aderezados con el aspecto resultante de coger la chaqueta con dos dedos y descolgarla por la parte trasera de su espalda. En el instante en el que Enzo comprueba que el sol ya no se encuentra en su misma vertical, el coche de Ángel por fin hace acto de presencia.

—Señores, acompáñenme, por favor —solicita la CEO de Crio-Tech desde la puerta principal del *hall*, ya dentro del edificio.

El sonido de sus tacones llena esta vez el incómodo silencio que parecían haber firmado todas las partes de este improvisado encuentro. Una vez en la sala que supuso el límite anterior del detective, Anna pulsa en esta ocasión el código de desbloqueo de la vidriera que los separa de la cápsula.

—Me da a mí que ya me conozco el resto, creo que mejor te espero fuera —indica el detective.

Boquiabierto, Ángel observa como Enzo renuncia a ver lo que venía persiguiendo durante todo el día. De la misma forma, Anna no alcanza a ver más que la parte trasera del cuerpo del inspector, del que saliendo por la puerta consigue escuchar: «Conozco la salida, jefa». Con cada paso con el que Ángel se acerca a la cápsula, Enzo se aleja hacia la puerta satisfecho, recordando cómo a primera hora de la mañana y, tras la sorpresa en el depósito, llamó a Leire para asegurarse de que quien ahora se acerca a cámara lenta al criotubo tuviera la mañana despejada, ya que él sería el más difícil de convencer.

Como era de esperar por el detective, la solicitud de apertura de la cápsula no es correspondida más que con la peligrosidad a la que se expondría a los crionanorrobots que ya trabajan en la posible reanimación celular del cuerpo de Marian. Por lo que frente a las dudas de Leire en la toma de aquella decisión, ahora ya parece más un error haber permitido que Ángel inclinara la balanza, apoyado más en condicionantes políticos que en lo que en realidad su amiga representaba para ellos. El desenlace de todo aquello no puede ser otro que la habitual reacción del flamante gerente de ETech, con su clásico y monumental enfado que esta vez acompaña con el reproche a las obtusas condiciones del acuerdo.

En cuanto a Enzo, sentado en el capó, recuerda con una sonrisa el encierro al que había sometido a Anna durante toda la mañana, a la espera de que Ángel pudiera comprobar su error con sus propios ojos antes de tener tiempo de reacción alguna por parte de la CEO de CrioTech. Fuera cual fuera el objetivo de Anna Rafter, ahora ya contaba con menos ventaja al verse obligada a destapar ciertos límites que nunca antes compartió con nadie de ETech.

LA DEUDA DE ROSE

Central de ETech Technologies, Valencia,
5 de noviembre de 2034

—¿Está frío? —pregunta el médico que examina la ojiva de Ester—. Ven, cariño, siéntate aquí, ¿está muy enfadada mamá? —bromea haciendo caras que desvíen la atención y preocupación de la niña.

Sentada y en camisón, Ester esboza una tímida sonrisa ante las caras del doctor que le atiende. La voz embotellada de Rose a través de las paredes y el cristal por el que se conectan la visual de madre e hija no es fácil de obviar.

—No te digo eso, ¡te digo que es el trabajo de tu vida! —exclama Rose con intensidad más que con enfado.

—El trabajo de mi vida ya está hecho y puesto al servicio de la humanidad, Rose —expone Glyn—. Decidir qué hacer con esto es una lucha que no me corresponde. No quiero decir con ello que no me importe su futuro, pero la articulación de la tecnología de migración humana en la sociedad será una de las decisiones más importantes del ser humano. ¡Soy la persona menos adecuada para decir al mundo qué camino tomar, Rose!

—¿Por qué?

—Porque yo solo soy un científico que soñaba olvidar todo lo que sabía. No soy una persona como todos los demás. No entiendo la forma de actuar de la gente y creo que ni con cien vidas podría llegar a compartir ese espíritu competitivo con el que unos se aplastan contra otros —Glyn continúa su explicación cogiendo ambos brazos de Rose por encima de los codos—. Siento que la batalla que planteas no me corresponde a mí. Porque al haber sido yo quien ha creado esto, no puedo ser quien lo decida.

»Los ancianos tenemos la responsabilidad de aconsejar con nuestra experiencia y dejar paso a todo aquel que quiera continuar nuestro trabajo. ¡Junto al vigor que aportáis las personas más jóvenes! Me temo que sois vosotros los que tenéis que seguir luchando —termina la explicación, mientras se dirige al despacho contiguo a jugar con Ester.

—Glyn, no sé cómo darte las gracias —se lamenta.

—Ya me las has dado. Mira cómo sonríe —responde sin darse la vuelta, mucho más interesado en la interacción que tendrá con la pequeña y restando importancia a la preocupación de la madre.

Rose pasa los siguientes diez minutos mirando a su hija jugar con quien le había devuelto la sonrisa, recordando conversaciones intercambiadas durante la gala de presentación de ETech. Ya habían pasado cinco años desde que la madre de la primera persona migrada de la historia concentró toda su fuerza en no desfallecer ante la enfermedad de Ester. Contra todo lo imaginable, de la noche a la mañana, toda esa fuerza amaneció en un enorme desequilibrio que la ausencia de preocupaciones dejó a una madre más que habituada a contingencias. Con la mente en la gala de presentación del día anterior, celebrada en el Palau de les Arts Reina Sofía, y con el recreo visual que le proporciona ver a su hija jugando con el anciano, Rose recuerda conversaciones con antiguos compañeros de partido.

Ciudad de las Artes y las Ciencias, Valencia,
4 de noviembre de 2034

—Todo sigue igual que hace cinco años, Rose, esto es un desastre. Estos llevan treinta años de democracia, recreándose en heridas del pasado y desviando el foco de atención lo suficiente como para seguir haciendo lo que les dé la gana —explica un excompañero de partido a Rose Mora.

—Hace muchos años que el sistema se dedica a hacer lo mismo. Todas esas distracciones no sirven más que para engañar a la gente, porque, por mucho que digan esas tonterías, no sirven para mejorar nuestras vidas. Si no son unos son los otros —reafirma otro de sus excompañeros—. Tenemos que hacer algo y puede que tú tengas la llave para desbloquear todo esto.

En 2020, el teatrillo político cumplió con creces su objetivo evasor. En pocos años, ya nadie sabía a quién votaba ni por qué. Los siguientes catorce años se convirtieron en un pseudocontrol europeo que benefició el círculo vicioso que mantenía en un sinuoso equilibrio las medias posturas, que ni solucionaban ni empeoraban la situación. La única posible reacción de la ciudadanía fue la caída del porcentaje de participación electoral hasta mínimos históricos registrados.

A los políticos ya ni siquiera les funcionaba esa artimaña con la que espoleaban a los ciudadanos a votar fuera cual fuera su decisión; todos sabían que eso era lo que les mantenía en su puesto. Con ETech, las altas esferas pronto detectaron intereses políticos y religiosos, dando a entender que no tendrían problema en mostrar su apoyo a la tecnología, siempre bajo la premisa de sacar rédito de ella. Rose no quería eso, soñaba con que cada persona de este mundo tuviera derecho a disfrutar de su misma suerte y que no se convirtiera en un elemento que distanciara aún más a los ricos de los pobres.

Con todo ello, de la conversación con Glyn surgieron dos conclusiones. Por un lado, sabía que tendría su apoyo para coger esa fuerza y direccionarla hacia la implantación de ETech Technologies en el mundo y, por otro, que también tendría su bendición en caso de querer olvidarse de todo para disfrutar de la vida con su familia. Tras las numerosas ofertas de sus excompañeros de partido durante la gala, mientras ve como Ester juega con Glyn, Rose decide por fin que luchará para intentar cambiar esa nociva tendencia política, aprovechando que un elemento disruptor llamado ETech se había filtrado en el medio de todo ese caos.

LA DIRECCIÓN EN QUE APUNTO

Central de ETech Technologies, Valencia,
61 años después, 23 de octubre de 2095

Tal y como se perciben los sonidos debajo del agua, Ester es incapaz de procesar ninguno de los enfáticos argumentos del equipo de médicos e inversores que la rodean. Con la mente en otro sitio, se mantiene al margen del intercambio de golpes, producto de intereses basados en el poder y en el dinero que siempre están presentes para adulterar la verdadera preocupación por las personas, y en este caso, por Alba.

Anímicamente hundida, mantiene la compostura aún con la confusión que provoca el exceso de conexiones con los que trasnocha, buscando respuestas en la red interna de su ojiva. «Empiezo a cansarme de silogismos», piensa Ester para sus adentros ante tal exposición de evidencias.

El futuro es complicado, el despertar de una tecnología que dio una vuelta de tuerca a las posibilidades de la capacitación humana no solo quintuplicó la esperanza de vida, acabó con enfermedades y redujo el dolor, el frío y el calor, sino que también abrió la puerta a la peor de las drogas. La capacidad de autoconectar con la psique, activando a voluntad la red de neurotransmisores del propio organismo, a diario consigue que un gran número de individuos elijan la vida que ETech les proporciona durante la fase REM. El problema es que el sueño es limitado y cuando las drogas dejan de hacer efecto, las ojivas vagan como zombis que esperan la noche para poder volver a dormirse.

Entre otras muchas conversaciones que tienen lugar en paralelo, la más cercana a Ester tenía como protagonistas a ciertos miembros del consejo, sobresaliendo por encima de los demás la de Alice Dowens. Ella destaca por ser la más ambiciosa de todos. Tiene ese tipo de inteligencia que te obliga a estar alerta, porque, de lo contrario, en unas cuantas jugadas te lleva a su terreno. Esto lo combina a la perfección con un carácter donde unos días es la más dulce de las mujeres y otros, sin embargo..., bueno, otros es Alice Dowens en estado puro.

Con 1,72 metros de altura, la mujer de veintiocho años tiene el pelo largo y de color rojizo muy oscuro, como si estuviera intentando ser pelirroja, pero sin querer que nadie se dé cuenta, aunque la palidez de su piel contribuya a todo lo contrario. Algunos de los miembros del consejo no se han habituado todavía a las curvas de esta mujer por muchos años que lleve compartiendo la mesa con ellos, pero todo queda reducido a la nada cuando recuerda con cada frase que lucha por todos los medios por imponer su criterio. Sus ojos marrón claro o verde oscuro, dependiendo de la luz que los ilumine, ya se han clavado en otro miembro del consejo, quien se encuentra en plena exposición. Casi sin que este último haya empezado siquiera a hablar, ya se percibe el ímpetu con el que Alice pretende intervenir, haciendo ese típico gesto de juguetear con sus carnosos labios mientras analiza, uno por uno, la expresión de cada miembro del consejo.

—Os dije que con esto nos expondríamos a la apertura de un hueco regresivo —apunta Alice en referencia a una potencial circunstancia que podría surgir a consecuencia de la mala prensa de la migración humana.

Setenta años antes, Leire Aragó comenzó la tesis de su doctorado que sentó una de las bases más importantes de la tecnología. Consiguió aislar los catalizadores proteicos de las células que determinaban el estado de madurez óptimo del cerebro de los humanos. De este modo, logró efectuar las migraciones más seguras. Décadas después, todo el mundo entiende como una incuestionable realidad que los cinco años de edad del sujeto presentan un margen que asegura una sincronización completa del huésped con la ojiva. Migrar a individuos después de esa edad es inviable. Lo que significa que el miedo que ahora se apodera de la sociedad podría hacer que se cancelaran migraciones en masa, dando lugar a generaciones enteras de genuinos humanos de los de Darwin. Es decir, la involución de la migración humana, de ahí su nombre «hueco regresivo».

La reunión continúa con un presidente del consejo levantando la voz sobre todos los demás, con la intención de evaluar los daños. El valor de sus acciones, la cancelación de migraciones, la publicitación de la migración de la hija de Ester del Páramo, etc. Aunque Ester está presente, de alguna forma, todo el mundo entiende que apenas le interesa nada de lo que allí se dice, por mucho que quien lo explica trate de recuperar su participación; pero en su interior el debate no era muy diferente. Quizás, por alguna razón, prefería centrarse más en la pérdida de crédito que supondría para la compañía el fallo de la segunda generación de ETech. La primera humana migrada hija natural de la primera ojiva de la historia (Ester) debía haber sido el aval definitivo de madurez de la tecnología. Y encima aquel fallo le había hecho perder a su hija.

—Tenemos que focalizarnos y hacer un plan de respuesta a cada una de las contingencias generadas. Lo primero es dar respuesta a los medios, todavía nadie ha explicado la situación —dice Alice.

La contundencia de los argumentos, así como su interpretación, desfallecen a medida que la inevitable percepción de la actitud de Ester quedaba más y más patente.

—Ester, ¿estás bien? —pregunta el presidente del consejo levantando la mano mientras detiene la exposición de Alice Dowens.

La matriarca se levanta, da la espalda al debate y muestra su apatía a la lluvia de propuestas marcada por la gran cantidad de evidencias, como si nunca fuera a participar. Pasados unos segundos y ante la expectación creada, por fin, pronuncia la únicas palabras que nadie esperaría con el volumen suficiente como para que lleguen hasta el último rincón de la sala.

—¡CrioTech! De todas las bombas lógicas con las que me habéis aburrido las dos últimas horas de reunión, no he podido escuchar ninguna que no hubiera podido explicar un chiquillo.

»He oído como hablabais de que todos los resultados de la migración son satisfactorios. Sin embargo, continúo sin estar con mi hija. He oído como una marea de especulaciones se abalanzaba contra los principales principios de ETech para cuestionarla, pero sesenta años de migraciones sin fallos nos respaldan.

»Incluso he llegado a oír que los principales jefes de Estado contemplan no realizar migraciones. ¿Puede alguien decirme a quién beneficia todo esto? —pregunta conteniendo su rabia y apoyando ambas manos en la mesa.

Para algunos pocos, Ester no era más que una herramienta de *marketing* elegida años atrás como podía haber sido cualquier otra. Su importancia era relativa, si se comparaba con la posición por la que cada uno de los cargos de la asamblea tuvo que pelear. Si bien la realidad era que su encomienda tampoco había sido testeada, por lo que hasta aquellos pocos escépticos debían andarse con cuidado. No parecía que Glyn Torres hubiera tomado ese tipo de decisiones al azar.

—Eres tú la primera que nos ha obligado a mantener la paz con Crio-Tech, aunque nunca hemos entendido el porqué —explica Alice—. ¿Y ahora los acusas directamente de lo que te ha pasado a ti? ¡No tienes pruebas!

—Yo no tengo pruebas, pero tú no sabes nada del mundo en el que vives —apunta al mismo tiempo que ladea ligeramente su posición de apoyo sobre la mesa para mostrar la luz activa de uno de los cinco segmentos de su brazo izquierdo. Con ello indica que lleva mucho más tiempo migrada que ella, por lo que controla mejor su ojiva que nadie en todo el mundo—. He visto nacer a ETech y he podido comprobar cómo, a pesar de haber ganado cien veces la guerra contra la tecnología Crio, jamás ha llegado a desaparecer del todo.

»Nunca la hemos considerado como una amenaza real, porque siempre han sido como hormigas. Hormigas que pueden haberse organizado durante años para tumbar uno de los más importantes hitos tecnológicos de la humanidad. Habéis considerado todo tipo de anomalías, pero... No he oído a nadie decir ni una sola vez CrioTech. Es la respuesta que mejor encaja.

—¿Estás sugiriendo que les acusemos en público, madre de ojivas? —pregunta Dowens, aludiendo con el apelativo sarcástico al que recurrían cuando no utilizaban el de matriarca—. ¿En una rueda de prensa?

—¡No! Estoy diciendo que penséis en manipulación, juego sucio, en extorsión, en la mentira, en la traición y todas las miserables estrategias que podría haber tenido la indecencia de utilizar Crio-Tech. ¡Somos el siguiente eslabón de la humanidad y nadie nos va a quitar lo que es nuestro!

Tras una pausa en la que Ester no solo ha inspirado a luchar por lo que les pertenece, sino que también ha mostrado el verdadero motivo por el que ocupa la posición privilegiada al lado del presidente del consejo, recobra su entereza habitual y revela la capacidad del dique de contención con el que resguarda sus verdaderas emociones. Absolutamente calmada y como si nada hubiera pasado, anuncia aquello que nadie que la conociera podría haber previsto, dado su conocido pacto de no agresión entre ella y la competencia directa de la migración humana.

—Yo iré a por CrioTech.

CAPÍTULO 3
SIMULTANEIDAD DE SUCESOS

EL FUTURO DE ENZO

Centro de Valencia,
5 de noviembre de 2034

En la puerta número 7 de un bloque antiguo de viviendas del centro de la ciudad, Leire aprovecha la profundidad y rugosidad de las vetas de la madera para hacer sonar el rasgar de sus uñas. Con la otra mano juguetea con esos mechones de pelo diferentes en color y longitud tan característicos, a la espera de que alguien abra la puerta después de los cuatro contundentes golpes con los que Ángel ha pretendido llamar la atención del dueño de la vivienda, el inspector Enzo Monzó.

Agotados tras los últimos días, Leire y Ángel han decidido no esconderse detrás del error de haber cedido el cuerpo de Marian a CrioTech y aunar fuerzas para buscar la mejor solución. Después de numerosos ruidos, que responden al improvisado carácter de la visita, Enzo abre la puerta abrochándose la camisa. Los abdominales marcados muestran un cuerpo mejor cuidado de lo que su habitual vestimenta dejaba percibir, mientras que el pelo mojado y sin peinar confirma que la cita no estaba para nada prevista.

—¿Nos vamos? —pregunta el detective dejando fuera de juego a todos con solo dos palabras.

Tras unos segundos, y ante la esperpéntica improvisación, consigue que nadie reaccione. En una irónica situación de poder, el joven inspector deja que sus visitantes asimilen ese humor tan raro que tiene, a su vez los invita a entrar con un alto y claro:

«Pasad, por favor». Detrás de Ángel entra Leire, que, tratando de mostrar el máximo respeto, se esconde a espaldas de su compañero de trabajo para dar tiempo al inspector a cerrar esos botones de la camisa que restan. No es que a ella le importe..., aunque, a decir verdad, a Enzo le importa todavía menos. Dos sofás y un sillón aislados rellenan como pueden el salón que ni siquiera presenta una televisión en el hueco reservado para ello.

—No tiene ni una foto. Parece un decorado de teatro a medio terminar —susurra el actual CEO de ETech a su compañera—. ¿Hace mucho que vives aquí?

—Diez años, más o menos.

—A mí me da que puede que la hayamos cagado con lo de Marian y que tuviéramos que haberte consultado —expone Leire—. Pensamos que después de haberla perdido de todas formas, no haría daño a nadie intentar cualquier cosa que nos permitiese recuperarla.

—Sí, parece que no hemos hecho nuestra mejor jugada —apunta también Ángel—. Puede que todo el asunto de la migración de humanos esté haciéndonos ver al resto de tecnologías con capacidad de cumplir cualquier meta.

—Si mal no recuerdo, nunca he dicho que esto fuera un error —responde el inspector Monzó—. Estoy convencido de que vosotros dos ya formabais parte de todo esto incluso antes de saberlo y, queráis verlo o no, creo que vuestro último movimiento ha expuesto todavía más a quien anda detrás de cada paso que dais.

—No sabemos qué hacer. Lo más cerca que podemos estar de nuestra amiga es a través de una cápsula que apenas nos permite reconocerla.

—Leire... —interrumpe Ángel a su amiga con claros indicios de que con ese último comentario reaviva una discusión anterior.

—¡No!, no me digas otra vez que mi amiga está muerta —responde la neurocientífica alzando la voz y negándose a escuchar la realidad con la que incluso Anna Rafter le insistió—. No quiero aceptar que tengo que olvidarme de ella para poder sentirme mejor y seguir como si no hubiera pasado nada, como has hecho tú.

—¿Qué quieres que hagamos?, hemos hecho todo lo que creíamos que estaba en nuestra mano y ni siquiera sabemos si nos hemos equivocado —replica su amigo con efusividad.

Leire se acerca a la ventana mientras Ángel, cansado de las constantes discusiones que marcaban la tónica de las últimas semanas, solo puede encontrar el aliento perdiendo su mirada en el suelo. Como un eventual espectador que se ha quedado para dar fe de la tensión que ha generado la pérdida de Marian entre ellos, Enzo se acerca de forma sutil para tratar de amortiguar la alta reactividad propia del carácter de Leire.

—Tú no entiendes nada. No entiendes lo que la echo de menos... Y se ha ido con una mierda de carta en la que prácticamente no decía nada —explica Leire—. ¡No era propio de ella rendirse!

—Hay más razones de las que parece para creer que irse no fuera estrictamente su decisión —afirma ahora Enzo, que toca el brazo de la joven.

—¿Qué estás diciendo, que la asesinaron? —replica de inmediato Ángel al ver torcerse las principales intenciones de su visita—. Eres el único que cree eso, ¿sabes? La policía ha archivado el caso y, aparte de Leire que cree que sigue viva, no hay nadie que piense que volveremos a ver a Marian —dice jactándose de su amiga e incrédulo al ver la propuesta con la que parece secundar esa teoría el inspector.

La presión por el primer ETech, los errores con Marian y ver la inevitable conexión que se estaba materializando entre Enzo y Leire no hacía más que socavar el ego del CEO de ETech que, como de costumbre, responde enfadado. Enzo libera de inmediato el brazo de la chica, preocupado por la intensidad en la opinión de Ángel, lo que hace despertar de su letargo a la joven para buscar el motivo de esa desconexión.

—Además, ¿qué es eso que tanto buscas?, ¿vas a ayudarnos a recuperar el cuerpo de Marian? ¿O es que vas a resucitarla tú?

La incómoda situación provoca que ninguno de los presentes se atreva a pronunciar ni una sílaba más por miedo a empeorar la situación que tanto le enfurece.

—Leire, los restos de Marian son nuestros, podemos recuperarlos si es lo que quieres, aunque sea para enterrarla y olvidarnos.

Tras unos segundos, su miedo a sentirse intrascendente lo lleva a querer ponerse de nuevo del lado de la persona que ama, por lo que vuelve al ataque contra Enzo.

—Y tú, ¿qué propones que hagamos?, ¿has venido a darle la vuelta a nuestro mundo y ahora te apartas?

—Yo solo busco respuestas —responde el detective—. Comprobé lo que quería y con ello forcé a Anna a descubrir sus cartas antes de lo que ella hubiera querido.

—Increíble, no se puede decir menos con más palabras. ¿Y cuál es el siguiente paso? Te importa una mierda lo que nos pase. ¿Te lo estás pasando bien? Cuando se aburra y no encuentre nada, nos volveremos a quedar tú y yo solos para decidir lo que haremos con el cuerpo. Solo que en ese momento puede que sí te interese mi opinión.

—¿Tú no te ves más exaltado de lo normal? —pregunta Enzo situando las palmas de las manos frente a cada uno de ellos.

—Sí, será mejor que me tranquilice, pero fuera de aquí.

—¡Ángel! —grita Leire intentando frustrar la huida, al mismo tiempo que la puerta se cierra con fuerza.

Aún de pie junto a la ventana, la científica cruza los brazos para intentar protegerse de la gran cantidad de reflexiones a medio terminar que le están colapsando, mientras Enzo busca de nuevo el contacto con ella.

—¿Vas a rendirte con Marian?

—Tengo algo para ti. Ven, siéntate —indica minutos después, una vez cruzado el umbral de la habitación contigua—. Todos los objetos y fotos de los casos que ves aquí están para recordarme que, justo antes de abandonarlos, apareció algo que me permitió salvar a la hija de Vicente y Cristina, por ejemplo, o me ayudara a encontrar a Néstor o salvar la vida de Víctor —explica señalando cada una de las fotos y de los objetos de la habitación—. Y como en todos esos casos, no abandonaré a Marian.

El discurso encuentra su final en el mismo momento que el detective desbloquea su ordenador y muestra un vídeo de una cámara de seguridad de una sucursal bancaria.

—¿Qué es esto? —pregunta Leire.

En silencio, analizan el vídeo en el que se ve a la perfección como Marian se detuvo delante de lo que parecía un niño con rasgos indios o nepaleses llamado Akash, aunque todavía no pudieran conocer su nombre. Después de una muy breve conversación, puede apreciarse como cada uno de ellos continuó su camino, pero lo más extraño es que en el caso de la estrella del *marketing* fue en dirección opuesta a la que antes apuntaba.

—¿Dónde iba Marian? ¿Y por qué ese cambio de parecer tras la conversación? —pregunta el detective.

Leire no puede salir de su asombro. De pronto, algo que el día anterior parecía irrelevante ya no lo era. «¿Qué hizo a Marian replantearse ir a Fix You con sus amigos aquella noche? ¿Qué le dijo ese niño?», piensa mientras Enzo trata de mostrar otra prueba. Una grabación de la noticia del asesinato del gendarme donde se incluía un retrato robot del chico, el cual respondía hasta en la indumentaria, completa la segunda pantalla de su ordenador. La sensación en el estómago de Leire al intentar encajar estas piezas, por ahora indescifrables, le arrebata el poco aliento que tiene, viéndose incapaz de pronunciar ni una de las palabras que ya se le acumulan y frustran su salida.

—Dime que no soy yo el único aquí que cree que este niño es el mismo que acaban de relacionar con otra muerte en Francia —explica acercándose a ella, tanto en el terreno físico como en el personal.

LA POLÍTICA ES LA MITAD DE TODO

Palacio de Congresos, Valencia,
6 de noviembre de 2034

El escaso periodo de tiempo en el que Rose se queda congelada, delante de al menos una docena de micrófonos de todas las televisiones de ámbito nacional, es suficiente para que recuerde como días atrás...

Piscina municipal, Valencia,
4 de noviembre de 2034

Incluso debajo del agua puede escucharse el griterío que siempre envuelve a las competiciones que se desarrollan alrededor de la piscina del colegio de Ester.

Diferentes niños luchan con todas sus fuerzas para llegar los primeros. En la calle cuatro, la criatura más pequeña de todas despliega una coordinación en sus movimientos impropia de su edad.

La ventaja empieza a ser tan considerable que a la vista de todos queda patente que algo diferente hay en ella. La capacidad de maduración del cerebro de la ojiva de Ester arrasa con las estadísticas de un humano común y, aunque su huésped no haya alcanzado esta misma condición, le permite llegar a un estado de sincronización con su cuerpo que ni siquiera alcanzan otros niños de edades superiores.

Casi en la meta, Ester hace uso de su ventaja profundizando en el agua y aprovechando la inercia de la velocidad antes alcanzada para encontrar en la parte más baja de la piscina la inmóvil paz que le proporciona su nuevo cuerpo. Mientras sigue desplazándose con una enorme sonrisa al disfrutar por primera vez de lo que significa ser una niña.

Dentro del agua, de nuevo ha encontrado ese silencio al que rodea tanto griterío y ánimos de padres, amigos y profesores. A diferencia del resto, no le importa ganar. Poder sentir la sensación de libertad que paradójicamente respira bajo el agua es suficiente para ella.

Como un resorte y frente a la llegada de los demás participantes, apoya los pies en el suelo y se impulsa hacia el exterior para tocar la pared que le hace ganar la competición.

Palacio de Congresos, Valencia,
6 de noviembre de 2034

De vuelta al atril plagado de micrófonos, Rose despierta de su recuerdo y continúa.

—Es el momento de cambiar, de exprimir todo lo que tenemos a nuestro alcance. Parar las mentiras y todos los discursos que no tienen nada que ver con mejorar la calidad de vida de cada uno de nosotros y que, sin lugar a duda, utilizan para continuar robando.

»Este sistema ha llegado a aburrirnos y a cambio no nos ha dado nada. Decidme, ¿es esto lo mejor que podemos esperar de un sistema democrático?, ¿un porcentaje de participación por debajo del veinte por ciento y bajando? ¿Es que la tecnología no puede aportar nada?

»Mi propia hija ha vencido la mayor de las adversidades dándonos la oportunidad de volver a ser una familia y esto solo es el principio —explica ebria de pasión frente a los medios, que ahora la notan mucho más calmada. Tras el comienzo de su discurso, vuelve a tomarse un tiempo para respirar y abre otro paréntesis, en el que recuerda lo sucedido días antes en las oficinas centrales de ETech.

Central de ETech Technologies, Valencia,
4 de noviembre de 2034

El equipo estratégico del partido que representa a Rose muestra a Glyn y a Ángel Torres, un slogan que dicta: «Un ETech para todos, una segunda oportunidad para la vida».

Palacio de Congresos, Valencia,
6 de noviembre de 2034

—Después de unos quince días, se ha realizado la migración a veintitrés niños que además de superar su enfermedad han multiplicado por cinco su esperanza de vida —continúa Rose—. Esta nueva generación no accederá a la red, formará parte de ella y tendrá la capacidad de clasificar todos sus recuerdos y poder revivirlos a voluntad. Las posibilidades son ilimitadas, ¿vamos a permitir que esta tecnología se convierta en el privilegio de unos pocos? —pregunta consciente de que no obtendrá respuesta, junto con otra pausa con la que se retrotrae al pasado.

Central de ETech Technologies, Valencia,
4 de noviembre de 2034

Tras el eslogan, les muestran a Glyn y a Ángel un modelo de negocio basado en la capitalización de ETech a partir de reparaciones, actualizaciones y cuotas.

Palacio de Congresos, Valencia,
6 de noviembre de 2034

—La democracia se merece líderes que estén a la altura de la ciudadanía y, tras cuarenta años de fracasos democráticos, no hubiera aceptado subir de nuevo a este atril si creyera que la propuesta del cambio no puede ser una realidad.

Orgullosa del paso que emprendería por un futuro que entendía como la mejor opción para su país, recuerda una última vez como Glyn miró al equipo que gestiona la campaña política de Rose y sin ninguna otra palabra simplemente asintió.

—Por ello, he decidido anunciar, aquí y ahora, mi candidatura a la presidencia del Gobierno en las elecciones del próximo 15 de enero de 2035, con el compromiso de cumplir un único punto de nuestro programa electoral: ETech como derecho constitucional para cada uno de los ciudadanos de este país. «Un ETech para todos, una segunda oportunidad para la vida».

HANG Y EL MANDAMÁS

Lugar desconocido,
10 de noviembre de 2034

En un despacho al que no le falta detalle, Ralph DeVoss, exjugador de la liga profesional de fútbol americano, ganador de un anillo de Super bowl y, en la actualidad, una de las personas más influyentes de Estados Unidos, comparte asiento con Hang Maison y con aquel muchacho gracias al que ha sido posible dicho encuentro. El tembloroso y expectante ayudante del mandatario espera en silencio el mejor resultado, ante la controvertida decisión de Maison de comenzar la reunión con la reproducción de las imágenes de archivo «Test F703 CrioTech ensayos con animales».

Así, como sucede en las reuniones de estudio de la Biblia de la Casa Blanca, las cuales Ralph presidía, esta reunión también se está celebrando en paradero desconocido. El servicio secreto de los Estados Unidos de América había sido el encargado de recoger a Hang en un coche oficial, cuyo exterior no era posible discernir desde dentro. Los cristales tintados y la presencia de personal de seguridad no se prestaba ni al tanteo del recorrido con el que el afroamericano había alcanzado su actual destino. El despacho es grande, lo suficiente para albergar una mesa para más de diez personas. En las vitrinas que rodean el perímetro de la estancia se exhiben reliquias católicas de todo tipo que suscitan un valor incalculable. En la pared, el único objeto acorde a la época reproduce las imágenes donde se muestra como un pequeño ratón de laboratorio recibe una incisión en la mitad superior del cuerpo, tan profunda como para que su organismo acepte la derrota.

—No es que aprobemos la experimentación con animales —interrumpe el alto cargo del Gobierno, con esa voz grave que le caracteriza y que se proyecta a través del poderoso tórax de una persona de casi dos metros de altura.

De hecho, Ralph no tiene el físico que todos esperaríamos de un alto pensador y mandatario católico. Sus antebrazos son tan desproporcionados como sus bíceps. Y lleva tan bien perfilada la perilla y el bigote que podría estar haciendo la competencia a las perfectas formas que Maison siempre lleva en su vello facial. Quizás tanto esmero con el pelo de su cara pueda derivar en que, aun con sus escasos cuarenta y dos años, no le quede más que nostalgia en el lugar donde antes lucía una poderosa melena. Todo esto lo remata una cicatriz en el antebrazo de su época de jugador profesional que, con el contraste de su tonalidad de piel morena, todavía logra intimidar más si cabe a los presentes en la sala.

Hang enmudece ante el argumento que presenta el alto cargo del Gobierno y, mientras apoya los codos sobre la costosa mesa de caoba que los separa, continúa:

—Si bien han hecho falta miles de años para que el hombre aprendiera a dominar la naturaleza, le ha llegado la hora de aprender a dominar su propia dominación, el séptimo mandamiento de...

De pronto, el desalmado cuerpo del animal mueve una de sus patas, cosa que provoca que Ralph se incline aún más sobre la mesa para no perderse el más mínimo detalle. Hang, sin embargo, persiste con su mirada hacia sus propias rodillas, manteniendo intacto el respeto que le infundían los bíblicos argumentos expuestos segundos atrás. Además, no quiere ser partícipe de la posible moderación en la habitual reacción del visionado del documento clasificado.

—¿Pero qué...? Esto no es precisamente algo exento de sorpresas —indica el mandatario inclinando la cabeza hacia su fiel ayudante.

El ratón comienza a cicatrizar el exterior de la incisión a la vez que consigue mover sus extremidades. Algunas partes del animal que ya han sanado presentan manchas de sangre del sospechoso y escaso charco que no parece corresponder con la gravedad del traumatismo. De pronto, el animal se levanta de nuevo y empieza a andar como si nada de lo ocurrido hubiera tenido lugar.

—Esto, amigos, es CrioTech Technologies —explica Maison—. Lo que están viendo es una criatura de Dios cien por cien. Lo único que hemos hecho es alterar la composición de su sangre con la finalidad de que sea capaz de luchar contra todo tipo de afecciones.

—Tengo mis dudas sobre que Dios apruebe la resurrección más allá de su divina obra —replica el mandatario.

—Ni mucho menos, con todos mis respetos, tal y como le expliqué a su joven ayudante, resucitar es un hito que la tecnología nunca podrá alcanzar —explica el afroamericano—. El objetivo de CrioTech ha sido siempre ralentizar el proceso que hace colapsar el organismo de los seres vivos. Al fin y al cabo, la sanación de una herida no es más que cuestión de tiempo, ¿no cree?

—Lo que creía es que hablaríamos de cómo parar la extinción de la humanidad a manos de ETech Technologies —afirma DeVoss mirando fijamente a su acólito.

De inmediato, Maison interviene tratando de desviar ese ataque contra el joven.

—Si me permiten explicarlo, podrán comprender que el único desvío de la creación divina viene...

No obstante, la explosión que se gestaba hace por fin acto de presencia

—¿Creación divina? ¿Cómo puede sostener que semejante atrocidad esté del lado de Dios? El señor creó la vida con su belleza y con su desdicha, con la luz y la oscuridad. La muerte, hermano, no es más que la puerta hacia la salvación.

»¿Cómo puede la Iglesia católica defender que el ser humano esté prorrogando indefinidamente la muerte en un vano intento de evadir el juicio final? Los cristianos basan su fe en la salvación eterna. El planeta en el que vivimos se plagará de infieles y se convertirá en el eslabón definitivo de la perdición de la obra de Dios.

El silencio se apodera una vez más de la sala. Hang mira hacia sus manos, con el ánimo de afrontar una intachable definición del cristianismo y rebatirla con argumentos que hubiera preferido no tener que utilizar.

—Pastor Ralph DeVoss, la humanidad y con ello las religiones de todo el planeta, están a las puertas de la explosión de una guerra tecnológica por el control del alma de cada ser consciente.

»La gran mayoría de los humanos no pasarán la prueba de fe que todas las religiones sostienen. Usted sabe que, aun sin alternativa a la vida eterna, hay una creciente popularización del ateísmo y agnosticismo. Díganme cuál puede ser el resultado si se les otorga una prórroga equivalente a cinco vidas.

»El proceso ya ha comenzado en otros países. Es inevitable que la evolución continúe y, si la religión quiere tomar partido en esto para evitar su desaparición, usted y yo sabemos que deberá elegir, al menos, el mal menor.

»CrioTech representará con el apoyo del cristianismo o sin él la defensa de la obra de Dios, porque al fin y al cabo el individuo "criomejorado" continuará siendo humano, a diferencia de la aberración propuesta por ETech Technologies.

Los tres únicos asistentes a la reunión saben entonces que las cartas están encima de la mesa y que poco podía hacerse, más allá de la deliberación del responsable de la decisión. El apoyo político y gubernamental de una de las personas más influyentes del planeta podría otorgarles una oportunidad para frenar la inminente explosión tecnológica de E-Tech, lo que muchos expertos vaticinaban tras la reciente candidatura de Rose Mora.

—¿Puede revivir una persona a la que se haya declarado muerta?

La persistencia de Ralph ante la negativa de abandonar la idea de la resurrección, hace pensar a Hang que el pastor podría haber estado informado de los últimos movimientos de Crio-Tech y más en concreto del caso de Marian Sanz. Por lo que, apoyándose en ese caso específico, decide destapar por completo las posibilidades que la ciencia de la criogenización podía alcanzar en el punto de desarrollo en el que estaban.

—La respuesta sigue siendo no, pero imaginemos por un momento que una pobre criatura del señor decide poner fin a sus tribulaciones colgándolas de la viga de madera de su salón *art decó*.

La descripción tiene tal precisión en los detalles del suicidio de Marian que bien podrían estar narrando la historia mientras la visualizan en la televisión de la misma sala donde intercambian impresiones.

—Sitúa la silla en la vertical a la viga después de hacer el correspondiente nudo con la soga y, por fin, da por agotada sus fuerzas para continuar. La joven se ahorca situando el nudo por la parte baja de la garganta y provoca la asfixia, sin dar lugar a cualquier otro tipo de muerte por ahorcamiento que no sea la interrupción de entrada de aire nuevo en su cuerpo. Es decir, que no se parta el cuello.

»Consecuentemente, deja de bombear oxígeno a su cerebro, con lo que este deja de enviar impulsos al resto de los órganos para continuar realizando su trabajo y mantener con vida a la persona. A partir de lo cual tenemos la causa y la consecuencia.

»Respondiendo a su pregunta, imaginemos entonces que en un plazo corto le inyectamos crionanorrobots. Con ello, conseguiríamos interrumpir los procesos de muerte biológica que han desencadenado la caída en cascada de las funciones del cerebro al privarle de su respiración.

»Junto a la hipoxia isquémica, motivo principal de la muerte por la interrupción del suministro de oxígeno en el cerebro, se producen dos instantáneos escenarios. Destrucción neuronal y astrocitosis derivada de la anterior, lo cual hace entrar en bucle al cerebro, muriendo más y más neuronas por la falta de riego sanguíneo, ya que los astrocitos son los encargados de proporcionar energía a las células y regular ese flujo de la sangre.

»¿Pero qué pasaría si se congelara esa degeneración neuronal, evitando daños añadidos, hasta solucionar el problema de la función respiratoria? Los nanorrobots criogenizarán todo lo que no sepan o puedan reparar, dando tiempo a recuperarse a las demás funciones motoras que pudieran provocar el fallo multiorgánico.

»La recuperación del sistema neuronal que no haya dado tiempo a criogenizar forma parte ya de las capacidades del desarrollo tecnológico de las próximas décadas. Hoy en día no sabemos cuánto es capaz de reparar la ciencia.

—Entonces... —interrumpe el enorme e intimidante mandatario—, si no he entendido mal, la base de lo que su tecnología propone es la ralentización de los procesos que provocan la muerte para dar tiempo a la regeneración que evitaría el óbito.

»Mientras que en el hipotético caso de inyectar esos robots a un difunto, dependerá del tipo de muerte, del tiempo que pasó desde su defunción y, por supuesto, de los desarrollos médicos y tecnológicos de los próximos años.

—Yo no lo habría expresado mejor.

—¿Y por qué ese ratón se ha curado tan rápido? —insiste el mandatario.

—La base de la tecnología es inyectar más de treinta billones de nanorrobots, los cuales se distribuirán, reparando o congelando, en función de la situación del daño infligido, eso sí, es necesario inyectarlos antes de una fatalidad como la descrita anteriormente.

»Una vez inyectados, ante una herida mortal, la programación en colmena permite redirigir a estas microcélulas de laboratorio a los puntos de conflicto, consiguiendo sanar con mayor rapidez las heridas.

—Digamos entonces que si me hago una herida en el brazo y los nanorrobots de ese punto se congelan para evitar más daños, ¿los restantes de todo el cuerpo acudirán para ayudar también a sanarla? —pregunta ahora el joven aprendiz.

—En efecto. Como es lógico, si el daño es superior al número de nanorrobots que pueden acometer la reparación, o bien no saben cómo restablecer su estado inicial, se congelarán en los puntos críticos que habilitan las funciones básicas, criogenizando el cuerpo completo.

La concentración que infiere de la expresión de Ralph revela una enorme lucha interna que, con toda probabilidad, compartirá con sus compañeros del grupo de estudio de la Biblia de la Casa Blanca y con los más importantes representantes de la fe cristiana. Tal y como acostumbraba, y de acuerdo con la estricta limitación en el horario de su vida cotidiana, tras tener todas las variables que le ayudarían a tomar una decisión, Ralph se levanta de forma rápida y extiende su mano hacia Hang.

—Señores, ha sido muy instructivo, muchas gracias por su tiempo. Mi ayudante se pondrá en contacto con usted durante las próximas semanas.

SOMNOLENCIA

Diferentes lugares,
diferentes momentos, 2034/2095

El servicio secreto acompaña de nuevo a Hang al vehículo oficial para dejarlo en el punto inicial de recogida. El largo trayecto y la tensión liberada hace caer al afroamericano en un estado de somnolencia previo a la fase REM.

Las luces de la ciudad estadounidense se encienden mientras Ralph, en su despacho privado, afronta una dura jornada de exposiciones con sus colegas que debería llevarlos hasta la decisión que, de una forma u otra, él ya ha tomado.

A muchos kilómetros de allí, en la estación de servicio Lajosmizse, en Hungría, Xander y Akash se dirigen hacia el norte de Europa en lo que debería suponer un viaje demasiado abrupto para un niño de su edad. El sinfín de episodios que han llevado al chico de nuevo junto a Xander le pasan factura con el agotamiento del que intenta recuperarse a marchas forzadas. Nadie diría que ese niño ataviado con mantas pudiera ser capaz de haber quitado la vida a otro ser humano semanas atrás en Montpellier y nadie se imaginaría cómo ha conseguido volver al vehículo de su colega, el cual también ha pasado por diferentes situaciones críticas con las fuerzas de seguridad del Estado francés.

El año 2095 es esta vez el que muestra por fin el descanso de Ester a través de la intensa y continua luz que proyectan todas las insignias de su cuerpo. Agotada, los sueños que experimenta no forman parte de ninguna red artificial creada por la tecnología. La sonrisa de su pequeña, con la que sueña, no se percibe de la misma forma que un recuerdo de archivo, ya que para su mente un verdadero sueño es un nuevo registro que la madre vive y siente con la pura esencia de una nueva vivencia y que recordará con anhelo al despertar.

Unos sesenta años antes, Rose ve la tele con su familia. Tumbada en el sofá, descansa por primera vez en años sin nada que le preocupe después de varias semanas del inicio de campaña electoral y de la presión a la que le sometió la migración de Ester. El calor de la chimenea envuelve esta perfecta escena familiar, por la que nadie hubiera apostado semanas atrás. Plácidamente, se adentra en una pelea que pierde contra sus párpados deshabilitando una poderosa determinación que, aun en este momento, se posiciona muy por encima de la media.

THIAN Y EL FIN DEL MUNDO

10.11.2034
14.11.2034
11:11
12:11
13:11
Thian y
Aaron

Cabo Norte Mageroya, Noruega,
10 de noviembre de 2034

Sentado en el último fragmento de corteza terrestre que puede divisarse al norte de Europa, Thian Matsuyama deja caer una de sus piernas, haciendo frente a un desnivel de más de 600 metros ante al abismo de Barents. Una espectacular vista, tallada por la acción de los glaciares en la edad de hielo, ha sido testigo en las últimas horas de los mismos movimientos de meditación que compartió con Akash y Hang en la costa valenciana horas antes de desaparecer a causa de la persecución del detective Monzó.

Aaron Swish, apenas metro y medio a espaldas de Thian, escucha de pie con los brazos cruzados cada frase que, por su contenido, podría entenderse que lo conoce mejor de lo que se conoce a sí mismo. Cuatro años después de su nacimiento, Aaron comenzaba prematuramente en el mundo de la programación. Originario de un pequeño pueblo al norte de Noruega llamado Lakselv, rehusó matricularse en ninguna universidad tras un historial académico anodino. Con tan solo dieciséis años estuvo involucrado en numerosos proyectos que destacaban por presentarse al mundo como auténticas revoluciones. Protocolos de comunicación célebres por su sencillez y ligereza, y diseños de proyectos de bases de datos colaborativas le consiguieron, de forma muy precoz, ser objeto de la atención de los medios y numerosas revistas académicas. En otras palabras, Aaron era un maestro en la programación de *software*. Sin embargo, este genio del norte de Europa se estaba convirtiendo en una persona cada vez más solitaria al no poder evitar diferentes experiencias que marcaron su percepción sobre quién le rodeaba y cuál era la realidad social.

—¿Cuánto hace que lo sientes? —pregunta Thian en el idioma natal de Aaron, sin expectativas de respuesta—. ¿Cuántas veces has mirado hacia otro lado porque la gente que te rodea ha preferido apartarte al ver reflejada su mediocridad en ti? Reconocimiento absoluto de quien nada significa para ti y desprecios de la gente con quien más tiempo pasas, ¿me equivoco?

—Lo peor no es la sensación que provoca esa soledad. Es que consigan que me odie por seguir haciendo aquello para lo que he nacido —confirma Aaron.

El joven de no más de veintinueve años recoloca sus gafas en el lugar donde, incluso, presenta ciertas marcas al no habérselas quitado para nada en su vida. Es tan bajito como Thian, sin embargo, el cuerpo de Aaron es bastante más ancho y endomorfo. El resto de sus rasgos vienen completados por una piel blanquecina sobre la que brotan todo tipo de pelos negros allá donde mires.

—Eres único por lo que tienes dentro, no lo dudes. Recuerda lo que te dijo Akash hace tiempo; y Maison pide que lo disculpes por no haber podido venir él personalmente —explica Thian mientras retira la mano del hombro del chico, antes de comenzar a estrechar el espacio entre él mismo y el acantilado.

Paso a paso, de espaldas y sin desviar la mirada ni un segundo de los ojos de Aaron, se aproxima al precipicio para, en el borde, pronunciar las siguientes palabras:

—No lo olvides, solo tendrás una oportunidad. Yaveh Joshua, Aaron.

Después de cerrar un escaso instante los ojos, Aaron comprueba que no hay ni rastro del enigmático oriental. A cambio, solo puede detectarse un rastro de polvo que se eleva en las corrientes generadas por el diferencial de presiones del acantilado. Extrañado ante tal circunstancia, aunque no lo suficiente, dada la coyuntura de la presentación del enigmático personaje, el joven se acerca al precipicio para comprobar con cautela que, en efecto, parece haber desaparecido.

AUNQUE OS CREYERA

Central de ETech Technologies, Valencia,
11 de noviembre de 2034

Apoyado durante unos minutos en la verja exterior del edificio, el inspector Monzó estudia de lejos la verdadera naturaleza que Leire desprende al ignorar que alguien la está observando. La vida de la neurocientífica había transcurrido de forma normal, aunque, eso sí, con las particularidades de una persona con una capacidad de compresión de la química molecular muy por encima de la media. Abstraída en su café mientras trata de encontrar de nuevo el punto de unión con Ángel, ignora que alguien espera paciente a que se dé cuenta de que no le quita ojo y desprenda de golpe toda esa naturalidad que la define.

—¿Qué haces aquí? —pregunta Leire sonriente y sacando ese encanto que tiene a Ángel descolocado—. ¡Espero no ser sospechosa de nada!

—Estaba estudiando tus sospechosos movimientos —responde el detective entrando al trapo.

—¿Y ha llegado a alguna conclusión, inspector?

—Que... quizás debiera interrogarla.

—¿Me llevará a sus dependencias?

Después de alguna provocación más de la que *a priori* se esperaría de la relación entre ambos, el agente frena la conversación con un sonriente resoplido, consciente de que, aunque a sarcasmos no le gana nadie, si estos se mezclan con juegos de seducción, con toda probabilidad saldría perdiendo.

—Leire, no creo que las cosas deban quedar así con Ángel. Hasta donde he podido averiguar, no deberíamos descartar que Crio-Tech tenga algo que ver con la muerte de Marian y, teniendo en cuenta que esta compañía aspira al mercado del monopolio que está gestionando tu amigo, no creo que debamos quemar esa nave —explica susurrando, como si se encontraran en una sala plagada de micrófonos y no quisiera que nadie lo escuchase.

—Intenté hablar con él ayer. Se ha volcado en ETech y no quiere saber nada de nadie. Puede que el trabajo le ayude a olvidar o quizás necesite tiempo.

—¡Justo lo que no tenemos! —anuncia el detective.

Segundos después de terminar la frase y mirar hacia la entrada del edificio donde alguien podría haberle proporcionado algún tipo de información adicional, Enzo comienza a caminar en esa dirección haciendo entrever, una vez más, el enredo que a todas luces escondía desde el principio.

—¿Dónde vas?, no van a dejarte entrar.

—¿No crees que esto me servirá para algo? —pregunta dejando ver su placa—. Buenos días, caballero, venía a ver a Ángel Henric Torres, me está esperando.

Después de entrar en el edificio para reunirse de nuevo en el vestíbulo, Leire ya se acerca al control de seguridad donde el personal comprueba la agenda de Ángel y las credenciales de Enzo. La joven comprende de inmediato que el silente observar del detective y la actitud esquiva en la conversación del patio exterior del edificio respondían a una nueva y coordinada estratagema. El éxito de la jugada se materializa con la triangulación que ha podido darse entre ellos dos y el tercer vértice del poliedro que forman con Ángel, quien ya se ha percatado de su presencia al encontrarse acompañando a una visita hasta la puerta de salida. Tras detectar la situación, el flamante CEO de ETech se dirige hacia el personal del control de seguridad.

—Dejadlo entrar, estoy seguro de que no se van a dar por vencidos —insinúa mientras estrecha su mano al agente y direcciona su mirada a los ojos de Leire.

«Va a tener que esperar un poco, inspector».

Una hora después...

Por fin, la puerta del despacho de Ángel se abre para dejar pasar a sus improvisados invitados, a los que ya espera con una sonrisa. Sin embargo, alguien todavía les hará esperar un poco más. La ayudante personal del directivo les corta el paso durante unos instantes con el objetivo de entregar a su jefe una nota y susurrarle algo al oído; pero una vez dentro todo vuelve a cambiar. Parece que la última información recibida, o quizás la privacidad de sus dependencias, originan en el CEO de ETech un cambio de actitud que hacen tambalear la hipotética paciencia demostrada hasta ahora.

—¿Qué puedo hacer por vosotros? Sabéis que soy una persona muy muy ocupada y no tengo tiempo para todo eso que tramáis —explica mientras guarda la nota arrugándola en su bolsillo.

—CrioTech está relacionada con la muerte de Marian y creemos que alguien de la competencia quiere estar ahí sentado donde estás tú. Queremos que veas esto —afirma Enzo.

Durante los siguientes minutos, le muestran los vídeos que relacionan a Akash con la muerte del gendarme, junto con el cambio de opinión de Marian que precipitó un final que odiarían el resto de sus vidas. Incluso para sorpresa de Leire, el detective encontró un vídeo en el que Thian Matsuyama y Anna Rafter podrían haber hablado durante unos pocos segundos antes del ficticio velatorio de Marian.

—Esto sigue sin demostrar nada y, aunque tuvierais razón, no tenéis pruebas de nada. Además... ¿Qué quieres que haga yo?

—Que nos ayudes —indica Leire—. ¡No puedo hacer esto sin ti!

—¿En serio? —resopla incrédulo con una sonrisa dedicando una mirada a Enzo, con la que se asegura de que el inspector no vuelva a abrir la boca.

—Por lo menos no te alejes. ¡Te necesito! —insiste su amiga y empleada.

—No tengo tiempo para esto —responde al mismo tiempo que, superado, abandona el despacho y sale a la terraza contigua para encenderse un cigarrillo de esos que rara vez fuma.

No sin antes parar en la puerta y hacer un gesto a su acompañante para que le dejara intentarlo a solas, Leire sigue a su jefe hasta el exterior del edificio. Apoyado con los brazos abiertos en la barandilla, el joven responsable de toda una compañía como ETech intenta ordenar su mente en tiempo récord tras la gran cantidad de información recibida. La neurocientífica no lo duda y aprovecha para estrechar uno de sus brazos con ambas manos con toda la confianza que ha acumulado a lo largo de años de amistad.

—¿Qué está pasando? —pregunta la chica.

—Hemos conseguido mucho más de lo que soñamos y justo en el peor momento hemos perdido lo que más queríamos.

—Mira, yo no entiendo por qué pasa esto, pero lo peor que podemos hacer ahora es separarnos.

—Sabes que yo siempre estaré a tu lado —responde Ángel lanzando la colilla y dando pie a Leire a continuar.

—¿Recuerdas cuando emitieron el fallo y nos dejaron continuar con la migración de Ester? Recuerdo estar aquí y que las lágrimas en mis ojos me hacían ver una estrella por cada luz de la ciudad. Y que de pronto apareció Marian porque sabías que, fuera cual fuera la sentencia, íbamos a necesitar que estuviera con nosotros. Recuerdo que nunca antes me había sentido tan completa y todos los días echo de menos esa noche y a Marian, pero también te echo de menos a ti y es lo único por lo que aún puedo luchar. Aunque no sepa qué hacer para que no te alejes.

La colilla ya ha recorrido los más de quince pisos que les separan hasta el suelo de la calle, cuando Ángel desplaza su mano izquierda para corresponder el pseudoabrazo de Leire. Durante unos minutos más, se quedan en silencio con la sensación de estar recordando algo que sucedió a tantos kilómetros de allí como días transcurrieron desde entonces. Para cuando comprenden que el tiempo es la única dimensión que no les permite regresar a uno de los mejores momentos de sus vidas y vuelven a la realidad de las circunstancias en las que están envueltos, Enzo había comprendido también que ese no era ni su espacio ni su momento.

DESPIERTA

Residencia de Ester y Pablo, Cullera,
61 años después, 27 de octubre de 2095

Una fuerte inhalación, propia de alguien a punto de ahogarse, despierta a Ester de un profundo sueño del que hubiera preferido no ver nunca el final. El sobresalto consigue incorporar la mitad superior de su cuerpo y desconecta de golpe su enlace de carga. Todas las insignias, excepto la del brazo, pierden fuerza hasta apagarse. A su lado, Pablo descansa en la misma cama que compartieron años atrás. Después de casi dos años, aparentan querer olvidar todos los desencuentros que forzaron a cada uno de ellos a seguir individualmente sus intereses. A menudo, Ester recordaba como tiempo atrás su envejecida madre le advertía...

Residencia familiar Del Páramo,
37 años antes, 15 de abril de 2058

—Ser un ETech de la serie 18 como Pablo no solo indica que es unos años más joven que tú, sino que hace mucho tiempo que en su realidad casi no hay niños que no sean ojivas, y más teniendo en cuenta que procede de buena familia —señala Rose.

»Unos quieren insultarnos llamándonos humanos y los otros, como tu novio, pertenecen a grupos radicales que harán cualquier sacrificio para destruir a los ETech. Ninguno de ellos conoce las enfermedades ni la mentira, pero lo que sí conocen bien es el odio.

—Pero es a quien quiero —responde Ester—. He tenido que ser perfecta toda mi vida por ser quien eres, ¡por ser quien soy! —grita—. Y ahora es esta quien quiero ser. Si tengo que equivocarme, creo que el mundo podrá entender, por una sola vez, que yo también pueda ser humana.

—¿No sabes quién es su madre? ¿Es que no hay otro? CrioTech...

—¡No se trata de CrioTech, mamá, es mi vida! —grita Ester enfurecida otra vez—. ¿Es que no vamos a poder disfrutar nunca de lo que hemos conseguido?

Después de aquello, año tras año el argumento principal de Rose perdió fuerza ante un joven que luchó a diario por mantener a flote todos y cada uno de los sueños del amor de su vida, excepto uno, Alba. La segunda generación de ETech planteaba retos tecnológicos y morales que de nuevo hicieron cuestionar a Pablo los principios que decidió cambiar por amor. ¿Merecía la humanidad quedar relegada a un segundo plano con la propuesta de la segunda generación ETech? ¿Era moralmente apropiado permitir a una copia impresa no humana tener descendencia? Aunque después de todo aquello accedió a tener una hija a la que llamaron Alba, intentó encontrar fuerzas para aceptarlo perdiendo el sentido en la autodestrucción y haciendo coincidir, palabra por palabra, las presunciones de Rose.

De vuelta a la realidad del dormitorio que ahora comparte con su marido, no transcurre demasiado tiempo hasta entender que ha conseguido encontrarlo, sin ni siquiera saber que estaba allí. Como si hubiera olvidado todo aquello que los distanció e intuyendo la necesidad de volver a conectar con él, comienza con la búsqueda de su calor a través de los escasos centímetros de la respiración que los separa. Ambos se abrazan dejando atrás todo lo que no comulga con eximir de cualquier responsabilidad el dolor infligido.

Perdida en el contorno de sus labios, la diminuta blusa de tirantes de Ester desaparece sin apenas haberse atrevido a separar sus cuerpos. La piel de uno sobre el otro se desliza encontrando la sutil sensualidad que cada centímetro de la juventud eterna ha reservado para sus caricias. La profundidad del vínculo se intensifica a través de una forma de besar más carnal, mientras el aumento de la fogosidad intenta amortiguar la tortura que los persigue a todas horas. Ahora sus gemidos los delatan. Esas mismas cuatro paredes que ya habrían olvidado el sonido del frenesí que desprende su atracción física vuelven a ser testigo de todos esos suspiros a los que el placer no duda en arrancar vocales.

Distintos «te quiero», «te necesito» y «quiero sentirte» se entremezclan sin control con esa especie de caos íntimo donde sus sexos se encuentran una y otra vez en esa búsqueda incesante con la que todos nos completamos. Sobre él, puede sentir como ya no queda ningún lugar en su interior que no llene su marido. Rodeándolo con sus brazos, a la altura de sus definidos hombros, consigue con cada arremetida una nueva dosis de ese delirio que provoca la incontrolable lluvia de endorfinas.

Y aunque ella lo intenta con todas las fuerzas que le quedan, su percepción comienza a enturbiarse. Ya todo parece una cuenta atrás, por mucho que el entrelazado de las partes de sus cuerpos, hasta ahora, haya impedido holguras que puedan dar pie a la entrada de distracciones. Pero el dolor es tan reciente que Ester es incapaz de luchar contra ello y al final queda expuesta ante un placer que, junto con la fractura de su alma, deja caer una lágrima en el momento exacto del éxtasis que produce el orgasmo. Junto a las lágrimas que simbolizan la ingente cantidad de sentimientos que ha provocado semejante atrevimiento, una increíble sensación de vida recorre el interior de sus cuerpos, incluso generando espasmos que no hacen más que ratificar la brutal conexión que todavía sienten.

Minutos después, enrollados en las sábanas casi en la misma posición en la que habían acabado, ambos empiezan por ese final que con toda probabilidad debería haber sido el principio.

—¿Estás bien? —pregunta Pablo.

—Sí. Hemos retrocedido unos cuantos años, ¿verdad? —responde su mujer.

—Ester, no he dejado de quererte durante todo este tiempo. Cuando te conocí, decidí dejar de luchar por todo lo que creía, pero ser un eslabón más en la continuidad de toda esta locura de ETech... —incapaz de terminar la frase, cierra los ojos asumiendo el error que ha supuesto una serie de decisiones, cuyas consecuencias ya nunca podría cambiar.

—¿Vas a marcharte otra vez? —pregunta Ester.

—Yo quiero estar contigo... y con ella.

—Llevo ya muchos días con ella esperando que me digan qué ha pasado y nadie me dice nada —explica la joven tratando de hacerle ver que volver junto al cuerpo de su hija será una pérdida de tiempo—. Algo que no conseguimos entender está pasando dentro de nuestra pequeña y creo que nos estamos equivocando si buscamos las respuestas en el presente.

—¿Qué quieres decir? —pregunta ahora su marido.

—Que tengo que seguir buscando y que puede que la respuesta esté en el principio de los ETech. Tengo la eternidad para encontrarla y conseguir abrazarla otra vez.

TRES HISTORIAS

Lakselv, Noruega,
11 de noviembre de 2034

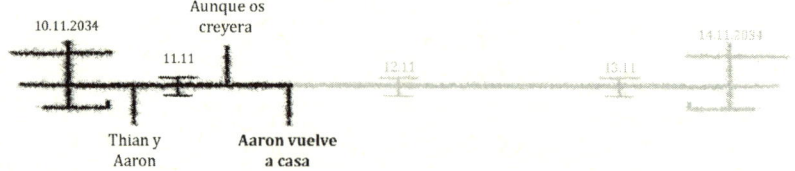

Lakselv, situada a algunos cientos de kilómetros al sur del Cabo Norte, donde Aaron y Thian se reunieron días antes, es una localidad de la provincia de Finnmark con apenas dos mil habitantes que hoy no podrá superar los 2°C, pese a que las nubes y claros permitirán ver la luz del sol a lo largo del día. El agua del fiordo Porsangen, uno de los cinco más grandes de Noruega, baña la costa de la localidad pesquera que vio nacer al prodigio en programación en noviembre de 2003.

Casi en la desembocadura del pequeño río Palojoki, el joven Aaron camina por los bosques situados frente a la casa de sus padres. La nieve baña el paisaje de un inconmensurable y puro blanco, cuando detecta que algo se mueve entre los árboles. Perplejo, ha descubierto un gato de la raza bosques de Noruega que se adentra en el río, demostrando sus grandes dotes de cazador. El felino, que coincide a la perfección con el avistado la noche de Marian, se encuentra en una ubicación nada habitual, aunque su nombre indique todo lo contrario.

De pronto, en un balanceo inesperado del tronco donde se encuentra, cae al río y es arrastrado por la corriente. El animal hace lo que puede por llegar a tierra firme, de lo contrario las temperaturas del agua acabarán pronto con su vida. Aaron, consciente de la situación, corre hasta una pequeña estrechez del río que genera un improvisado islote y consigue rescatarlo. El animal de inmediato busca el calor que desprende Aaron, quien descubre entre los bosques al joven Akash contemplando inmóvil todo lo sucedido. Extrañado, entiende que ha sido testigo de la sucesión de dos hechos excepcionales: el avistamiento del felino y ahora la contemplativa silueta de un niño con rasgos indioorientales.

Después de varios segundos comprobando que el estado del animal agazapado en su abdomen es bueno, Aaron encuentra de nuevo a Akash, aunque en esta ocasión el niño dirige la mirada al puente que da acceso a las viviendas, como si con ello hubiera querido transmitir quién está con él. Al seguir la dirección de esa mirada, Aaron descubre a Thian, que desde el puente evalúa la situación como si hubiera estado allí desde el principio.

Los movimientos del chico, principalmente, van dirigidos a asegurar el bienestar del animal rescatado, que en dirección a la casa donde se crio comprueba que de una vez por todas no hay ningún inmóvil y enmudecido nuevo testigo observándole. Tras todo lo sucedido, una cosa es segura, no hay ni rastro de Xander en ese lugar.

Residencia de Ángel, La Eliana, Valencia,
12 de noviembre de 2034

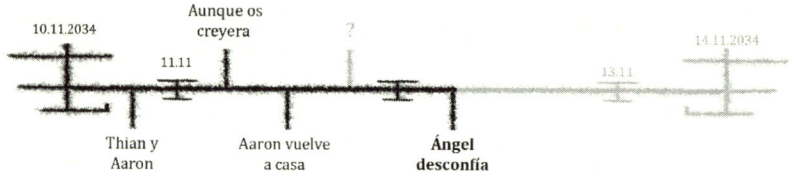

Ángel llega exhausto a su casa minutos después de que el reloj haya marcado el principio de un nuevo día. El deportivo de lujo que conduce entra en el garaje de su chalé unifamiliar donde las condiciones de temperatura son bastante más acogedoras que en el escenario del norte más distante. Con las luces del interior de la casa apagadas, los reflejos de la iluminación de la piscina, cuyo diseño invade la salida del salón al exterior, habilitan el recorrido hasta la cocina, lugar al que se dirige el propietario.

Demasiado cansado y hambriento para desvestirse, desabrocha los primeros botones de su camisa mientras calienta comida preparada y dispone todo lo necesario para no levantarse ni una vez más, al menos, hasta haber acabado de cenar. Ya en el sofá y deseando haber tenido el mismo éxito que en la cena, descansa tumbado a la espera de perder el sentido y no hacer mucho más que arrastrarse hasta la cama. Sin embargo, algo olvidado en el bolsillo del pantalón le molesta. El manojo de afilados trozos de metal que rasgaba la pierna de Ángel desde su bolsillo arrastra también la nota que su secretaria le facilitó horas antes. Después de releer aquel trozo de papel y contemplarlo un rato con la mirada rota, la escasa cantidad de energía que le ha colocado en esa situación se multiplica hasta conseguir acomodarse de nuevo en el sofá, aunque esta vez con el ordenador portátil y una posición que invita a satisfacer antes su curiosidad que su pereza.

Parque Tecnológico de Valencia, CrioTech,
12 de noviembre de 2034

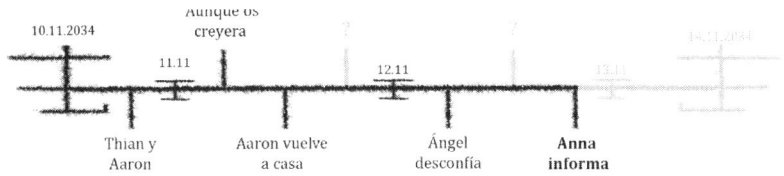

—Ajá, así es. Estoy tan sorprendida como tú —responde Anna Rafter en el eje de una conversación telefónica.

Como acostumbraba, observa a través de la ventana de su despacho y contempla las luces que iluminan la circulación de los coches en la autopista que lleva al polígono, mientras se centra en las reacciones de la persona del otro lado de la línea.

—¡Me ha llamado sin más! Me imagino que conseguiría mi número de teléfono a través de Leire Aragó. —Al otro lado de la línea, una persona igual de sorprendida hace lo posible por saber todo lo sucedido en esa conversación con Ángel Henric Torres, horas después de que él encontrara aquella nota en su bolsillo—. Al principio, la conversación la ha enfocado más hacia el estado de Marian y a los posibles avances y previsiones que teníamos —continúa relatando Anna—, pero no aparentaba que ese fuera su principal interés. Él sabe que, tras pocos días desde el suicidio y estando tan cerca de que nuestra compañía obtenga resultados, cualquier cambio en la planificación debe ser notificado.

»Con lo que he monopolizado la conversación hablando de aquello que los dos sabíamos que él conocía, no sé si me explico; podría haberme quedado hablando sola y nunca lo hubiera sabido. Más tarde, ha intentado ligar la idea de la cesión del cuerpo de Marian con intereses de índole corporativos, explicándome que su empresa ha cumplido objetivos y que este tipo de compañías son mucho más fuertes cuando eligen a su propia competencia.

»Que el mundo es muy pequeño para que las dos únicas tecnologías capaces de prolongar la vida se despedacen entre el caos que instaura el mercado.

Tras unos segundos más escuchando la réplica del otro lado de la línea, Anna sigue hablando:

—En efecto, ¡ha tendido la mano a nuestra tecnología! Le he respondido que estamos dispuestos a escucharlos, que lo hablaría con mi superior, pero que la reciprocidad debe ser la base de nuestro acuerdo y, para ello, lo primero es lo primero. Si quieren hacer negocios con nosotros, deben mostrarnos las instalaciones donde ocultan los huéspedes.

Uno de los más importantes secretos que sustentan la tecnología ETech es la localización actual y la futura ubicación de los ETech Stock. La tecnología se basa en la conexión neuronal del humano que está en la ojiva con el huésped, por lo que es fundamental que estos últimos estén a buen recaudo. Es en estos huéspedes dormidos donde se produce la gestación de los hijos de los humanos migrados, al menos, hasta la instauración de los hijos de ojivas sesenta y un años más tarde, siendo la pequeña Alba, hija de Ester, la primera hija de ojiva de la historia y la primera a la que intentarán migrar infructuosamente.

Central ETech Technologies, Valencia,
13 de noviembre de 2034

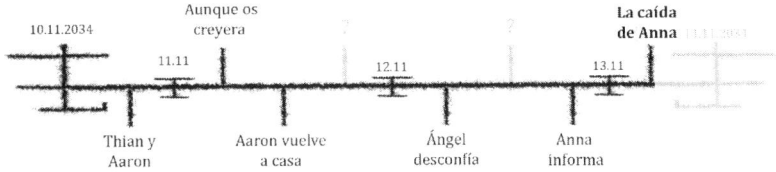

Los tacones altos de Anna pueden escucharse por todo el *hall* del edificio en las oficinas de ETech después de la llamada en la que concretó con Ángel hora y lugar para mostrarle los huéspedes. Bajo la perspectiva de todo aquel que sabe quién es, podría decirse que están viendo un fantasma al no poder encajar el significado de su presencia. Las conversaciones se agotan a medida que la firmeza de cada paso retumba junto a un silencio cada vez más patente. Pasado el control de seguridad, deja el teléfono móvil en la recepción del edificio y se dirige acompañada de un vigilante a los ascensores principales.

El encargado de seguridad saca una llave y activa un interruptor, cuya posición no tiene mucho que ver con la de las demás plantas del edificio. Parecía obvio que los huéspedes estuvieran en una planta apartada del acceso al personal no autorizado, piensa mientras el ascensor no para de subir. A las pocas milésimas de abrirse la puerta, la joven repara en el contraste entre la paz que respiró minutos antes y el enorme estruendo que acompaña al frío viento de la azotea generado por las hélices de un helicóptero que la espera. Allí ve a Ángel a los pies de la escalerilla, que extiende su mano como gesto de invitación a subir a la aeronave que la llevará hasta su tan ansiado objetivo.

—No creería, señorita Rafter, que tendríamos a los huéspedes al alcance de todo el mundo —apunta Torres con gritos cuya potencia permite que se le oiga a la perfección.

Una vez dentro, con la puerta ya cerrada y el helicóptero despegando, Ángel le facilita unos cascos para poder comunicarse de forma más cómoda.

—¿De cuánto tiempo es el trayecto? —pregunta la joven.

—No la retendré aquí dentro más tiempo del necesario —responde con una sonrisa que, aunque invita a confiar en él, no se puso de manifiesto con anterioridad.

Lakselv, Noruega,
11 de noviembre de 2034

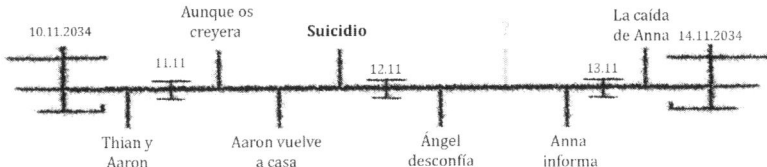

Un maullido desde la repisa de una ventana exterior de la casa de sus padres fuerza a Aaron a interesarse por la visual que mantiene el felino desde hace unos minutos. Akash se encuentra parado frente a la vivienda como si esperara a alguien que está al corriente de su presencia. Consciente de todo ello, el prodigioso informático abraza al gato seco y recuperado para llevarlo escaleras abajo al exterior. Delante del joven nepalés extiende sus brazos y le entrega al bosques de Noruega como si siempre hubiera sabido que le pertenecía.

—Yaveh Joshua, Aaron.

Enmudecido, apenas se mueve, mientras Akash y el felino se van jugueteando tal y como pasó en la noche que se cruzaron con Marian.

Residencia de Ángel, La Eliana, Valencia,
12 de noviembre de 2034

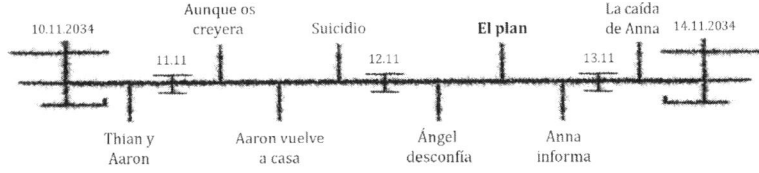

El reloj marca las siete y veintitrés de la mañana y los pocos rayos de sol de un inminente amanecer ya se intuyen tras la línea del horizonte, momento en el que Ángel coge el teléfono y hace una meditada llamada.

—Hola, ¿te he despertado? He estado pensándolo y... ¡creo que deberías ver algo! —Tras una interrupción ante las preguntas de la otra línea, Ángel prosigue—. Sí, pero ¿por qué? He dicho que quería enseñártelo a ti, no entiendo por qué, de repente, tenemos que compartir todo con ese hombre.

Después de una última y amarga pausa que hace torcer el gesto a Ángel y claudicar, consigue citarse con Leire en casa de Enzo. Transcurridos cuarenta y cinco minutos, y ya en el centro de Valencia, el detective abre la puerta de su casa como si tampoco hubiera dormido en toda la noche.

—¿Es que no sabéis llamar primero?

—Leire está subiendo, ha insistido en que debíamos vernos contigo —apunta Ángel mientras pasa al interior del salón, se quita el abrigo y desliza las dos manos por su cara y su pelo preparándose para su inminente exposición.

—¿Qué está pasando? —pregunta la neurocientífica al aparecer por la puerta de la que aún su anfitrión sostiene el pomo.

Cariñosamente, la joven toca el brazo del inspector, dando lugar a que el tercero en discordia interprete toda una declaración de intenciones. Su expresión se transforma poco a poco en el recuerdo de toda una noche en vela luchando por los intereses de alguien que, con toda seguridad, está más cerca del inspector, pero pese a todo comienza.

—¿Os acordáis de la nota que me dio mi ayudante al entrar a mi despacho? ¿Dónde está tu ordenador? He estado toda la noche buscando información acerca de por qué uno de los programadores más importantes de la tecnología ETech ha decidido terminar con todo.

Al enseñarles el papel, puede leerse «Aaron Swish se ha suicidado». Colgado de una soga al otro lado del mundo, el joven informático decidió un día antes quitarse la vida tras el encuentro con Akash.

—¿Por qué una de las personas con más talento del mundo entero y con una visión diferente también se ha suicidado como Marian? Ayer por la noche recordé la noticia que a lo largo de todo el día tuve que digerir como pude y pensé en la posibilidad de que alguien podría estar dinamitando todo lo que rodea a ETech —dice a la par que busca los enlaces de internet que llamaron su atención la noche anterior y que memorizó mientras repetía: «Tenían razón».

En la pantalla, puede verse con claridad las primeras noticias de la muerte de Aaron con una persona en las inmediaciones con un aspecto similar al de Akash. Ángel lo señala ante el asombro y confirmación de las sospechas de Enzo y Leire.

—Pero, además, creo que Aaron hizo un viaje el día anterior a su suicidio de unos 250 kilómetros al norte. Después de leer cuidadosamente la noticia y constatar que Aaron viajó hasta allí, supe de la existencia de cámaras para que usuarios de todo el mundo puedan ver las auroras boreales en el Cabo Norte y... ¡Mirad a quién me he encontrado!

Otra vez señala en la pantalla, aunque en esta ocasión se trate de una persona de complexión muy parecida a la de Thian con una pequeña marca que, muy bien, podría coincidir con la del dibujo de la cicatriz que Enzo tiene a modo de póster frente a ellos, aunque la poca resolución tampoco permite ver demasiado.

—Teníais razón. Todos forman parte de lo mismo y seguro que Anna está también metida en todo esto.

Ángel recorre la habitación de un lado para otro y Leire muestra su preocupación con un grado de asombro que se sale de todas las escalas, repitiendo de forma insistente:

—¿Qué vamos a hacer?

—Lo mismo que le íbamos a plantear hace veinte horas a Ángel —responde el detective con toda la templanza que la situación requiere.

Sorprendido, el actual CEO de ETech espera la propuesta, que, por lo que acaba de entender, no tuvieron oportunidad de exponer ayer en su despacho.

—Darle lo que más quiere. La ubicación de los huéspedes —dice Enzo.

—¿Estás loco? Es una de las piedras angulares de ETech, si solo una persona no autorizada conociera la ubicación de los huéspedes, podría poner en riesgo el sistema —replica Leire.

—Pero no la vas a llevar allí, primero la llamarás diciendo que tu tecnología es tan madura como para solo tener que preocuparte por tu competencia. Le dirás que estás dispuesto a fusionar tu empresa con la suya, invirtiendo lo que sea necesario. Para confiar en ti, Rafter te pedirá eso que tanto escondéis.

—Los huéspedes —responde Ángel para acabar describiendo con total precisión la conversación que tendrá con Anna horas más tarde.

—No le expliques nada. Dile que vaya a ETech, una vez allí súbela en el ascensor a la azotea y ten preparado un helicóptero que no pueda rechazar entre el frío, el viento y el ruido. Tendréis que subir rápido para que no pueda negarse —continúa el inspector plasmando los sucesos que Ángel seguiría al pie de la letra al día siguiente.

—¿Pero qué sentido tiene todo esto?, ¿qué tiene que ver con los asesinos? ¿Y dónde la llevo? —insiste ahora Ángel.

—Si queremos saber hasta dónde está implicada CrioTech, tenemos que hacer desaparecer a Anna. Si de verdad lo está, todos se pondrán a correr como locos ante su desaparición y adivina quién será el primero en aparecer por su laboratorio —afirma mientras señala la imagen congelada de Thian en la pantalla—. ¿Leire? ¡Leire! —pregunta el detective al ver que la joven hace ya unos minutos que ha dejado de prestar atención y mira concentrada en el teléfono móvil la publicación en la que aparece el pequeño asesino de policías.

—¿Leire? —colaciona ahora Ángel.

Pasados unos segundos, ambos confirman, al conectar sus miradas y no entender lo que sucede, que la preocupación que justifica la expresión de Leire, hundida sobre la pantalla del teléfono móvil, responde a nueva imagen de la crónica de la muerte de Aaron, donde aparece una vieja conocida suya.

HOLA OTRA VEZ

Dos días antes, Lajosmizse, Hungría,
10 de noviembre de 2034

Akash se encuentra durmiendo en los asientos de la parte de atrás de la furgoneta de Xander en el alto en el camino que la estación de servicio les proporciona, tras haber recorrido dieciséis días de un enigmático itinerario. El único adulto llena de combustible el vehículo después de un largo camino para poder continuar hacia su próximo destino, Cabo Norte, en Noruega, donde acompañarán a Aaron en la despedida de este mundo.

La farola cerca de la estación de servicio parpadea por las bajas temperaturas que no preocupan a Xander en lo más mínimo, a juzgar por su vestimenta. Enmudecido como de costumbre, levanta la vista ante la proximidad de una mujer que se acerca a la parte opuesta de su automóvil y deja una bolsa con comida en los asientos delanteros. Al cerrar la puerta, las mantas que cubren al chico se desprenden dejándolo expuesto al frío sin más protección que su roída camiseta. En principio, nada fuera de lo normal, una escena cotidiana..., si no fuera porque esas manos pertenecen a la mujer que días más tarde Leire identificará en la crónica de sucesos de la muerte de Aaron.

Desencajada y ante el reiterativo interés de Ángel y Enzo por su estado, Leire creerá haber visto en esas páginas a quien ha vuelto a situar la manta sobre Akash: Marian.

CAPÍTULO 4
18 DÍAS ANTES

EL TRAYECTO

En varios lugares,
en diferentes momentos

En una estatua de hielo existirían más posibilidades de leer la mente de Anna, a juzgar por la inmóvil expresión que mantiene a bordo del helicóptero con itinerario desconocido. Frente a ella, con las gafas de sol más oscuras que había podido encontrar, Ángel apoya la cabeza en la ventanilla intentando intuir cualquier conducta que pudiera haber pasado inadvertida. Las facciones que definen la perfecta simetría de la cara de la chica llaman la atención de un joven que empieza a dudar del motivo real por el que no puede apartar la mirada de ella.

Leire no espera descubrir nada nuevo, pero a bordo de un avión que la lleva al norte de Noruega ha encontrado la tranquilidad que le proporciona sentir que sigue teniendo la posibilidad de volver a ver a Marian, al fin y al cabo, se pregunta: «¿Y si no está en ese criotubo?».

De nuevo, una única luz en la sien y otra en el brazo evidencian el rastreo de una madre que en el año 2095 se niega a dejar caer a su hija en el olvido. Ester repasa documento a documento el desarrollo de las primeras migraciones. Las portadas de los periódicos digitales se hacían eco del avance tecnológico más importante de toda la historia, a la vez que el horrible suicidio de Marian empañaba el absoluto éxito alcanzado después de años de investigación.

De vuelta al año 2034, en esta ocasión mucho más de dos personas del país estadounidense esperan a Hang en la misma sala donde proyectó las imágenes más prometedoras de la investigación de CrioTech.

En cuanto a Rose, el amanecer de la ciudad de Valencia le reserva una plaza privilegiada a una madre que no quiere dejar pasar ni un minuto alejada de su recién recuperada pequeña. Apresurándose, anuncia una vez más la inminente salida con la que acercará a su hija al colegio, si de una vez por todas baja a la entrada donde espera el automóvil aparcado a pocos metros de la puerta de su casa. Ya en el coche, el sonido del girar de la llave coincide con un imperceptible murmullo de la niña. Alertada, la madre entiende que con las prisas ha olvidado el peluche que, en los últimos días, se convirtió en el inseparable amigo con el que Glyn intentaría que nunca se olvidara de él.

Los gestos de Rose de camino hacia la casa revelan una falta de previsión de ambas que rompe por completo la estabilidad del inicio del día, mientras la pequeña abre la puerta para ayudar en la búsqueda de lo que más importancia tiene para ella en este momento, su mascota. Pero cuando Ester ha perdido de vista a su madre, tras la barrera visual delimitada por la puerta de entrada a casa y después de haber recorrido sus pasos, de pronto, el cuerpo de la niña sale proyectado violentamente al explotar de forma inesperada el coche.

HAMBRE, FRÍO Y TEDIO

Oficina de Policía, Montpellier,
18 días antes, 26 de octubre de 2034

—¡Lo han encontrado!

La mañana siguiente a la desaparición del agente que corrió tras Akash, dieciocho días antes de la explosión del coche de Rose, la linterna que enfoca el maletero del Ford Raptor donde viajaban Xander y Akash pasa de golpe a proyectar luz al suelo. Han recibido nueva información acerca del paradero del desaparecido en el bosque. De camino hacia la sala de interrogatorios donde todavía tienen retenido a Alexander, el susodicho escucha: «¿Dónde está?, ¿está bien?, ¿y el chico?».

En el bosque, las recientes pisadas de Akash se extienden hasta un río, tras el cual las diferentes casas que siguen su recorrido podrían tener muchas probabilidades de haber servido de cobijo al joven asesino. A oscuras, en la esquina de una habitación de una casa abandonada, se mantiene en calor con ropa de cama desgastada.

De vuelta, en la sala de interrogatorios...

—Hijo de puta, cuéntanos de donde ha salido ese chico —grita en dirección al retenido el agente que acompañaba al gendarme que perdió la vida en el bosque.

Aparentando más incomprensión que miedo, Xander desequilibra su silla hacia atrás poniéndola a dos patas para evitar cualquier mal mayor derivado de aquel desafío. Un grito del comisario a la altura del descontrol de la situación llama al orden al agente.

—Una escena entrañable, pero espero que puedan explicarlo —anuncia el abogado de Xander, el cual se une al montón de personas que asoman por la puerta—. Además de explicar por qué mi cliente lleva retenido casi veinticuatro horas sin razón.

Jean Floriot, abogado del sospechoso, constituía en sí mismo un desequilibrio que apenas podía justificarse. La fama de Jean era conocida a todas luces por gran parte del sector de las fuerzas de seguridad del Estado francés.

—¿Quién es este imbécil? —pregunta el más alterado de todos, con claros indicios de no ser conocedor de la fama que precede a aquel abogado.

—¿Quién va a ser? Su abogado. Quitadlo de mi vista antes de que lo tenga que hacer yo —responde el comisario tratando de evitar problemas mayores a quien con toda claridad ha perdido la compostura.

Para Xander, todo aquello se desarrolla como si de una película en primera persona se tratase, no siente miedo ni odio, ni siquiera incomprensión. Y es que Alexander Massa simplemente es así, él solo presta atención sin que nada le inquiete, como si una preocupación mayor hubiera copado de forma permanente su carácter.

—Gracias, comisario. Creí que tendría que apelar a su futuro relevo —insinúa el letrado mirando al segundo en el cargo, consciente de que hay mucho que corregir en procedimientos y protocolos de una comisaría que se lleva con el corazón.

—Puede que a mi segundo no le llame tanto la atención como a mí que su cliente tenga un abogado tan prestigioso a su servicio si todo esto no es más que un malentendido, ¿no cree?

—Bueno, en primer lugar, gracias por el cumplido. —Sonríe mientras abre su cartera y saca los papeles sobre los que tomará los datos del caso, si es que se llega hasta tal punto—. Y en segundo lugar, no. De ninguna manera tengo por qué explicar mi conexión con Alexander Massa, ¡para nada! ¿De qué se acusa a mi cliente?, ¿dónde está el agente que buscaban?

—Lo hemos encontrado tirado en el bosque con el cuello roto —explica el comisario.

—Por Dios, cuánto lo lamento —añade dando muestras de no lamentarlo en absoluto ni un segundo—. Así pues, ¿van ustedes a presentar cargos?, ¿va a responderme alguien?, ¿o la base de su caso está sustentada únicamente en conjeturas? Según tengo entendido, mi cliente no se movió del sitio y tampoco se resistió a colaborar desde el primer minuto.

La ausencia de respuesta por parte de los oficiales allí presentes da pie al abogado a deducir algo que explicaría a la perfección en los próximos segundos.

—Vamos a ver si lo he entendido bien. Un inmigrante ilegal de ocho años se cuela en la parte trasera del vehículo de mi cliente. Una vez este hombre se detiene para descansar, el chico sale corriendo mientras le persigue... —Chasquea los dedos para que completen el nombre del difunto agente en contra de su voluntad, a la vista de la ridícula acusación.

—Emily Arnaud —corresponde el oficial.

—Exacto, Emily Arnaud. Y mi cliente es objeto de una suposición que contempla a ese chico como el autor del traumatismo cervical y a Alexander Massa como su cómplice. ¿De verdad he tenido que desplazarme aquí por esto? Por favor, busquen al niño si no quieren otro cadáver. Empieza a hacer mucho frío y tiene que estar muerto de miedo.

—Lo único que queríamos era toda la información posible y su cliente no parecía tener muchas ganas de cooperar.

Recogiendo los papeles en blanco y el bolígrafo, que ni ha descubierto el color de su tinta, no puede evitar que sus labios esbocen una medio sonrisa con la que llama a todos imbéciles sin pronunciar ni una palabra.

—Soltadlo, tomadle los datos por si algún día necesitamos algo más de él.

2 horas más tarde

Sin haberse movido del sitio, el aliento de Akash comienza a perder su condición transparente. Las bajas temperaturas que registra la casa abandonada son la antesala de una noche que podría significar el golpe definitivo para un niño que no ha comido en varios días. El reflejo de una luz en el espejo de la habitación donde se cobija precede al ruido de un automóvil que se acerca a la casa. Al mismo tiempo que la puerta de la entrada emite un sonido que evidencia la presencia de alguien, Akash desfallece.

La situación ha superado la poca energía que tenía reservada y, prácticamente, pone su vida en manos de la persona que le ha encontrado. Tras subir las escaleras y con la eternidad que distancia un paso sobre el siguiente, por fin, se descubre a Xander localizando un rastro que incluso los agentes dieron por imposible la pasada mañana.

REVOLUCIONARIOS

Central de ETech Technologies, Valencia,
17 días antes, 27 de octubre de 2034

—La revolución ha comenzado —gruñe Glyn al subir a su vehículo, aún con la primera migración de la historia acabando de completarse. Esa misma que diecisiete días atrás dio a la pequeña Ester la oportunidad de tener una vida.

—¿Usted cree, señor? —pregunta su chófer.

—Sin ningún tipo de duda. Este es el principio del mismo juego que vio nacer a nuestra especie, pero cambiando todas las reglas. Y lo mejor de todo, ¿sabes qué es? —pregunta retóricamente—. ¡Que en este juego ya no hay reglas! —el anciano habla con la tranquilidad de una persona que ya conoce el exitoso final del trabajo de su vida. Mirando por la ventana del coche, presume de una realidad incipiente plagada de ETech que llevarán su firma por los próximos siglos.

Su chófer busca por el retrovisor interior del coche una conexión con la mirada perdida de su jefe. Al menos, buscaba una reacción que se saliera del ritual de formalismos con el que el día a día del anciano no dejaba lugar a dudas de que era todo un amigo.

—¿Qué quiere decir con que no habrá reglas? No entiendo muy bien, señor.

La telenovela que seguía el conductor desde hacía años acerca de la revolución que traería consigo una simple idea le hizo partícipe hasta el punto de no poder contener las formas.

—Verás... El principio de la era de la humanidad empezaba bajo una única premisa, la supervivencia. Ahora esa ansiada meta por seguir respirando parece que quedará en un segundo plano, por lo que la humanidad tendrá la eternidad para descubrir cuál será el nuevo objetivo para dar cabida a su ambición. Nos hemos adentrado en una era tecnológica que abre las puertas a miles de caminos y vertientes.

El teléfono móvil de Glyn le avisa en plena disertación de que el personal encargado de la migración había concluido el procedimiento con resultados satisfactorios. Además, la llamada advertía que procederían al traslado del huésped hasta las instalaciones diseñadas para ello. No era nada que no se esperara el fundador, por lo que su gesto no podía hacer más que acompañar las palabras con las que explicaba la potencial trayectoria del monstruo tecnológico creado.

—No le veo tan eufórico como debería, señor. Hasta podría decirle que yo estoy más contento que usted.

—Ahora, querido amigo, verás como el mundo se plaga de ideales, resentimientos, diplomacia y avaricia. Sobre todas esas posibilidades, la humanidad deberá decidir si lo quiere utilizar como el regalo que yo pretendía o como el arma que muchos parásitos buscan para aplastarse entre ellos.

—Enhorabuena, señor —consigue escucharse desde el asiento del conductor en el breve espacio de tiempo que transcurre entre el final de la frase de Glyn y el cierre de la puerta del coche.

Ya en la habitual mesa reservada y con el camarero sirviéndole, las últimas palabras de la conversación con su chófer continúan resonando en su cabeza, cuando el desconocido con el que había compartido restaurante durante las últimas semanas, por fin, se acerca y se sienta sin permiso. La situación evidencia de inmediato una de sus primeras conjeturas tras su éxito. «Parásitos...», piensa.

El camarero, extrañado por la iniciativa del otro habitual cliente, pregunta a Glyn:

—¿Está todo bien, señor?

—Parásitos.

—¿Disculpe?

—Está mejor que bien. Déjale que se quede, me da la sensación de que, si no es aquí, será en otro sitio donde me moleste más la conversación que este hombre espera tener conmigo.

—Creo que debería darle la enhorabuena —comienza el extraño, interrumpiendo la visual que Glyn contemplaba a diario.

—Parafraseando a mi chófer, permítame que le diga que está usted más contento que yo, señor...

—Ahad. Abdul Mohamed Ahad.

El señor Abdul Mohamed Ahad viste un traje gris sin corbata. Sus rasgos son notablemente árabes y no tiene ninguna otra peculiaridad que le haga sospechoso de pertenecer a ningún grupo radical. Lleva un afeitado perfecto, aunque con ese espesor de vello facial lo tiene bastante más fácil que algunos otros hombres, pero eso no le resta virilidad a un individuo tosco de más de 1,90 metros. Su pelo moreno es rizado y corto, al menos, en la poca parte de su cabeza donde todavía se distingue, más allá de las entradas y la coronilla. Y aunque al centrar su mirada directamente en la de Glyn este último haya percibido el estrabismo de uno de sus oscuros ojos, no parece que el árabe vea afectada su capacidad intimidatoria. De hecho, es todo lo contrario.

—Parece que me estuviera esperando. Asumiré que la suspicacia que le precede consiguió hace tiempo detectar aquello que en absoluto me he esforzado en esconder —explica el inoportuno comensal.

—Déjeme que lo adivine. Las últimas semanas que usted ha compartido conmigo en este restaurante forman parte del interés en la tecnología de migración de humanos.

El acento de Abdull es un detalle más que evidencia una procedencia subsahariana, de la que sigue dando muestras susurrando esta vez:

—No se crea, me encantan las vistas de este restaurante. Ahora bien, parece que descuidan a sus clientes para que usted tenga todo lo que necesita. En cualquier caso, de lo que ya no estará tan seguro es de la naturaleza de mis propósitos.

—De lo que no estoy tan seguro es de la identidad del informador que tiene usted dentro de mi compañía para conseguir actualizar el estado de nuestros avances casi al mismo tiempo que yo recibo la información.

Un trago de la cerveza arrastrada por el subsahariano hasta la mesa de Glyn materializa un breve paréntesis que el impuesto acompañante aprovecha para no responder y pasar, sin más dilación, a lo que le interesa.

—Verá, yo soy un hombre de negocios, por lo que aspiro a llegar a un entendimiento con usted, igual que llegué con el informador del que no debe preocuparse si usted me confirma que le molesta.

—Algo me dice que usted y yo no vamos a ser los mejores amigos del mundo —responde el anciano—. ¿Es consciente de que no es la primera oferta que recibo? Incluso determinados órganos del Gobierno y multinacionales se han estrellado contra la puerta a la que ahora intenta llamar usted. ¿Para qué fin, si se puede saber, se le ha ocurrido que mi tecnología cumpliría su demanda? Vamos, me tiene usted en ascuas.

—¡Venderlo al mejor postor! Ese es mi objetivo —afirma satisfecho Abdull, mientras se incorpora y bebe de nuevo de su cerveza—. Como le he dicho, soy un hombre de negocios.

—¿Y qué le hace pensar que voy a vender mi tecnología?

—Que su mercado no es el mismo que el mío.

—Ilumíneme.

—El lucrativo, generoso e inmenso mercado de la industria armamentista.

—Me lo imaginaba, pero creo que su informador ha descuidado algunos detalles importantes. Mi tecnología no cumple los criterios necesarios para poder utilizarse como un arma. Los cinco años de edad de una persona constituyen el margen de maduración óptimo para realizar la migración, por lo que no es posible realizarla en adultos. No es la primera vez que tengo que explicar esto a divisiones tecnológicas de armamento gubernamental. Siento decepcionarle, pero la migración a la edad de cinco años no es una opción, es una necesidad.

—¿Y por qué piensa usted que nuestro objetivo son personas adultas?

Por fin, alguien consigue hacer torcer de forma significativa el gesto de Glyn en todo el día. A pesar de que el anciano nunca estuvo dispuesto a verse afectado por el contenido de tal intercambio de arrogancias, no puede evitar concluir que el cliente objetivo del comensal apoltronado en su mesa trabaja para organizaciones que se dedican a formar niños para la guerra.

—De todas las barbaridades que me han quitado el sueño producto de mi creación, he de reconocer que esta, hijo de puta, es la más despiadada e insultante que podrían haberme propuesto.

Ante la gravedad de la afrenta que constituye para una persona de su posición y cultura, se levanta mientras seca con la servilleta los labios mojados por el agua que acababa de beber de su copa. De pie junto a él y ante el asombro de todos los asistentes, ambos prosiguen con la conversación que no tardaría mucho en finalizar.

—Mi objetivo ha sido siempre proteger, curar y alargar la vida. Utilizar niños con cualquier finalidad que se desvíe de disfrutar con plenitud de su inocencia es lo opuesto al propósito del proyecto. Antes destruyo todo lo que he creado.

—Piénselo bien, señor Torres, podemos ser muy muy persuasivos —explica levantando la voz e indiferente a la atención que ya le adjudica el resto de los clientes del restaurante a medida que Glyn se aleja.

ÁGATA

Catedral de Santa María de Valencia,
14 días antes, 30 de octubre de 2034

«Es una abominación». José Beltrán persevera en el malestar del que se considera preso, incluso agotando la serenidad que le han aportado tantos años de credo. Todas esas creencias que con tanto cariño erigió sobre los cimientos de la fe cristiana y los anchos muros de la su majestuosa catedral ahora se resquebrajan. Este canónigo y protector de la catedral de Valencia contempla atemorizado la rápida evolución de una alternativa a la eterna vida cristiana y busca entre la sabiduría del cardenal y vicepresidente de la Conferencia Episcopal la reafirmación de sus convicciones a partir de la resolución del Santo Padre.

—Entereza, moderación y paciencia ha pedido el sumo pontífice —solicita el cardenal como el experimentado obispo que es.

—Explíqueme, por favor, su excelentísima. Ya pasan semanas desde que obtuvieron el consentimiento para poner en manos del hombre lo que solo Dios, en su omnipotencia, puede juzgar. La Iglesia cristiana debe posicionarse o millones de fieles verán amenazada su fe.

—Hermano Beltrán, somos nosotros los primeros que no debemos desfallecer en ninguna de nuestras creencias y seguir confiando en la voluntad de nuestro señor. ¡Todo pasa por algo! Ahora más que nunca debemos confiar y acordarnos de las escrituras de Lucas 21, 19: «Tengan paciencia, que así ganarán sus almas».

El aplomo que debía exigirse a tan alta responsabilidad, de nuevo, se manifestaba en las palabras del intranquilo canónigo.

—Pero ¿qué podemos esperar?, ¿cuáles han sido los designios del consejo de cardenales?

—Solo nos han pedido fe y paciencia —responde el obispo—. Si no tomamos una decisión consciente, perderemos la oportunidad de dictar el camino que la cristiandad debe seguir. Nuestro protector Ralph DeVoss se reunirá pronto con monseñor Sarah y presentará las alternativas que seguirá la doctrina de la fe cristiana.

—Con la ayuda de Dios no dejaré de rezar para que no lleguemos tarde.

—Hermano Beltrán, Dios no ha querido que esta prueba de fe se revele en otra parte del mundo que no sea en la ciudad que acoge el Santo Grial. Hasta en los más pequeños detalles podemos encontrar su voluntad, incluso en el cáliz que toda la congregación cristiana ha decidido confiarte. Debes seguir encontrando tu fe donde los más débiles verían corrompidas sus convicciones. Porque esta es la voluntad de Dios, que, practicando el bien, hagan callar la ignorancia de los insensatos —dice citando a 1 Pedro 2, 15.

—Pero, señor... —replica al cabo de unos segundos el canónigo—, la Iglesia nunca se ha pronunciado sobre la autenticidad de esta reliquia. Y tampoco entiendo muy bien la relación entre el Santo Grial y la aparición de esta tecnología.

Las campanas que anuncian la media noche, en esta ocasión, protagonizan el silente vacío de una catedral que desprende divinidad. La resonancia y el eco emitido entre las bóvedas había encubierto el caminar de los religiosos a las inmediaciones del Santo Grial, donde ya espera el alto cargo de la Iglesia para poder continuar.

—Presta atención a la copa. Puede casi apreciarse la combinación de variedades microcristalinas de cuarzo. Cristo eligió un símbolo con el que recordarnos a todos que nuestra existencia es parte de su misericordia y su creación.

—¿Cómo? —pregunta inquieto por haber dejado escapar algo que a diario tenía delante de sus narices.

—El primer día Dios creó el cielo y la tierra, ¿no es así? «Ágata» es el nombre que recibe la combinación de cuarzo de todos los tipos y colores que dan forma a la composición de la copa, así como los tipos y colores con los que Dios creó al hombre. ¿Sabes, hermano, cuáles son los elementos más abundantes del planeta? El oxígeno y el silicio —responde él mismo sin dar oportunidad al canónigo de participar—. Es curioso que la combinación de ellos conforme un compuesto llamado «sílice», que, a su vez, es el principal componente con el que está formado el cuarzo.

—Ágata —colaciona ahora Beltrán, dando a entender que ha comprendido el recorrido argumental del obispo.

—De todos los materiales de la tierra, fue este el que Cristo eligió para compartir su sangre con los doce apóstoles encargados de continuar su obra. El más abundante en la tierra. En concreto, aquel que acabaría a centímetros de ti y de mí para que nunca olvidáramos que, al igual que los minerales que lo conforman, el hombre no es más que otra expresión de su omnipotencia.

»Piénselo así, hermano Beltrán... La grandeza del ser humano es obra del mismo ente que ha dictaminado que seas el elegido para custodiar una reliquia compuesta del material menos trascendente en la tierra. ¿Por qué iba Dios a dejar al libre albedrío decidir el destino de su mayor obra, el ser humano? Nuestra fe debe ser nuestro primer y último bastión ante la banalización que el hombre está haciendo hoy en la obra de nuestro señor.

»En la copa, Cristo grabó "Dios el salvador, Jesús es Dios", en hebreo. Querido hermano, la casualidad es la forma en la que el ateo reniega de la fe en Dios. Yaveh no pone nuestras creencias a la altura de nada que no requiera un esfuerzo. Traer estas tecnologías al entorno donde descansa el Santo Grial puede que sea una prueba de fe que todavía no hemos conseguido descifrar.

ESTABLISHMENT

Madrid, estudios de Televisión Independiente,
6 días antes, 7 de noviembre de 2034

Desde décadas anteriores al año 2030 hasta la actualidad, el artificio televisivo había llegado a desvirtuar la principal intención de su desarrollo, que no era otro que hacer pensar al espectador que la objetividad iba de la mano de platós preparados con demasiado detalle.

Ahora, en 2034, los medios utilizan cualquier argucia que les permita hacer creer que mantienen su cuota de imparcialidad y credibilidad intacta, aunque a todas luces inclinan la balanza hacia la opinión de sus consumidores, a los que se aseguran de mantener alimentados reafirmando su tergiversada realidad. El mismo dinero con el que el ciudadano paga sus tributos es el que los distintos gobiernos destinan sistemáticamente a inyectar a medios privados, a cambio de seguir dándole vueltas al carrusel de distracciones con el que la mayoría se pierde. Como el mosquito que no puede dejar de mirar la luz ultravioleta, convierten la opinión pública en un círculo vicioso que destruye cualquier posibilidad de cambio y opinión.

En medio de todo este desconcierto y con la emisión en *streaming*, Rose Mora se encuentra de pie charlando ante una cámara que ya capta y retransmite la conversación sin ni siquiera haber comenzado la entrevista. En este caso, y de forma única y excepcional, las televisiones independientes emitidas por medios alternativos focalizan sus esfuerzos en la naturalidad del visionado, en contraposición a la manipuladora decoración de platós a los que antes se acostumbraba.

Albert de la Roan, presentador y periodista independiente, originario de Inglaterra, llama la atención de todos con un gesto durante la conversación que mantiene con Rose, que perfectamente puede distinguir cualquier telespectador. El minuto que resta es el que debe servir para que cada uno se ubique en su asiento reservado. De pie frente a la cámara, exento de cualquier tipo de apoyo que reste normalidad, Albert mira el reloj para dar comienzo a su *speech* inicial, justo a la hora programada.

Buenas noches, queridos telespectadores. Les doy la bienvenida una vez más a *Dbate*.

Dos únicas emisiones en el último año son más que el testigo de la frágil situación en la que se encuentra la política de este país, dado que, como saben, mi misión con ustedes es la de analizar cualquier cambio que pueda suponer un antes y un después en la realidad política en la que vivimos en su país. Coincidirán conmigo entonces en que esto es otro síntoma más de que, para mal o para bien, en dos años no ha sucedido gran cosa.

Como siempre, permítanme recordarles que los pocos programas que emitimos son el crédito que avala una reproducción fidedigna de asuntos que puedan representar la verdad en la política nacional. Ustedes mismos han podido ser testigos en los prolegómenos del programa de cómo la llegada de los contertulios ha sido emitida de forma íntegra, incluyendo saludos y conversaciones. Esto, queridos espectadores, es el símbolo de distinción de *Dbate*. No tenemos nada que esconder... Señoras, señores, no olviden disfrutar cada segundo. Bienvenidos.

Conmigo se encuentra Rose Mora. Como sabrán, la excelencia de su carrera política se vio interrumpida con toda brusquedad por la inesperada enfermedad de su hija Ester y su consiguiente polémica recuperación. Déjame que te dé mi más sincera enhorabuena por la recuperación de tu hija. Como padre, no me quiero imaginar lo que has pasado.

A continuación, el presentador da a conocer todos los participantes que se dedicarán durante las próximas horas a intentar hacer desfallecer a la invitada. Entre ellos, varios exjefes de Estado y periodistas que, según Rose, se emplearon a fondo en seguir engrasando los mecanismos del *establishment* que mantenía la sociedad esposada y, por supuesto, a ellos mismos con mucho más dinero y poder del que podrían necesitar jamás en su vida.

—Para la primera pregunta, Rose, me vas a permitir alejarme un poco de la política, ya que me gustaría que me dijeras: ¿cómo está la pequeña Ester? —cuestiona De la Roan.

—Maravillosamente bien. Como nunca hubiéramos soñado, dadas las circunstancias. Pero, además, Albert, tengo que decirte que Ester es el principio de toda mi fuerza para luchar y la razón principal de que ese cambio político pueda darse, por lo que de verdad pienso que no has podido empezar de mejor forma.

—Me alegra verte con fuerza y tan sonriente como siempre. Con el ánimo de enfocarnos hacia el tema que nos atañe, la política, cuéntanos, ¿qué llevas en mente? La rueda de prensa en la que anunciaste tu candidatura llenó a algunos de esperanza y a otros muchos de sus peores miedos, pero sobre todo lo que más predominó fueron las dudas en lo relativo a tu propuesta.

—Verás, han sido unas semanas de muchas emociones como madre, pero también lo han sido como política. Además de por mi embarazo, hace seis años mi carrera política se estancó al constatar cómo este sistema exprimía al máximo las posibilidades de la democracia, sin embargo, no estaba aportando ni los mínimos constitucionales al individuo. Podría incluso decirse que esto ha ocurrido desde el principio.

»Desde mi punto de vista, no era el pueblo el que había fallado, tampoco la democracia. Sino que una sucesión de pequeñas acciones divididas, entre políticos corruptos, periodistas sin escrúpulos y parásitos del sistema se encargaron de acercar, metafóricamente hablando, la eutanasia a este país.

Rose hace amigos durante su discurso inicial señalando a cada uno de los participantes y presentándolos con su visión más crítica mientras los señala con una amplia sonrisa, rasgo inequívoco de su personalidad.

—Albert, lo peor de todo es que cuando he dicho «pequeñas acciones divididas» debemos ser conscientes de que hasta en la ilegalidad de la eutanasia se contaba con acciones aisladas no delictivas que eximían a los colaboradores de responsabilidad.

»Nuestra democracia ha sido víctima de la poca vergüenza de muchos de estos señores, que se han atrevido hasta a burlar la legalidad de nuestro sistema con acciones punibles que quedaron en el limbo gracias al poder del dinero que robaron.

Los gestos de desaprobación por parte de los integrantes del debate se hacen cada vez más evidentes. Un minuto después de empezar a hablar, ha sido suficiente para entender que Rose tiene todos los ases de la baraja y que no le va a hacer falta entrar en intercambios de opinión y tampoco abandonar esa eterna sonrisa con la que afronta la vida. No obstante, Albert hace uso de su estatus de moderador, dando la oportunidad de que expolíticos se defiendan de la acusación de corruptelas, periodistas se excusen de su falta de profesionalidad y que parásitos intenten una vez más alimentar al espectador con silogismos de preescolar. Todo ello con el mismo objetivo, una vez más, desviar la atención de lo que de verdad es importante a través de teatralidad y engaño.

Con la mente enfocada en la carrera de fondo que tenía por delante para cambiar al país de opinión, Rose dedica los siguientes minutos del debate a explicar por qué cada uno de los invitados era responsable de las acciones que, sin lugar a duda, habían beneficiado más a ellos que al país. Guerras, crisis económicas, pandemias, atentados y todo tipo de distracciones eran utilizadas por ese binomio formado por la política y el periodismo que consiguió una y otra vez desviar el foco de atención de los verdaderos intereses de los votantes.

—Qué le dirías, Rose, a todas esas voces que ya manifiestan que con ideales tan fuertes y una tecnología disruptiva como la que abandera la esencia principal de tu propuesta, quizás, arriesgas algo más que intereses políticos. Como, por ejemplo, personales.

—Te respondería que me dijeras en concreto a dónde quieres llegar.

—Verás, Rose... En una hora has desmontado el actual *establishment* de la sociedad de este país, llamando las cosas por su nombre. Pero a pesar de no contemplar una actitud agresiva, está claro que todo aquel que piense que existe una posibilidad de que su calidad de vida se vea amenazada, como mínimo, se va a enfadar. ¿No crees que puedes llegar a ser víctima de reacciones más violentas todavía? Sobre todo, teniendo en cuenta la cuestionable naturaleza de la tecnología de migración de humanos que, por supuesto, da para un debate mucho más extenso.

—Dime tú, Albert. ¿Por qué estos señores no han sido capaces de dar respuestas que favorezcan al ciudadano en los últimos treinta años? Toda esta gente ha participado y participa en una única cosa: meter en sus bolsillos todo el poder y dinero que les pueda caber. Y ahora me preguntas si debería temerles porque creen que son los dueños del mundo —apunta Rose—. Albert, el actual *establishment* habrá perdido todo su sentido en pocas semanas si la tecnología ETech se coloca al alcance de cada ciudadano de este país.

»Dado que no se pueden hacer migraciones con edades superiores a cinco años, su dinero y su poder no sirven de nada. La materia prima de los ETech es muy barata y no van a poder pagar más o tener un trato preferencial para migrar a sus hijos antes que los hijos de los demás. ¿Para qué sirve tanto dinero y tanto poder ahora? Y respondiendo a tu pregunta: ¿de qué les va a servir amenazarme?

—Un ETech para cada ciudadano —pronuncia De la Roan leyendo el eslogan de la campaña—. Suena bien, pero déjame decirte que con un programa electoral tan corto se me antoja muy difícil conseguir un cambio.

—Sí, es verdad que por ahora solo hemos publicitado un único punto de nuestro programa electoral. Fundamentalmente son dos los motivos. En primer lugar, creemos que el impacto de este único punto debe ser digerido muy bien por el ciudadano. Creemos que la magnitud del cambio debe ser directa y proporcional a las dudas que se planteen.

»Una vez aclarado, en segundo lugar, pensamos que es inverosímil que este sistema democrático y el estado en el que se encuentra pueda, de un día para otro, recuperarse y jugar en las primeras ligas europeas.

—¿Qué más tenéis en mente?, adelántanos algo.

—Voy a darte algo mejor, voy a darte el futuro que ofrece la tecnología ETech, al menos, en política. Cada uno de los ETech, como sabes, tiene plena capacidad de uso del cerebro clonado de su huésped, por lo que en la ojiva se puede subdividir el cerebro en núcleos de red compartida y privada, como en un disco duro al que nos pudiéramos conectar.

»Con ello, pasarán a la historia delitos como cohecho, prevaricación, malversación, tráfico de influencias, etc. —Rose comienza a levantar los dedos a medida que enumera los distintos delitos tipificados propios de la política—. Incluyendo los cuatro largos años de legislatura durante los cuales se han permitido el lujo de no cumplir su programa electoral y mentir a los ciudadanos de forma flagrante.

—¿Has mencionado núcleos de memoria?, ¿cómo es eso?

—Hipertimesia lo llama Glyn Torres. No más de cinco casos documentados en la historia de la humanidad... ¡Hasta ahora! La era del hombre en la que solo unos pocos afortunados han tenido acceso libre a cada segundo de su vida acaba aquí, Albert.

—¡No te irás de aquí hoy sin explicarnos esto! Te lo advierto. —Sonríe Albert mientras apuntala algo que todos saben que es cierto.

—En lo sucesivo, un control voluntario de las funciones cognitivas pondrá a todos los humanos las herramientas de gestión de datos, pero con recuerdos. Es decir, nuestros hijos podrán revivir sus recuerdos —explica la política—. Imagina las posibilidades, diagnósticos médicos, investigación criminal, evaluación de aptitudes y, cómo no, la herramienta a la que aspira mi formación política: control del cargo público. Todo ello en secciones de memoria de uso compartido o privado, según requiera el caso.

—Pero ¿cómo?, ¿por qué?

—Porque la ojiva no es más que un disco duro. Tiene más conexiones neuronales a la espera de ser alimentada con impulsos que ningún otro humano. Solo hay un problema, el acceso es solo posible durante la fase REM. Estamos convencidos de que dentro de unos años, después de la implantación de este sistema, la gente se preguntará por qué permitíamos que los cargos públicos, repito, «públicos», se encerraran en sus despachos a decidir nuestro futuro.

»Con la tecnología ETech, los políticos dispuestos a compartir todo aquello que hacen, a excepción de su vida personal, lógicamente, serán los que más confianza infundan a sus votantes.

—¿Y todo eso lo verán mientras duermen? —pregunta Albert.

—Así es. Se conectan a una red parecida a internet en la que cada ojiva compartirá a voluntad sus recuerdos.

A juzgar por la expresión de asombro del afamado periodista inglés, quedaba patente que el potencial inherente a la tecnología de migración apenas asomaba una pequeña porción de sus infinitas posibilidades.

—Pero, explícanos, por favor, ¿cómo harán todo eso? —insiste el periodista.

—Lo que se propone es que todas las mentes de las ojivas pueden estar conectadas entre sí del mismo modo que lo hacemos hoy en día con nuestros ordenadores. La diferencia más significativa es que entre ellas podrán darse acceso a sus conocimientos y vivencias con el nivel de privacidad que elijan.

»Por ejemplo, una persona puede haber estudiado para un examen cualquiera, ¿no? Hoy en día le hacemos una serie de preguntas que pueden responder o no al conocimiento de esa materia, pero ¿es eso justo?, ¿y si nos pudiéramos conectar para evaluar sus conocimientos?, ¿y si evaluáramos cada acción de cada político el mismo día que la llevara a cabo?

—Ahora entiendo —responde Albert—. Podríamos identificar delitos, comportamientos inapropiados o incluso engaños políticos llegando a cesar de forma inmediata a ese cargo público, ¿me equivoco?

—En absoluto. Podríamos votar todas las noches. Es decir, ¿para qué necesitaremos representantes en el senado? —afirma Rose interpretando que va siendo hora de cerrar el capítulo de su entrevista.

—Vamos a tener que ir finalizando, aunque en esta ocasión continuaría escuchando todo lo que pudieras contarnos acerca de ETech. Después de lo poco que nos has adelantado, puedo decir que esta tecnología todavía me tiene aún más que fascinado, por lo que, si me lo permites, te haré la única pregunta que de verdad nos ha defraudado a todos. ¿Estáis convencidos de que no es una tecnología apta para adultos?

La sonrisa de ambos, esta vez, indica que su curiosidad viene también acompañada de la misma inevitable cuota de esperanza a la que se aferra todo ser consciente del planeta.

—Quizás mi respuesta no sea todo lo técnica que debería, no obstante, lo voy a intentar. Está demostrado científicamente que el cerebro humano nace con un número limitado de neuronas, siendo entre los tres y cinco años de vida el momento en que se realizan todas las conexiones neuronales y la mielinización.

»Hablamos de más de mil trillones de conexiones e incluso, y aquí viene el factor importante, se ha descubierto que, debido a la plasticidad del proceso, las regiones cerebrales son capaces de adaptarse y asumir las funciones de otras regiones si las destinadas para ello estuvieran dañadas por algún motivo. En ese preciso punto que se considera como el instante de máximo desarrollo capacitivo y plástico del cerebro es cuando realizan la migración.

»Digamos que, si lo haces antes de los cinco años, el mapeado del cerebro cambia a tal velocidad que necesitarías una ojiva nueva cada día, y si lo haces después, el cerebro rechaza categóricamente la migración debido a la pérdida de esta plasticidad. Así que respondiendo a tu pregunta, querido Albert, sí, estamos convencidos de que ETech experimentó lo suficiente con multitud de criaturas para definir los márgenes temporales óptimos de migración.

»Pero como ya he dicho, opino que es un tema tan amplio que te sugiero que hagas lo posible para que Glyn Torres te cuente en persona de qué manera surgió esta idea. Nadie mejor que él te responderá preguntas como qué es lo que la diferencia de la pura ficción de estas últimas décadas, por qué nunca podremos abandonar nuestro verdadero cuerpo, o por qué los tiempos son tan decisivos.

ISLAM

Diyanet Center of América, Lanhham, Maryland,
2 días antes, 11 de noviembre de 2034

—Son casi ya noventa y siete años, por lo que le ruego tenga paciencia durante la conversación —explica el imán de una de las mezquitas más importantes del planeta a Hang Maison.

—No habrá problema.

Atrás quedaba la combinación entre el sonido de las sandalias del imán y los tacones de los zapatos del afroamericano al instarle a descalzarse si quería ser recibido por el califa en la Macsura. Lo más rápido que pueden, recorren el pasillo del Sabbat para evitar generar preguntas o comentarios acerca de la inapropiada visita de un infiel a uno de los más grandes símbolos del Estado islámico en EE. UU.

El más alto activista y religioso estadounidense, defensor del nacionalismo negro y líder simbólico de la organización del islam espera al representante de la tecnología de criorreparación humana, con el objetivo de obtener la información necesaria que los ayude a dirimir la misma reclamación presentada a la Iglesia católica.

—Disculpe, esta llamada es muy importante para mí —interrumpe Maison al coger el brazo del imán para evitar que abra la puerta nada más percibir que su teléfono anunciaba la llamada que esperaba desde su reunión con Ralph DeVoss.

—No se le ocurra hacer esto ahí dentro —responde el imán consternado.

—Descuide. Buenos días, amigo, ¿qué puedo hacer por ti? —pregunta al joven y tembloroso ayudante del alto cargo del cristianismo.

—La Iglesia católica ha tomado una decisión. Pronto, el Santo Padre anunciará que la tecnología de migración no es una tecnología de Dios. Además, algunos de los cardenales más importantes han tomado conciencia de la situación y en próximas entrevistas mencionarán que existen tecnologías en desarrollo a las que el emisario de Dios en la tierra exhorta a esperar.

»Por conflictos de interés, entenderás que nunca se mencionará el nombre de CrioTech, pero no habrá nadie en el mundo que no lo entienda. ETech no entrará en Roma, a lo que le seguirá Italia, EE. UU., Sudamérica y, más tarde, lo que resta del planeta. Deberemos trabajar deprisa para evitar su expansión.

—¿Qué hay del país que la vio nacer? —pregunta Maison evitando mencionar el nombre para no dar pistas al imán que espera frente a él.

—Perdido a su suerte. Quedará como un aislado páramo donde sus ciudadanos deberán elegir su propio futuro. De momento, todos los fondos irán destinados a luchar contra la activación de más ETech en otros países. Nunca, repito, nunca has conocido a Ralph. Mientras esta condición se cumpla, CrioTech verá de una forma u otra allanado su camino. No querría estar en el lugar del responsable de sacar a la luz esta relación.

—De acuerdo.

—Una cosa más, Maison, llegado el momento, espero que tampoco te olvides de quién fue el que te presentó a Ralph.

—¡Amigo! Conforme con todo y muchas gracias otra vez. Cuídate.

La dinámica de la reunión con el alto cargo del islam sufría un cambio drástico sin ni siquiera haber empezado.

—Disculpe de nuevo.

—Apague de una vez ese teléfono, por favor —solicita mientras entran.

—*Salaam aleykum* —saluda Hang.

—*Aleykum salaam* —responden las tres personas sentadas que se encuentran tras la puerta.

El califa, es decir, el líder de ellos se encuentra acompañado de dos musulmanes que no aparentan tener la intención de hacer que el invitado pase un buen rato. De hecho, nada más entrar, Maison ya se ha hecho una idea del rol que seguirá cada uno. El califa, un anciano que infunde más respeto que miedo, será quien evaluará la situación desde el silencio. A su derecha, un joven que, por su expresión, tratará de poner al invitado contra las cuerdas. Mientras, el individuo sentado a su izquierda será quien se encargue de seguir la tónica del más alto cargo y tratar de comprender la situación sin atacar a nadie.

—Me dicen que usted ha encontrado el Yahannam —explica el anciano.

—Disculpe, pero no estoy todo lo familiarizado que querría con ese término.

—Tú le llamarías infierno, infiel —explica el individuo sentado a la derecha que presenta una cara de enfado, incluso superada por las de Ángel Henric Torres en medio de una de sus típicas rabietas. La mano del califa hace un pequeño gesto de contención al más alterado de los musulmanes que le ha recibido.

—Disculpe a mi hermano Ahmed, según las costumbres de Riad, ningún no musulmán tiene permitido el paso a las mezquitas, incluyendo la que está usted pisando.

—Ruego que me disculpen, pero me hubiera presentado en el lugar que más cómodos se encontraran.

—Estamos al corriente tanto de la tecnología de migración como de la criogenización humana. ¿Cuál es la propuesta de CrioTech? —interrumpe el más calmado de los acompañantes del califa, con un acento propio de una persona de habla originaria de Oriente Medio.

—Muy sencillo, apoyar a todas las religiones en la lucha contra la profanación de la obra de Dios a la que cada doctrina haga culto.

—¿Y qué le hace pensar que no opinamos lo mismo de CrioTech? —interrumpe el califa.

—CrioTech no está preparada para salir al mercado. Sin embargo, ETech empieza a ser muy popular en algunos países. El problema que todos tenemos ahora es el de la migración humana.

—Problemas en países donde el islam no llega ni al cinco por ciento de la población —apunta ahora el musulmán que más ofensa encontraba con la presencia de Hang en su mezquita.

—Aun así, deberían pronunciarse. El cinco por ciento de la población podría migrar a sus hijos y convertirse en infieles, si después de todo determinan que el Corán no aprueba esa práctica.

—Verá, señor Maison. El islam no tiene una jerarquía como la Iglesia católica. No hay un líder que dictamine. La interpretación del Corán no es necesariamente personal, pero puede tener ciertas discrepancias entre nuestros líderes religiosos —responde de nuevo el joven que intenta poner cordura a la conversación.

—Creí que estaba ante uno de sus líderes y que sus palabras bastarían para que la mayor parte de la congregación musulmana siguiera los consejos con los que sus incondicionales accederán al paraíso islámico. ¿Cree que las palabras son las únicas armas que tenemos? —insisten desde la derecha de Maison—. Disponemos de recursos más que suficientes para convencer y convertir infieles.

—¡Ahmed! *Iinaha akhar maratan 'alahizk fiha* (Es la última vez que te aviso) —advierte el líder religioso, trasformando una amable expresión en algo que el musulmán debía temer mucho.

—¿Qué han dicho sus amigos cristianos? —pregunta por fin el anciano.

Extrañado y confuso, Hang comprende que las insinuaciones con las que fue advertido de que estaban al corriente de todo tenían más parte de verdad de lo que desde el inicio de la reunión imaginaba.

—Han dicho que obstaculizarán la expansión de ETech en todos los países donde aún no se hayan aprobado los ensayos con humanos.

Después de un silencio y ciertas miradas entre sí por parte de los anfitriones, el líder de ellos se dirige a Maison:

—El Corán no se opondrá a la decisión tomada por los cristianos, pero libraremos esta batalla a nuestra forma. Déjenos pensar en ello y tomaremos una decisión que apreciará según nuestros actos. A nuestra religión no le preocupa nada que no sean nuestros fieles. ¿Lo comprende?

CUENTAS PENDIENTES

Residencia de Ester y Pablo, Cullera,
61 años después, 27 de octubre de 2095

Pablo está sentado en el sofá mirando el hueco que rellena la televisión, algo que solo cobra sentido cuando está encendida. Absorto, no ha podido hacer más que quedarse en el paso previo de encender el equipo con el que pretendía dejar de dar vueltas a la misma idea: la falta de atención a su familia antes del coma de Alba.

—¿Dónde estabas? —pregunta a Ester, quien casi se encuentra en la mitad del salón, cuando ni siquiera la puerta de la entrada había llegado a cerrarse de nuevo.

—Creo que he encontrado algo y ya sé por dónde empezar —responde camino del dormitorio.

—Pero ¿qué ha pasado?, ¿dónde estabas? —insiste Pablo—. Acabo de hablar con Marian.

Ester intenta trasmitir lo poco que había podido procesar en los veinte minutos que separan los laboratorios de CrioTech de su casa de la playa. Mientras, se desviste y prepara el terreno para establecer una nueva conexión con la interfaz de la red pública.

—Nadie me ha dicho nada. ¿De qué habéis hablado? —pregunta exaltado su marido.

Una hora antes...

A juzgar por la apariencia física que presenta Marian sentada en el despacho de su oficina durante la visita de Ester, nadie que no supiera de tan preciadas tecnologías se atrevería a pensar que pudiera ser la misma persona. La ya no tan joven estrella del *marketing* no había envejecido nada desde la noche del Fix You y habían pasado más de sesenta años.

—¿Qué has hecho?, ¿qué hilo de mierda has intentado mover esta vez? —pregunta Ester, con más confianza de la que debería según los cargos que ambas representan.

—Ester, siento mucho que estéis pasando por todo esto. Sabes que me gustaría ayudarte, pero ni siquiera me has permitido verla ni una vez. ¡No hace falta recordarte que yo también soy madre!

—Sé que has sido tú —apunta Ester—. Vuestro producto está estancado ante una oferta que solo pueden cubrir los más ricos. Sabes tan bien como yo que la migración de Alba hubiera sido el golpe definitivo para enterrar vuestra criobasura. Además, Pablo...

—¡No metas a Pablo en esto! —interrumpe Marian sin gritar y con absoluta contundencia, aunque sin dejar de lado el respeto hacia una madre que acaba de perder a su hija—. No intentes convencerme de que él ha sido partícipe en la decisión de que yo no haya conocido nunca a tu hija —espeta Marian—. ¡Eso no te lo voy a permitir!

—¿En serio? —responde indignada la matriarca de la migración humana—. ¿Tan lejos llega tu resentimiento que eres capaz de separar a nuestra hija de nosotros para que sepamos lo que has pasado tú?

—De verdad, Ester, que no sé ni cómo te atreves a acusarme de eso. Entiendo que quieras descargar tu frustración e incluso puedo entender que la descargues en mí, pero no puedo ayudarte en algo que ni yo comprendo.

—Estaba claro —responde la insignia de ETech—. Siempre mantienes esa apariencia de respeto hacia nuestra familia, pero en realidad todos sabemos que no dudarías en destruir todo lo que representa ETech, aunque eso acabara con nosotros. ¿A qué juegas? Tu carita de niña buena no me va a engañar esta vez. Lleváis desde el principio tratando de frenarnos con las peores artimañas que se os ocurren, empezando por el coche bomba que pusisteis al salir de casa de mis padres —expone la matriarca con ánimo de sonsacar cualquier tipo de evidencia que la pudiera incriminar después de la más que probable revisualización de la explosión que tuvo lugar sesenta años atrás.

»¿Sabes?, el mundo entero se sigue preguntando por qué hace años te quitaste la vida y acabaste siendo la imagen putrefacta de una tecnología sin más recursos que el apoyo de grupos radicales y religiosos. ¡Estoy segura de que ni tú sabes lo que haces!

Tras años de silencio entre ellas, en solo diez minutos, Ester consigue recolocar de nuevo en el tablero de juego todos los sin sentidos que evidencian la gran distancia a la que quedaban sus posturas. Con ello y junto con el peso que Ester tiene aún en el consejo de ETech, queda patente las nulas oportunidades de cualquier fusión entre tecnologías, sirviendo esta visita, además, como el anuncio de la continuidad de una disputa que empezó casi al mismo tiempo que Pablo encontró al amor de su vida.

—Todo esto acaba aquí. ¡No harás más daño a mi familia!

Está claro que Marian no se encuentra a la altura en cuanto a la armadura emocional que abandera el desprecio de Ester, lo que todavía es más evidente al dirigirse a ella por última vez con la voz tan resquebrajada que apenas interrumpe su inminente marcha.

—Ester, el atentado después de tu migración... no fuimos nosotros —admite descolocada y como si por encima de todo quisiera que las cosas entre ellas no fueran así.

Residencia de Ester y Pablo, Cullera,
27 de octubre de 2095

—Ester, ¿qué te ha dicho? —repite Pablo intentando que su mujer capte lo molesto que han sido esos segundos durante los que ha recordado el intercambio de posturas con Marian.

—Nada, no me ha dicho nada importante. He hablado solo yo. Y ya hacía tiempo que no me sentía tan bien.

—Y entonces, ¿qué es eso tan importante que has descubierto? —pregunta Pablo.

—He visto a alguien. Al salir me he topado con alguien.

—¿Y qué?, ¿con quién?

—Un hombre oriental y moreno. Tenía una cicatriz en un lado de la cara. La he visto antes y estoy segura de que de alguna forma está relacionado con Marian. Lo he visto aquí dentro, estoy segura —explica sujetando el cable que, en pocos segundos, conectará al enlace de su cuello para descubrir la extraña conexión que le ha llevado a alguien con un parecido asombroso a Thian Matsuyama.

DÍA DEL COCHE BOMBA
(13 DE NOVIEMBRE DE 2034)

En ruta,
61 años antes, 13 de noviembre de 2034

Sentado en el helicóptero enfrente de Anna, Ángel no puede parar de analizar los recuerdos de cada momento que pasó con Leire, pero de una forma diferente a la que acostumbraba. Puede que la distancia también colaborara en ver a su compañera como quien ella pretendía. Ya no era más que un simple amigo que habría respetado su voluntad, apoyado en la deontológica postura que se espera de los más altos cargos de una empresa como ETech. Mientras miraba por la ventana, las últimas palabras de Enzo aún resonaban en su interior: «Si queremos saber hasta dónde está implicada CrioTech, tenemos que hacer desaparecer a Anna. Si lo está, vendrán a buscarla y adivina quién será el primero —afirma señalando la imagen congelada de Thian en la pantalla—. Dentro de dos días la llevarás aquí».

—Imagino que no va a ser posible conocer la ubicación —dice Anna Rafter, sacando a Ángel de su ensimismamiento.

Los pilotos sonríen ante una pregunta que choca de frente con las indicaciones de Ángel, dejando claro en su plan de vuelo que cualquier insinuación parecida obtendría el silencio como respuesta. Obviamente, en el lado de una mujer de apenas treinta años, que podría empezar a sentirse secuestrada por el CEO de la empresa que constituye su competencia más abyecta, todo se ve diferente y más si tiene en cuenta los dos armarios roperos exmilitares que se encargan de pilotar un helicóptero a una ubicación desconocida. Por otro lado, el paisaje empieza a ser poco alentador de acuerdo con una altitud que revela una climatología cuestionable y una estampa que apenas deja ver algo en el suelo que no sea blanco.

De pronto, la temática inherente al viaje que ha atropellado a Anna coge más fuerza si cabe en otro imprevisto que protagonizan esta vez los pilotos. El fallo que manifiesta la aeronave y su correspondiente sonido intermitente hacen saber a la tripulación que, a pesar de que la situación está controlada, se verán obligados a hacer un aterrizaje de emergencia.

El paraje sobre el que ya tocan el suelo pertenece a una localidad dependiente del municipio de Velilla del Río Carrión, Alba de los Cardaños. El pueblo, el cual parece haber sido evacuado ante la más que posible situación de emergencia que se preveía para la zona, está flanqueado por un embalse que impide la huida. Por lo que parece evidente que solo les queda una alternativa, establecer un campamento base en una de las casas del pueblo y esperar a que salvamento pueda acercarles de nuevo a la civilización.

—La radio y el transponder están fritos —indica uno de los pilotos—. No he podido mandar ninguna señal. Yo diría que vamos a tener que ponernos cómodos en alguna de estas casas.

—¿Alguien tiene cobertura? —pregunta el joven Torres.

Está claro que el plan de retener a Anna de una forma en la que no solo no hubiera posibilidad de presentar cargos, sino que no quedara muy clara la premeditación del suceso, fue elucubrada por una retorcida mente como la de Enzo, que rara vez dejaba cabos sueltos. Sin embargo, al otro lado las sospechas de Anna cada vez son más evidentes ante la negativa de Ángel a cualquier propuesta que se aleje de hacer un campamento improvisado.

La tormenta de la noche da la razón al grupo presidido por el gerente de ETech. La realidad era que, en contrapartida, Anna solo había podido expresar algunos incoherentes argumentos que tenían más que ver con la inseguridad que sentía, que con su propia lógica. Después de algunas conversaciones intrascendentes entre los pilotos y las numerosas miradas con las que ambos CEO se evalúan haciendo el mayor de los esfuerzos para evitar una conexión entre ellos, deciden ir a descansar a la expectativa de las condiciones climatológicas de la mañana.

Alba de los Cardaños, Palencia,
14 de noviembre de 2034

El sol irradia por las contraventanas. Apenas pueden abrirse de la cantidad de nieve que el temporal ha dejado. Anna abre los ojos después de haber conseguido dormir y superar una noche en la que, independientemente de los planes del grupo, ve alternativas y posibilidades que la noche anterior no contemplaba. El helicóptero está casi enterrado en la nieve y Ángel espera en la cocina a que la joven salga de su habitación.

—Buenos días, ¿dónde están los pilotos?

—Los he enviado a estudiar alternativas para irnos de aquí. ¿Has dormido bien?

Los susodichos entran de nuevo en la casa en lo que parece una comprobación del perímetro del pueblo.

—Jefe, estamos rodeados por un pantano, las carreteras ni se ven y el helicóptero me imagino que ya habréis visto cómo está. Creo que lo mejor es esperar aquí, mantener la chimenea encendida y en unos días, como mucho, nos encontrarán.

—¿Unos días? No tengo unos días —exclama Anna preocupada de nuevo ante una situación en la que incluso, en algún momento de flaqueza, interpretó que su vida podría estar en peligro.

—Gracias, chicos. Seguid valorando opciones, por favor, a mí tampoco me gusta estar aquí. Toma, te sentará bien —indica Ángel ofreciendo una bebida caliente.

Anna mira el café intentando interpretar cuál podría ser el próximo movimiento de quien considera el responsable de la situación actual. A toda velocidad, su preocupación ha vuelto a máximos de la noche anterior y en el punto de histeria contenida en el que se encuentra incluso llega a dudar de si beberse la taza de café o no.

—Puedes tomártelo, no voy a envenenarte —bromea sin ni siquiera contemplar que la chica pueda estar pensando tal atrocidad sobre él.

—Tienes que darme algo, Ángel, no sé ni dónde estoy, ni siquiera sé por qué estoy aquí.

—Si te doy algo, me veré obligado a cambiar la ubicación de los huéspedes y, como ves, ni siquiera los pilotos saben por qué vamos al lugar donde vamos.

—Ahora tampoco están aquí. Si quieres que confíe en ti como para convencer a mis jefes de dejar que absorbas CrioTech, tienes que darme algo más. Está claro que en este viaje, al menos, no voy a ver ningún huésped.

Ángel se sienta al lado de la asustada rehén mientras comienza a explicar con toda seguridad más de lo que debería. En parte, eclipsado por las sensaciones que el temor de la joven provoca ante la situación de poder que él mantiene y, en otra gran parte, por la atracción física que antes o después iba a estar obligado a reconocer. La conversación se desboca y olvida sus intereses por completo.

—Verás, cuando hacemos la migración de un ETech, el huésped pierde más o menos 26°C de temperatura, con ello ralentizamos todas sus funciones básicas. Ese mismo es uno de los motivos principales del porqué la vida de un huésped puede quintuplicar sus esperanzas de vida, siempre y cuando su ojiva vaya renovándose.

»Con este escenario y teniendo en cuenta que la parte humana debe permanecer en un lugar que no llame la atención, decidimos que los lugares con frío extremo podrían representar una oportunidad de almacenamiento para ETech, en cuanto a mínimo consumo y exposición.

—¿Y dónde estoy ahora?

—No entiendo para qué quieres saber eso, si tampoco podrías encontrar por la zona el ETech Stock. En cualquier caso, si es lo que necesitas para confiar en mí, te lo diré. ¿Pero vas a confiar en mí? —pregunta asegurándose de que aquello le proporcionaría la confianza que ambos ansían sin un objetivo claro—. Según me dicen los pilotos, estamos en un pueblo que se llama Alba de los Cardaños, en Palencia. Me imagino que entenderás que no puedo decirte dónde están los huéspedes con exactitud.

Anna, por fin, bebe su café mientras la conversación se alarga durante todo el día. Juntos comprueban sobre las huellas que los exmilitares habían dejado en la nieve cómo, en efecto, las posibilidades de escape eran prácticamente nulas. Los saltos con los que Anna debe esforzarse para caer en las gigantescas pisadas que los militares dejaron se convierten en el pretexto de infinitas carcajadas con Ángel.

Sin saber cómo, parece que todas esas risas que, por lo visto, los juegos de la nieve propician hasta en los enemigos acérrimos dan paso a una noche aderezada con los recuerdos de ese mismo día. Con cada minuto que pasa, la realidad de los compromisos de la vida de ambos se ve más distante y la confianza que adquieren entre ellos da lugar a conexiones de las que no solo sus ojos son testigos, sino el contacto de su piel.

Parque Tecnológico de Valencia, CrioTech,
14 de noviembre de 2034

El coche del obstinado inspector se encuentra en los aledaños de las oficinas de CrioTech. En su interior, Enzo ha colocado cámaras que mantienen vigilada tanto la entrada como salida de la calle, con el objetivo de poder grabar cada paso de Thian; tiene el presentimiento de que antes o después aparecerá por allí. En la calle posterior y dentro de una furgoneta en la que revisa las grabaciones, el detective hace vida completa y espera cualquier movimiento para concluir la persecución que dieciocho días antes dejaron a medias en el cementerio.

Una llamada de Leire desde Lakselv representa el mayor sobresalto que obtiene en todo el día, según el escaso movimiento detectado frente a las puertas de la compañía. Leire colaciona su frustración al no haber detectado ni un mínimo rastro de Marian, ni de nadie que haya podido verla. Entristecida, le comunica que vuelve a Valencia después de saber que a pesar de que el plan del inspector no ha tenido ningún efecto todavía, él sí mantiene su confianza intacta.

Alba de los Cardaños, Palencia,
15 de noviembre de 2034

La noche se alarga hasta prácticamente la madrugada. Ángel y Anna disfrutan de la soledad de la casa que asaltaron, al haber decidido enviar a los dos pilotos a otro lugar para hacerla sentir más segura.

—Creo que necesito dormir, pero no quiero —reconoce Rafter con una copa de vino y sentada junto a él, en la alfombra que la chimenea también calienta.

Su cabeza está inclinada mirando a quien podría ser en muy poco tiempo el único dueño de ETech y dando lugar a que el joven no pueda resistir recolocar uno de los mechones de pelo que tapa su cara.

—Perdona —añade Ángel junto al atrevimiento con el que ha conseguido tocar su cara.

Sin pensarlo, Anna se lanza sobre sus labios con la duda de si será el alcohol o el aislamiento de la situación lo que está uniendo a dos almas confrontadas en una rigurosa y exigente carrera tecnológica. Sin embargo, tras el beso, nadie negaría que el transcurrir del viaje ha servido para confirmar que en el ámbito personal son absolutamente compatibles, porque en el fondo se sienten igual de solos.

El calor de la chimenea deja paso a desnudos que eliminan tanta desconfianza y que ahora rellenan huecos cuyo calado aparta la objetividad que nunca les permitió sentirse completos. Para ellos, el tiempo se ha detenido en el instante preciso en el que por fin liberan la encarnada muestra de afecto que ambos venían alternando durante toda la excursión. Minutos después de haber consumado su relación física, van cayendo en un sueño profundo que apenas llegan a materializar, ya que el sonido de un helicóptero despierta con fuerza esa ansiada ambición de salir cuanto antes de Alba de los Cardaños.

CAPÍTULO 5
CONEXIONES INEXPLICABLES

PADMASANA

En algún lugar de la meseta tibetana,
15 de noviembre de 2034

La postura padmasana llena la grandeza de cada segundo que, en esta ocasión, un hombre oriental de avanzadísima edad mantiene durante su meditación. Las palmas hacia arriba de la figura definida por el octogenario ponen su espíritu a disposición de la energía que fluye a través de su cuerpo, del que la naturaleza entiende como una variable más vinculada a su propia perfección. El bosque situado alrededor del templo zen en el que se encuentra hace cobrar la máxima espiritualidad, concentración y respeto hacia los principios básicos del equilibrio de un alma que no necesita abrir sus ojos para percibir hasta el más insignificante movimiento.

Residencia de Ester y Pablo, Cullera,
61 años después, 2 de noviembre de 2095

En el año 2095, Ester se encuentra otra vez conectada a la interfaz revisando en la red los detalles de los documentos que días atrás pasaron inadvertidos ante sus ojos. De nuevo, y contiguo al reportaje que abordaba el persistente éxito de la primera migración de la historia, otra crónica llenaba las páginas con una inequívoca imagen de la cicatriz de Thian, que pudo definir con precisión un distinguido inspector llamado Enzo Monzó. La noticia hablaba de un individuo de unos treinta años que podría haber tenido relación con la muerte de Marian, aunque la causa permanecía archivada de acuerdo a las circunstancias en la que se encontró el cuerpo y el horrible pasado que perseguía a la chica. El diestro inspector entraba así en la vida de Ester sesenta años más tarde.

El prisma virtual que en su mente forman las librerías, y cuyo alcance se pierde en la bruma del cielo, constituyen el decorado perfecto sobre el que Ester concentra todas sus reflexiones. De pie, paseando por la sala, diferentes gestos con las manos simulan una interacción en la red pública con la que gobierna documentos, grabaciones, noticiarios, etc. En la vida real y sentado en la cama junto a ella, Pablo puede discernir en el movimiento de sus ojos como el parpadeo de la ESing corresponde a minutos de análisis que su mujer procesa sin freno alguno. De pronto, la autoimagen proyectada por la mente de Ester expresa un considerable volumen de confusión, al haber encontrado justo aquello que prometió a Pablo que buscaría, instantes previos a la conexión y que provocó el último encuentro con Marian.

«La similitud entre la cicatriz que firmó hace sesenta años el inspector Enzo Monzó es idéntica a la que vi en ese oriental que protegía la puerta de Marian. ¿Cómo puede ser que este hombre no haya envejecido nada desde el 2034?», piensa Ester. Era un hecho que, si ella misma fue la primera ETech del planeta y la tecnología de criogenización humana no estaba lista para dotar de eterna juventud a nadie, esa situación solo podía traer más preguntas que respuestas. «¿Es posible que el hombre al que persiguió ese detective sea el responsable del secuestro de la consciencia de mi hija?», se repite una y otra vez para sus adentros la matriarca.

INELUDIBLE

Poco más que la huella de la presencia de alguien que estuvo junto a Ester queda en el lado opuesto de la cama donde la joven continúa repasando su mundo virtual. En cuanto a Pablo, ya en su vehículo, ha decidido calmar sus nervios centrándose en las gotas de agua que apenas pueden seguir el efecto de la gravedad en el circuito que propone la inclinación del parabrisas. Al llegar a su destino, no es difícil oír el mar a pocos metros de donde ha aparcado su coche, entre ese sonido tan característico de las intermitentes gotas que caen en la capucha del cortavientos que le cubre.

De inmediato, al abrirse la puerta de uno de los apartamentos, la mentira que esconde coge forma con el beso que Alice Dowens busca en sus labios, casi sin haber acabado de entrar. Por lo que parecía, la directora de estrategia y negocio de ETech se había tomado ciertas libertades cuando menos cuestionables.

—¿Qué coño ha pasado? —pregunta Pablo alterado tras el forzado beso.

—¿Por qué lo preguntas? Cariño, no te preocupes, todo va bien —responde Alice para intentar detener la sensación de desconfianza.

Las manos de ambos se separan con el zarandeo que evidencia el total malestar del último en traspasar la puerta tras la que esconden su infidelidad.

—Ya no sé qué hacer para que no note nada, porque nunca sé cuál va a ser tu siguiente movimiento. No puedo estar así, Alice, y sobre todo, si te dedicas a medirte con ella en cada junta.

—¡Pablo, amor!, es algo superior a mí, pero tienes que seguir confiando. Ya te he demostrado que nada de lo que tú y yo hagamos verá jamás la luz.

Los gestos de Pablo evidencian la resistencia que opone al magnetismo que le tiene atrapado desde hace tiempo, a través de una mente afín a sus principios y una condición física que no deja atrás a la suya.

—No puedo seguir con esto, Alice, he venido para decírtelo en persona. Cada vez que la miro, no puedo evitar pensar que se ha enterado de todo y sabes muy bien cuánto podemos perder, tanto tú como yo. Además, yo las quiero y lo que hemos hecho... ¡Esto ha durado demasiado!

—Yo quiero estar contigo —afirma la ambiciosa joven—. No te vayas, amor, llevo esperando toda la semana este momento.

—¡No! —grita Pablo—. ¡Dijimos que lo hablaríamos! Y que la última palabra la tenía yo. Lo siento, pero he tomado la decisión de que esto debe acabarse y te pido que hagas lo que tengas que hacer porque quiero volver a estar con ellas.

—No voy a hacer nada que te perjudique, pero no te vayas así, vamos a hablarlo —responde Alice, mientras tapa con una manta la increíble presentación con la que la joven ojiva pelirroja había pretendido disuadir a su amante.

—Hazme todo el daño que quieras a mí, pero no hagas nada que perjudique más a mi familia —contesta más asustado que convencido.

—Te llamaré —añade ahora Alice, extrañamente recompuesta del desenlace de una tarde que esperaba que acabara diferente.

Un último vistazo al estado en el que quedaba aquel apartamento y el recompuesto ego de la directora de estrategia, consiguen reafirmar, todavía más si cabe, la resiliencia de una joven capaz de adaptar varias veces su enfoque en una conversación donde al final no pudo salirse con la suya. Satisfecho, cruza la puerta con sus convicciones intactas, aunque alertado por la siempre inesperada reacción de la mujer con la que había compartido algo más que la cama.

EN TU MENTE

Residencia de Ester y Pablo, Cullera,
2 de noviembre de 2095

Se aconsejaba que la generación ETech desconectase su ojiva de la red virtual tras varias horas de conexión, con el objetivo de ofrecer la posibilidad al cerebro del huésped de asimilar con orden lógico toda la información y evitar situaciones que desencadenasen en adicciones.

El agotamiento de Ester, originado por la gran cantidad de estrés acumulado y la enorme inyección de información proporcionada por los diarios de Enzo, con los que comienza a ponerse al día, le resta más capacidad de la que está dispuesta a admitir. Todos los sucesos relativos al año 2034 le hacen, por fin, percibirse a sí misma como un actor más del entramado con el que está convencida de que podrá acercarse de nuevo a su hija.

En la cocina de la lujosa casa de la montaña de Cullera, el oleaje de una playa que parecía adentrarse hasta los cimientos es la única distracción que acompaña al vaso de agua con el que también intenta abstraerse. Ahora, los ojos de Ester contactan con Pablo casi sin mover ni un músculo de la cara, antes incluso de que él se dé cuenta.

—¿Dónde estabas?

—He ido a dar una vuelta, no aguantaba más en casa —dice su marido—. ¿Y tú?, ¿has descubierto algo?

Tan inmóvil como antes y sin ni siquiera seguir la estela que deja Pablo acercándose hasta ella, responde:

—Nada... Todo parece demasiado complicado. Todo lo que hay alrededor de CrioTech es una enorme mentira y Marian está metida en esto desde el principio.

—Ester, debes tener cuidado con las conexiones. Te quedarás atrapada para siempre —dice mientras se acerca despacio para darle un beso a la vez que intenta analizar el significado de la expresión inalterable de su mujer—. En cuanto a Marian, sé todo lo que la odias, pero intenta respetarla, puede que esta vez no tenga nada que ver con ella.

—La única forma de asegurar que volveré a estar con Alba —arguye la joven— es apuntar mucho más alto de mis objetivos. ¡Voy a volver a conectarme!

El giro con el que Ester termina la conversación no hace más que acrecentar la preocupación del joven, que, intranquilo, olvida que las continuas conexiones a las que se ha sometido su mujer dejan al cerebro más preocupado del procesamiento de toda la información que de las reacciones puramente humanas.

Una infinidad de motivos, entre los que están su relación con Alice, no haber prestado suficiente atención a su familia y el no saber qué hacer para ayudar sugestionan lo suficiente a su marido, tanto como para que la respuesta ante la inevitable nueva conexión no sea ninguna.

Estado de conexión: conectando...
Interfaz red de usuario código: **EP061036 Ester del Páramo**
Fecha: 16-10-2095. 21:05
Acceso a red pública/Archivos/Diario de Enzo/16112034

En cuanto a la entrevista con uno de los pilotos que me dispongo a transcribir, veo importante destacar que tuvo los suficientes detalles como para no dar lugar a pensar que pudiera estar mintiendo. El comandante de la aeronave, cuyo nombre no revelaré de acuerdo a su voluntad, me hizo entender que, de manera inexplicable, un hombre apareció de la nada para efectuar el rescate de la tripulación después de casi dos días aislados.

—¿No les pareció extraño? —pregunta el detective.

—Pensamos que Anna consiguió pasar un teléfono móvil por el filtro de seguridad y que iría mandando ubicaciones a algún contacto que, por lo que vimos, se preocupaba mucho por ella. No podría haber sido de otra forma, como entenderá, es imposible que nos siguieran —explica el piloto.

—¿Notaron algo extraño?

—Absolutamente todo.

En ruta desde Alba de los Cardaños,
15 de noviembre de 2034

La mañana continúa siendo fría a pesar de un sol radiante incapaz de descongelar todo el hielo que llena las calles del pueblo que sirvió de calabozo a Anna Rafter.

En el helicóptero, el ambiente se ha enturbiado en comparación con las horas previas donde, envueltos por el calor de la chimenea, habían conseguido olvidar todo lo que les ataba en el mundo del que procedían. Un rescate efectuado por Thian, que, a pesar de la CEO de CrioTech, Ángel consigue identificar a partir de la cicatriz de la que tanto había oído hablar, empaña el reciente y nuevo horizonte definido con Anna tras las nuevas circunstancias.

A 3500 pies de altitud, una pequeña deriva de la aeronave consigue que el improvisado copiloto, que forma parte de la inicial tripulación del equipo de Ángel, tome los mandos sin dudarlo. Alertado, informa al resto de los pasajeros en cabina de la inesperada y sorprendente pérdida de conciencia de lo que para la mayoría de ellos fue su espontáneo salvador.

—¿Qué pasa ahora? —se escucha por parte de Rafter antes incluso de que Ángel hubiera reparado en la situación.

—No lo sé, se ha desmayado. He cogido yo los mandos, por aquí todo está controlado —responde el piloto.

—¿Qué le pasa? No entiendo nada. ¿Está bien? —pregunta Ángel.

—Sus constantes son buenas —anuncia Rafter, consciente de que hay mucho más que explicar.

—¿Pero de qué conoces a este tío?, ¿quién es? —insiste Ángel de nuevo.

—Su nombre es Thian Matsuyama, pero no es el momento ni el lugar —explica Anna con una sonrisa que le recuerda hasta dónde llegaron a entrelazarse horas antes, tratando de despertar otra vez esa confianza que ve perderse con cada segundo que pasa.

Quince minutos después, sobre las nueve de la mañana, el accidentado viaje llega a su fin con la última sorpresa que reservaba el equipo CrioTech. En contra de todos los criterios, preguntas y recomendaciones, la aeronave se aleja de la azotea del edifico de ETech, otra vez bajo los mandos de Thian y la preocupada mirada de Ángel.

¿QUÉ CREÍAS QUE PASARÍA?

La Eliana, Valencia,
14 de noviembre de 2034

La fachada y el lugar donde el vehículo de Rose se convirtió en una bola en llamas presenta el aspecto propio de un lugar que, aunque con gran esfuerzo habían intentado restaurar, todavía está lleno de cicatrices provocadas por la violenta explosión. En el interior de la casa, los padres de la pequeña primera ojiva se muestran intranquilos. Numerosos quehaceres que en realidad no lo son cumplen el objetivo de mantener sus mentes ocupadas durante la conversación insustancial con la que simulan naturalidad ante Glyn, quien también insiste en quitar hierro al asunto.

—No debéis preocuparos por Ester.

—¿Qué diremos del coche?, ¿y sus cosas del colegio? ¡Por Dios! Ayer explotó nuestro coche en la entrada y está todo destrozado, Glyn.

La inquietud que en esta ocasión manifiesta el padre de la criatura responde más al tipo de persona que mantiene la esperanza depositada en noticias alentadoras del estado de su hija que en la de alguien que vio rebotar su cuerpo contra la pared de su casa. De pronto, los pies de la pequeña ojiva, ataviados con la ropa del colegio, asoman por el hueco que deja ver la contrahuella de la escalera que comunica los forjados de su vivienda. Con el descaro propio de una niña, se planta delante de ellos con una sonrisa como si de un *déjà vu* se tratara todo lo relacionado con aquella explosión.

—Hola, Glyn. Papá, ¿vamos?

—Sí, cariño, dale un beso al tío y nos vamos. —El abrazo del anciano a Ester devuelve parte de la calidez que necesitaban, aunque solo sea de forma transitoria.

Tras ello, Rose se mantiene a la expectativa junto con el creador de ETech, viendo como el volumen de la batería de preguntas que la pequeña tiene para su padre se aleja al distanciarse ambos de casa.

—¿Dónde está el coche de mamá, papá? ¿Y qué es todo esto?, ¿es fuego?

—Es difícil para nosotros, Glyn —explica Rose—. Me angustia que no tenga nada de lo que preocuparme en una situación así. Se supone que debería estar hundida por la pérdida de mi hija o eufórica porque es como si hubiera vuelto a nacer, pero lo único que soy capaz de sentir es miedo y ni siquiera puedo decir la razón que me lleva a sentirlo.

—Para bien y para mal, sois los ensayos de este nuevo mundo al que le va a costar más de lo que crees habituarse a sus nuevas reglas —responde Glyn—. Todo lo que sientes forma parte de un proceso de aprendizaje del cual nadie en la historia de la humanidad podría darte ningún consejo. Pero es imprescindible que Ester no sienta miedo, que siga siendo una niña hasta que sus obligaciones le impidan seguir siéndolo, de lo contrario, todo esto puede volverse en contra de quien es ahora.

»Cuando sea el momento, lo entenderá con absoluta normalidad, porque ya habrá aceptado quién es, cuáles son sus limitaciones e incluso hasta dónde alcanza su potencial. ¡No hay nada que quiera más esa criatura que a ti!

Ciertas magulladuras y cortes con las que la explosión firmó también la cara de Rose se disimulan con una capa extra de maquillaje. Al exterior, dos armarios trajeados cortesía de la compañía ETech protegen los intereses por los que tanto abogaba Glyn desde el primer momento que entró por la puerta, incluso antes de que Ester despertara.

Costa Oeste, San Francisco,
15 de noviembre de 2034

Las primeras horas de la mañana de Valencia corresponden con la media noche de la Costa Oeste, donde una conversación, a través de voces distorsionadas que evitarían la comprensión a un tercero, tiene lugar entre continentes. Hang Maison y el vicepresidente segundo del Gobierno del país que se encuentra a la cabeza del desarrollo de la tecnología de migración intercambian a altas horas de la madrugada de la Costa Oeste de EE. UU. la opinión de los últimos sucesos más relevantes.

—¡Tienes que venir a Madrid ya! Has conseguido los máximos apoyos disponibles, de acuerdo. Todos y cada uno de los que contemplaban tus compromisos, no te lo niego —reconoce el alto cargo del Gobierno ante Maison—. Pero mis socios necesitan saber quién está detrás de todo esto. Tú perteneces a una división tecnológica en la que deberías conocer cada posible paso que tu competidor piensa dar, ¿no? Necesitamos asesoramiento tecnológico o, al menos, alguien que pueda guiar a nuestros asesores.

»Cuando nos reunimos, aseveraste que el contacto con DeVoss serviría para paliar los efectos de ETech en este país también y, de la noche a la mañana, Rose Mora no solo se saca de la manga que se presentará a las elecciones, sino que afirma que regalará nada más y nada menos que un juguetito de esos por cada ciudadano. Te recuerdo que las elecciones están muy cerca y no solo no estuvimos preparados para luchar contra su candidatura, es que ni siquiera tuvimos la posibilidad de plantear una mísera réplica.

»Déjame decirte una cosa, has atado otros países donde ralentizareis la implantación de ETech hasta que tu firma saque al mercado la "crio", pero si caemos nosotros y vemos que los esfuerzos de tu gestión aquí no han estado a la altura del compromiso que adquiriste conmigo, caerás tú también.

»Ten por seguro que me dedicaré a dinamitar cualquier posibilidad de comercialización de tu marca. Así que deja de decirme que es demasiado tarde para cambiar nada aquí, coge un avión y ayúdanos a luchar contra esto como sea.

El estrés de las últimas fases de la campaña electoral pasan así factura a un vicepresidente que, aun habiendo descrito a la perfección la delicada situación provocada por ETech, no conseguía crear en Hang el efecto intimidatorio deseado. En consecuencia, la intensidad en la comunicación toma fuerza con cada palabra y gira alrededor de la única posibilidad a su alcance, que su socio del otro lado del Atlántico se desplace junto a ellos para al menos tener la sensación de estar haciendo lo posible en la batalla política planteada por ETech.

—Bueno, no creo que sea para tanto —replica Hang.

—Amigo, mi situación se ha visto algo comprometida. He estado cerrando acuerdos para poder tener fondos y recursos ilimitados, incluso con gente de cuestionable moralidad.

—¿Has oído lo que pasó ayer? —pregunta el vicepresidente escéptico ante la seguridad del afroamericano—. ¿Quieres hacerme entender que esa explosión forma parte de los recursos con los que haremos frente a la campaña de Rose?

—Cálmate, amigo —interrumpe Maison tratando de frenar a su colega—. Nadie se ha identificado por el momento como autor del atentado. Lo más lógico es suponer que no somos los únicos que no estamos de acuerdo con la tecnología.

—Escúchame bien, Maison. No sé cuál era el objetivo real, pero no tengo ninguna duda de que el desenlace no va a ayudar en absoluto a nuestro objetivo. Todos los días pasa algo nuevo con lo que nos vemos más indefensos ¿Cuáles crees que van a ser las consecuencias de ese atentado? ¡Estamos perdiendo votos con esto!

Las nulas consecuencias del atentado se simultanean con la conversación que Hang tiene desde los Estados Unidos de América. Unos rasguños y el equilibrio emocional de la prometedora candidata se presentaban como la mayor de las repercusiones.

—El mensaje es claro. Con cada paso que den se encontrarán poderosas alianzas dispuestas a todo —explica Maison.

—¿En serio? —responde el político—. Dime, ¿qué han perdido? Hasta donde sabemos, no hace ni una hora que todos los medios se hacen eco de la exitosa migración del *back up* de la niña... ¡y esta mañana se ha despertado sin recordar nada e ilesa! —grita el político al evidenciar la desconexión de la realidad que parece mostrar su contacto.

Sin embargo, los planteamientos en el lado de Hang continúan sonando de una forma muy distinta, ya que parece importarle poco el punto donde ha llegado la conversación. Fatigado por el cambio horario, por la exigencia de la conversación o por cualquier otro motivo, comienza a forzar sus argumentos para invitar, con diplomacia, a la pronta finalización del encuentro telefónico.

—Amigo mío, tienes razón. Antes de que te dé tiempo a volver a llamarme me verás a tu lado. Creo que aún me queda alguna idea.

—Ya puede ser buena.

Los segundos pasan a medida que la hipótesis de que el afroamericano hubiera entendido la necesidad de su colaboración pierde fuerza, al mismo tiempo que adquiere la posibilidad de un fallo de conexión a ojos del vicepresidente. Sin embargo, la realidad era muy distinta, minutos antes Hang había caído rendido hasta dormirse en mitad de una conversación de la que venía avisando su completo desinterés.

En algún lugar de la meseta tibetana,
15 de noviembre de 2034

Al otro lado del mundo, el viento de la meseta del Tíbet anuncia una tormenta que ya empieza a depositar copos de nieve sobre la inmóvil práctica del octogenario. De pronto, y tras muchas horas en las que el nirvana ha estado al alcance de su excelso ejercicio, un rápido movimiento coloca las palmas de las manos delante de la proyección de su pecho y a través de sus brazos semiflexionados.

ENTRE LOS DEDOS

Residencia de Ester y Pablo, Cullera,
3 de noviembre de 2095

Incapaz de seguir las recomendaciones de uso de conexión a la red, Ester se encuentra conectada sobre su cama con claros signos de estar pasándole factura demasiadas horas dedicadas al análisis de información. Las gotas de sudor en su piel empiezan a ser visibles, a la vez que el frenético movimiento de sus ojos aparenta un estado en fase REM del que su salida se antoja complicada.

En contrapartida, la sensación que los huéspedes adquieren del consumo de información a tal velocidad es algo más fuerte que una droga para el cerebro que no solo incita a reincidir en excesos, sino que adultera su objetividad.

Su nueva realidad le obligará entonces a elegir la opción menos dolorosa, siendo el noventa y nueve por ciento de los resultados de esta elección el lado en el que menos dolor se experimenta. Una vida irreal a partir de una interfaz creada al gusto del usuario, aunque, en este caso, tratándose de la matriarca de la migración humana, todo es posible.

Estado de conexión: conectando...
Interfaz red de usuario código: **EP061036 Ester del Páramo**
Fecha: 3-11-2095. 2:05
Acceso a red pública/Archivos/Diario de Enzo/16112034

Parque Tecnológico de Valencia,
15 de noviembre de 2034

Los últimos instantes de la estratagema que Enzo quiso generar para probar la conexión entre Anna y Thian ven emerger la frustración del propio inspector a través del golpe que propina a una lata de comida vacía dentro de su furgoneta. En paralelo y ante su desconocimiento, su teoría coge forma con el término del cuestionable rescate en helicóptero que su sospechoso principal ha llevado a cabo con más dudas que resultados, pero, al fin y al cabo, con Anna fuera de peligro.

De pie en el interior del vehículo, apoya los brazos en ambas paredes mientras, cabizbajo, observa las imágenes en tiempo real que las cámaras instaladas en su coche reproducen. Ciertos restos de la poca comida que contenía la lata han manchado la pantalla sobre la que descansa su vista repasando la idoneidad del plan. De forma instintiva, se agacha para limpiar la mancha en el mismo momento que detecta un pequeño movimiento registrado por la cámara y que coincide con la parte alta de la valla perimetral del edificio tecnológico de CrioTech. Extrañado, se apresura en limpiar el borrón con la manga de su chaqueta. Para su asombro, un muchacho trata de escapar por el más inusual de los caminos, saltando la valla. Las puertas de la furgoneta se abren de repente y comienza la carrera del inspector que tratará de capturar al insólito joven.

En la esquina de la calle, Enzo espera con paciencia al haber podido evidenciar un ingrediente inesperado en el rompecabezas. A pesar de que le hace sonreír tras el primer vistazo, sabe que va a necesitar su declaración para poder entender algo. El muchacho que ha salido de CrioTech por donde no debía era Akash y a su lado camina el gato bosques de Noruega como si nunca hubieran dejado la ciudad. No mucho más de unos cuantos metros separan al chico de la esquina en la que le aguarda el inspector, mientras el audaz animal se ha quedado metros atrás, y subido por las paredes comprueba el perímetro de todo lo que les rodea. Por fin, una mano de Enzo consigue coger el hombro de Akash y lo inmoviliza para llevarlo hacia la furgoneta, donde dejó olvidadas las esposas con las prisas.

—No me puedo creer que insistas en venir conmigo a comisaría a explicarme por qué muere todo el mundo con quien te cruzas, muchacho —ironiza Enzo mientras inmoviliza al chico.

El joven opone la misma resistencia a la detención que el número de palabras que emite, ninguna. Enzo advierte también cómo el bosques de Noruega presencia todo sentado encima del capó de un coche mientras relame su boca indolente ante la situación de su compañero humano.

Distraído por la llegada a su furgoneta, la cual dejó con las puertas abiertas de par en par y con el dispositivo de vigilancia al alcance de todos, el inspector vacila en la sujeción del chico tan solo durante unas cuantas décimas de segundo. Como resultado, Akash da un giro mediante el que consigue zafarse del inspector, desprendiéndose de su camiseta. Ambos están ahora unidos por los dos extremos de la desgastada prenda y una mano que consigue atrapar al vuelo el inspector. Los increíbles movimientos que Akash desarrolla en los siguientes segundos acaban con el detective, en el suelo aturdido y descolocado, pese a triplicarlo en tamaño.

El chico ha mostrado una sensacional capacidad de gestión de tiempo y posibilidades. En menos de un segundo ha sujetado la camiseta que unía a los dos por ambos extremos y, contrapesando la dimensión del inspector, ha escalado por el cuerpo de su rival hasta asestarle una potente patada en el lóbulo temporal.

En el diario de Enzo, Ester interpreta a toda velocidad la descripción del suceso relatada por el mismo detective.

—Solo me he visto con fuerzas para levantarme del suelo transcurridos los primeros cinco minutos. El lugar donde me ha golpeado es justo en el que debía hacerlo para dejarme KO el tiempo necesario y así, al volver a estar en condiciones de un segundo asalto, no hubiera ni rastro de él.

»Sin embargo, en mi forcejeo con el muchacho he descubierto algo que todavía no soy capaz de entender, su pelo ocultaba una cicatriz de idéntica morfología al individuo que esperaba encontrarme aquí hoy y que hace días perseguí en el cementerio.

»Después de comprobar las imágenes que adjunto al diario, puede distinguirse como media hora antes el chico había tratado de entrar de forma normal en los laboratorios de CrioTech a través del filtro de seguridad. Lugar en el cual me han transmitido que, tras preguntar por Anna, se identificó con el nombre de Akash Saha.

Residencia de Ester y Pablo, Cullera,
3 de noviembre de 2095

Un brusco movimiento trata de sacar a Ester de la conexión a la interfaz.

—¡Ester! ¡Ester! —grita Pablo.

El estado inducido en la ojiva de la joven, tres veces más potente que la fase REM de cualquier humano, se resiste a dejar escapar de sus redes el cuerpo empapado en sudor de Ester. Por fin, consigue abrir los ojos después de que su marido pueda percibir que el más probable desenlace de la situación será su completa soledad, y todo por la adicción que su mujer puede estar desarrollando hacia el mundo virtual. Consciente del estado y la realidad en la que se encuentra ahora, Ester apenas reacciona mientras trata de conectar lo más rápido posible la relación que presentan dos cicatrices que, aun separadas sesenta y un años, comparten morfología y ubicación. Segundos antes de caer en el verdadero sueño que Pablo induce con fármacos, puede distinguirse una última frase que da forma a una primera hipótesis: «Se llama Akash. No es Thian quien protege a Marian, es Akash».

ESPERA, TODAVÍA HAY MÁS

Lago Michigan,
17 de noviembre de 2034

Más de ciento cincuenta patentes respaldan la exitosa carrera de Roger Lacer, que a sus treinta y cinco años también cuenta en su haber con numerosos títulos entre los que destacan: doctor en Medicina por la Universidad de Cincinnati, ingeniero en Aeronáutica y Astronáutica por el MIT y experto en Biología. Para casi todo el mundo es un hombre difícil de ver y no precisamente porque se esconda, sino por sus rasgos poco agraciados. De nariz estrecha y con la punta hacia abajo, combina de forma desastrosa con esas líneas de expresión que delimitan su delgada cara en la zona de la boca. Es rubio, alto y delgado, como si las calorías huyeran de él todavía más que las mujeres, pero nada de todo eso le ha importado jamás. De hecho, consciente de sus peculiaridades, siempre ha sido capaz de sacar partido con todo tipo de parejas a la que ha deslumbrado con su increíble inteligencia. Además, cualquiera que lo conozca sabe que no hay duda de que es el tipo de persona que te hace reír con sus comentarios sin él pretenderlo.

Sentado en un banco del parque que encara el reflejo del atardecer en el agua del lago Michigan, advierte como Hang ha acabado sentado junto a él y no precisamente por intereses relativos a la última invención de este genio, que pronto presentará en una de las ferias de innovación más importantes del mundo. Madrid Ifema, convertida en la capital mundial de la innovación, ya alardea acerca de la rivalidad que la nueva propuesta de Roger conseguirá instaurar frente al poderoso hito tecnológico planteado por ETech Technologies.

—¿Cómo me ha encontrado? —pregunta el profesor Lacer ante la evidencia de la inesperada compañía de Maison—. ¿Cómo sabía que...?

—La última vez que uno de ustedes contactó conmigo fue a través de un niño de diez años. Creo recordar que se llamaba Akash. No he vuelto a ser el mismo desde entonces —interrumpe haciendo gala de su alto potencial, sin apenas ceder un segundo antes de continuar—. Dígame, ¿cómo me ha encontrado?

—No es difícil si se sabe que años atrás habló con usted ese muchacho que dice tanto con tan poco, ¿verdad?

Abriendo tramo a tramo la raíz del pelo en el mismo lado donde Thian muestra su cicatriz, Maison descubre ante el impávido doctor como aquella marca que Thian había hecho tan famosa no solo coincide con la de Akash, sino que ahora incluso el afroamericano hace gala de ella.

—¿Es que todos ustedes acercan la cara donde no deben? —pregunta Lacer con esa forma de expresarse tan particular.

—Aún me debe usted una repuesta, profesor.

—Me imagino que se refiere a la pregunta que me hizo Akash.

—¿Y bien?

Sin querer dar pista alguna de cuál fue la inicial pregunta de Akash, el profesor continúa.

—Era sencillo. En teoría, la respuesta nos situaría en las proximidades del agujero negro más masivo del universo.

—¿Todavía le persigue esa sensación de no poder llegar a donde usted quiere? —pregunta ahora Maison, como si ni siquiera le hubiera importado la respuesta de su nuevo colega, o bien dando señales de haber sido tan correcta que no procedía ningún otro comentario—. Haga lo que haga, todo sigue sin satisfacerle. ¿Me equivoco?

—¿Cómo puede saber eso?

—Es un efecto secundario de haber conocido a mi chaval. Le prometo que cuando termine esta conversación, nada de todo esto importará.

Finalmente, la conversación se extiende a lo largo de todo el ocaso. Después de horas hablando, ambos acaban ejecutando los movimientos previos a la postura Seiza y despidiendo a un sol capaz de calentar a su manera, con el permiso de las nubes cargadas de nieve.

Tras sonreír por primera vez desde hace tanto que ni siquiera sus ojos acompañan la expresión, descubre que, ante la repentina ausencia de Hang, su mente analítica podía avalar lo ocurrido como una realidad de acuerdo a dos evidencias. La nieve dejó sin cubrir el hueco del parque donde Hang completó su práctica y la sensación que, en gran medida, dio paz al científico se alargó durante los siguientes días.

¿QUIÉN ES?

Estado de conexión: conectando...
Interfaz red de usuario código: **EP061036 Ester del Páramo**
Fecha: 3-11-2095. 15:27
Acceso a red pública/Archivos/Diario de Enzo/18112034

Chalé de Ángel, Valencia,
17 de noviembre de 2034

Las sábanas de la cama de Ángel se entrelazan en una de las piernas de Anna, víctima de los mismos contoneos que también podría describir la chimenea de Alba de los Cardaños. De pronto, el timbre del chalé rompe el clímax generado por los jóvenes CEO de las dos compañías tecnológicas más poderosas del planeta.

—¡No! ¡No vayas! —pide la joven.

—Joder, han saltado la valla. Ahora vuelvo —responde Ángel con más muestras de inseguridad que de aplomo.

El timbre de la puerta interior vuelve a sonar en el transcurso de tiempo en el que Leire, exaltada, golpea la puerta junto a un enérgico tono de voz con el que le advierte:

—¡Sé que estás dentro! Tu coche está aquí fuera, ¿de qué vas?

—¿De qué vas tú? Tía, estoy durmiendo. ¿Te has colado?

—¿Durmiendo a estas horas? ¿No oías el timbre? Venga, abre, tenemos que hablar.

La puerta se cierra casi al mismo tiempo que la joven acaba la frase con un «y abre también a Enzo que está fuera».

—¡Cómo no! —responde Ángel más para sí que para los demás, dando por sentado que era inevitable hacerle pasar si no quería levantar sospechas en cuanto a quién tenía en su dormitorio.

La carrera de vuelta hasta Anna para avisar de la ineludible situación que espera en la entrada la aprovecha como señuelo para abrir a Enzo que, por supuesto, habría evitado recurrir al allanamiento si de él hubiera dependido.

—¿Qué hacéis aquí?

—¿En serio? No me has cogido el teléfono, no me has contado nada de cómo volvisteis a ETech y casi no me abres la puerta. ¿A ti no te parece extraño? —pregunta todavía exaltada su compañera de trabajo.

—Te he dicho que estaba en la cama.

—Da igual, Ángel. ¿Puedes contarnos ya lo que pasó?

—Todo fue según lo planeado, encerrados, sin conexión con el exterior y sin poder ver nada más que nieve y sol. No he dicho nada antes porque he querido averiguar algunas cosas primero

—dice distanciado de su habitual actitud con ella, después de los recientes cambios de dinámica.

—Nosotros no tuvimos suficiente tiempo para comprobar si el hombre de la cicatriz aparecía por CrioTech —explica Enzo, estrenándose en la conversación.

—Lo sé —advierte el anfitrión.

—Fue él quien vino a recogernos. —Al unísono, la respuesta de los invitados evidencia que el sorprendente desenlace da forma a una vertiente del plan de Enzo que nunca contemplaron.

—¿Y nos cuentas esto dos días después? Joder, entonces Enzo tiene razón, están relacionados desde el principio —apunta Leire.

—Vamos a ver, Leire. Sí que lo están, pero no de la forma que planteáis vosotros dos —responde Ángel con ánimo de frenar las conjeturas que ya desbocan la mente de los dos invitados—. Por eso he dicho que necesitaba más información antes de pronunciarme acerca del plan que, por cierto, funcionó a la perfección —añade sonriente.

»El hombre de la cicatriz ha formado parte desde el principio de un equipo de protección del núcleo de CrioTech. Hace tiempo lo destinaron a Valencia para custodiar los intereses de la compañía, los cuales se centraban en Anna Rafter y la investigación de su laboratorio.

Ángel se sirve una copa restando importancia a la explicación que, a su modo de ver, no ha supuesto más que el resultado de especulaciones. Con un par de gestos, dejan claro al anfitrión que no le acompañarán con la bebida.

—Dicho esto, me imagino que podréis entender cómo y por qué nos rescataron. Lo más normal es que, a pesar de nuestros intentos de frustrar toda comunicación, Anna consiguiera colarnos algún tipo de localizador o teléfono personal.

—¿Y por qué estaba en casa de Marian? ¿Y qué hacía en eso de las auroras boreales? ¿Y cómo se llama? —Incrédulos, las preguntas de ambos invitados en torno a su sospechoso se solapan a medida que Ángel trata de justificarlo.

—Su nombre es Thian Matsuyama, creo. Lo de las auroras boreales podría ser él, pero la cámara está muy borrosa y puede que viéramos lo que quisimos ver, Leire. No es como el chico ese y el gato que identificaron los padres de Aaron según el reportaje de su suicidio. Respecto a la parte de Marian, teniendo en cuenta los regímenes de los países de donde viene ese hombre, que acostumbran a hacer «lo que sea necesario»... —advierte enfatizando con gestos ese tipo de prácticas que pueden estar muy al borde de la ley.

»Supongo que asumió también la tarea de vigilar a toda persona relevante de nuestra compañía, lo que se llama espionaje corporativo, vamos. En ese ámbito estaba principalmente Glyn. Dado que ese trabajo le ocupó poco tiempo, ya que tu jefe hace todos los días lo mismo, decidió focalizar la vigilancia en el siguiente escalafón de la cadena de mando de ETech, que éramos tú y yo —explica señalando a Leire—. Marian fue parte de un seguimiento que realizó de rebote buscando puntos débiles que pudieran comprometer a ETech.

—¿Cómo? ¿Por qué? —pregunta la neurocientífica.

—Todo está relacionado con que la noche en que Marian se suicidó este hombre estuvo aquí. Te lo envío. —Los tres miran la foto de Hang, cuya información del buscador lo describe como la persona de más alto rango de la compañía CrioTech.

—«¿Anga Maison?» —lee en voz alta el detective.

—O como le suelen llamar, Hang Maison. Según tengo entendido, este es el tío que estuvo reunido con Marian para cerrar la adquisición de Horizon Energy. Todo sea dicho, nosotros también sabíamos algo de aquel posible acuerdo, lo que no sabíamos era que Thian aprovechó para reunirse con él y tampoco que entre las mil empresas que gestiona ese cabrón la más potente de ellas es CrioTech.

»Advertido del triángulo que se estaba formando entre amigos del personal de ETech y su jefe, Matsuyama, decidió unilateralmente seguir a Marian hasta su apartamento en el que descubrió que se había suicidado. Me imagino que, asustado por la situación, salió corriendo y se topó con nosotros. Horas después le comunicaron su traslado al haber sido "presuntamente" descubierto.

»Para CrioTech, esto podía representar un escándalo tan grande como para que los inversores retiraran su campaña de promoción, no solo en Horizon Energy Industries, sino en todo el país y, dado que a nadie le interesaba esta situación, prefirieron hacerlo desaparecer.

—¿Y por qué huyó de mí en el cementerio? —pregunta Enzo.

—Mirad, yo no soy el chino ese y creo que pregunté mucho más de lo que debía, pero en esa situación y con esa cultura tan arraigada yo también habría corrido. Rafter confió en mí mucho más de lo que yo hubiera hecho y es algo que deberíais tener en cuenta. Estáis tirando de un hilo que lleva a una persona sin ninguna relación con ese niño, el cual sí que habéis visto en todos los sitios en los que ha muerto alguien.

»A todo esto, que no se nos olvide que Marian escribió de su puño y letra una carta en la que se despedía de nosotros. ¿Cuál es vuestra teoría? ¿Que la escribió el chino?

Minutos después, pensativos, salen con mucha más información de la que creían del chalé de Ángel, aunque no precisamente la que pudiera hacerlos sentir satisfechos.

—No hemos dicho nada acerca de lo que pasó en CrioTech con Akash —apunta la joven, confusa, al entrar en el coche de Enzo.

—Tenemos mucho que relacionar y, por ahora, no creo que sea bueno enseñar nuestras cartas.

La vuelta hasta casa de Enzo había estado tan marcada por las reflexiones derivadas de la conversación con Ángel que ni siquiera se plantean la instintiva elección de su destino. La conversación se reactiva gracias a la delgada neurocientífica y, con sus expresivos ojos azules, afectados con claridad ante un capítulo del que parecía haber sacado provecho todo el mundo menos ella, dice:

—He estado pensando y quiero abrir el criotubo de Marian, es la única forma de asegurarme de que no está ahí fuera y, en parte, es lo único que me queda para poder pasar página.

—¿Crees que es el mejor momento para decidir una cosa así? —replica Enzo.

—¿A qué te refieres?

—No sé. Me da la impresión de que, además de lo de Marian, de esta conversación con Ángel y de todo lo que te está pasando, hay algo más. Siempre hay algo más que te preocupa y sé que es de tu trabajo. —En respuesta a tan inverosímil deducción, Leire no puede más que esbozar una leve sonrisa con la que invita a continuar al inspector—. No me tienes que contar nada que no quieras, entiendo todas las implicaciones de tu trabajo. Pero no es difícil saber que algo pasa ahí dentro si piensas que alguien de tu posición, en teoría, ya habría cumplido sus objetivos en el nivel de implantación de la tecnología en el que estáis.

»Sin embargo, tú sigues trabajando como una loca y, lo que es peor, preocupada. Todo esto no tiene que ver con el caso de Marian, tiene que ver con cómo estás tú y lo único que quiero que sepas es que estoy a tu lado.

Resignada ante los últimos acontecimientos, la neurocientífica no puede evitar bajar la guardia y quizás responder a mucho más de lo que sus cláusulas de confidencialidad con ETech le permiten.

—Es complicado. No puedo contarte demasiado, pero digamos que no hemos sido sinceros del todo. —Ahora es Enzo el que tuerce el gesto—. Verás, llamar a Ester Sanders la madre de todas las ojivas no es simplemente una estrategia de *marketing*, es que en realidad ella es la matriarca de la tecnología. Todo el sistema cuelga de ella y, si su conexión fallara, todo se vendría abajo. Me imagino que es lo que tanto busca CrioTech al querer ver nuestro ETech Storage, que es donde damos cobijo a todos los huéspedes.

—¿Y qué?, ¿dónde está el problema?

—Que ni es lo que hemos contado ni mucho menos pedimos permiso a la familia de Ester. Lo que hemos contado es a lo que aspiramos. Cada ojiva con su conexión independiente. ¡Eso es en lo que continúo trabajando!

—¿Y por qué lo hicisteis?

—No podíamos esperar más. La primera migración fue casi una necesidad. Y una vez le contamos al mundo lo que estaba a nuestro alcance, era contraproducente generar dudas alrededor de la tecnología. Esa es la razón de que el proceso no pueda ser reversible. Se está tejiendo una especie de estructura piramidal y en el vértice está Ester, lo que, por otro lado, hace que no sepamos muy bien hasta dónde puede llegar su potencial. ¡Pero pronto encontraré la forma de solucionar esto!

—Ya, pero tú no eres la responsable de la decisión, ¿no? Es decir, sería Glyn Torres quien ha engañado a todo el mundo, incluso a Ángel.

—Glyn no entiende las implicaciones biológicas de la neurorred que ha decidido crear. Es como si hubiéramos colgado a todos los humanos del mismo enchufe: si ella cae, no sabemos qué es lo que pasará. A cambio de acceder con esta solución, se ha comprometido a financiar de por vida el estudio que necesito para generar una red individual para cada ojiva y eso es lo que percibes.

Incontables minutos pasan mientras el silencio los acompaña en una multitud de reflexiones derivadas del secreto que Leire acaba de desvelar. Advertida de la irrelevancia para el caso de Marian, pero consciente de las implicaciones de una decisión con semejante calado, continúa con diferentes puntos de vista de su situación.

—Además, es que no solo es esto, Enzo, es que nada funciona en mi vida de repente. Estoy perdiendo todo lo que había construido cuando se suponía que este triunfo me daría seguridad de por vida y sí, puede que no sea el mejor momento para tomar una decisión con respecto al criotubo de Marian, pero dime que piensas.

—Creo que hagas lo que hagas no vas a equivocarte. Si dentro de ti hay algo que te dice que está viva y no precisamente en Crio-Tech, quizás deberías comprobarlo.

—Es que nada de lo que pasa tiene sentido —responde la neurocientífica—. Me da la impresión de que la vida se me está volviendo en contra por la mentira que he creado alrededor de Ester.

—Leire, los problemas hay que afrontarlos de uno en uno y verás como no solo serán más fáciles, sino que tendrás una explicación lógica y no basada en el karma o en lo que quiera que sea que estés pensando. No eres la única responsable de lo de ETech y, además, te estás centrando en lo negativo, la red funciona a la perfección y pronto podrás solucionar ese detalle.

—¿Y por qué estoy perdiendo a Ángel? —pregunta mirando a Enzo y provocando que soslaye tanto la conexión visual como la respuesta.

—A eso prefiero responderte cuando no estés tan sensible.

—Quiero que me lo digas, estoy bien, en serio.

—Es por lo que yo siento.

El detective se acerca y toca la mejilla de la joven con la parte anterior de los dedos para percibir una sensación que también lleva varias semanas persiguiendo. Correspondiendo la osadía, Leire inclina la cabeza para abrazar con su cara el tacto del inspector. El placer que sigue a los besos deja que el frenesí tome el mando, sumiéndose en el más exquisito placer de la abstracción sexual y permitiendo que todos sus asuntos esperen en un segundo plano, ocultos tras el húmedo placer carnal que Enzo tanto ansiaba.

EL MOTIVO DE TUS CONFLICTOS

Central de ETech, Valencia,
4 de noviembre de 2095

De madrugada, la puerta de acceso restringido de los laboratorios de ETech se abre tras la secuencia numérica que introduce Pablo y que copió del archivo personal de su mujer, custodiado en la caja fuerte de la familia.

Las cámaras térmicas del ineludible circuito de seguridad identifican, a través del *software* de reconocimiento de ojivas, el patrón de Pablo como apto para el acceso a las instalaciones. Sin embargo, sus cautelosos movimientos hacen pensar que no entra en sus planes que alguien pueda descubrir su presencia en horas en las que todo el personal está conectado a sus redes de carga, a excepción del guardia de seguridad al que sortea. La linterna del vigilante altera el circuito que acostumbra, producto de cierto sonido que emite un juguete de Alba, el cual fue emplazado, minutos atrás, para desviar su atención en caso necesario.

Apoyado en una pared, Pablo simula comprar agua de la máquina expendedora mientras el vigilante de seguridad pasa de largo. Otra puerta con código de seguridad es la que le acerca aún más al verdadero cuerpo de su hija Alba y a la ojiva que consigue iluminar toda la sala con el intermitente parpadeo de las dos ESing. Las constantes de Alba están monitorizadas por una enfermera que descansa en un despacho separado por el cristal, mediante el que tendría visión directa en caso de cualquier anomalía. El cuerpo en coma de la niña sigue a la espera de recuperar su actividad neuronal y despertar, o de encontrar un receptáculo que pueda encarnar su conciencia.

Pablo se toma un momento para percibir de nuevo todo aquello que le hacía sentir el tacto de la piel de su hija. Sin duda, le retrotrae a una lluvia de sentimientos a los que no puede hacer frente de otra forma que no sea con lágrimas, las mismas con las que moja su pequeña mano; pero debe seguir y cumplir el propósito por el que ha vuelto a dejar sola a Ester en casa.

A través del cristal, comprueba que la enfermera continúa durmiendo en la cama habilitada para ello y que no hay ningún tipo de indicio que acabe con el vigilante de seguridad haciendo preguntas que prefiere no responder. Agachado bajo la camilla en la que se encuentra la ojiva, conecta un dispositivo con el que descarga todo el *software* e información que se sincronizó desde la conciencia real de Alba. Unos minutos después, vuelve a comprobar que la situación continúa siendo adecuada para ejecutar lo más complicado de todo lo que se propone hacer esa misma madrugada. Delante de la camilla del verdadero cuerpo de su hija, desprende de su envoltorio una aguja de punción lumbar para insertarla en la columna de la pequeña. Un ejercicio que poco había podido practicar y cuyas consecuencias de mala praxis no reflejaban la criticidad de años anteriores, pero que aun con todo deseaba hacer sin ninguna incidencia. Transparente como el agua, el líquido cefalorraquídeo entra en el vial de recolección, con el que da por terminada con éxito una noche que intentaría ocultar el resto de su vida.

¿QUIÉNES SON ELLOS?

Estado de conexión: conectando...
Interfaz red de usuario código: **EP061036 Ester del Páramo**
Fecha: 4-11-2095. 05:30
Acceso a red pública/Archivos/Diario de Enzo/ 18112034

—Tengo hambre —escucha el detective a la vez que su reciente amante, Leire, se sitúa de pie a su espalda para abrazar y besar su cuello.

Después de todo lo que había sucedido, el inspector no había podido obviar cada uno de los detalles que su eidética mente le hacía rememorar una y otra vez. Enzo nunca paraba de analizarlo todo y, como da a entender en este preciso momento, sentado frente al ordenador, había pasado las últimas horas apuntando conclusiones en su diario mientras Leire descansaba.

—La verdadera cuestión gira en torno a qué necesitas para saciar tu apetito —responde con una frase que con toda claridad se había preparado.

—¿Qué pasa ahora? —pregunta la neurocientífica poniendo de nuevo toda su atención en la pantalla donde la imagen congelada de Akash, captada desde el coche del inspector, muestra un pequeño relieve que deja al descubierto la cicatriz en la que nunca antes pudieron reparar porque no estuvo a su alcance.

—Hay alguna que otra cosita que antes podría haberte adelantado.

Leire aparta los brazos de Enzo mientras siente ese desorbitado peso en la boca de su estómago que, a menudo, provocan las expectativas ante asuntos cruciales.

—No creo que el único motivo de la pérdida de tu amistad con Ángel sea que yo esté enamorado de ti y que él hubiera detectado cierta complicidad. —Con cautela, sigue explicándose para no poner en su boca algo que Leire no pensara, temeroso de que la última hora se convirtiera en algo tan especial para él como en efímero para ella—. Tú sabes que él estaba enamorado de ti, ¿verdad? Por lo menos, hasta hace tres días. Por lo que, ¿cuál crees que es el motivo de que haya cambiado así de rápido lo que siente?, ¿no lo has notado? La forma de dirigirse a ti, el modo en el que ya no le importa lo que sientes o lo que piensas durante estos dos últimos días...

»Tú sabes que antes hubiera perdido el culo por explicarte cada paso y además... ¿Qué es eso de que mi plan funcionó a la perfección? ¿Funcionó a la perfección? ¿Me estaba adulando? Algo me dice que en mi plan original debería haber mencionado que no se acostara con Anna —termina el detective.

—Yo noté que Ángel se desesperaba cada vez que me acercaba a ti, pero necesitaba alejarme y tú siempre me has escuchado. Bueno, ¿y cómo estás tan seguro de que están juntos?

—Ven conmigo.

Junto a la vieja tele donde vio a Akash la primera vez, un pequeño armario es testigo de la habitual concentración con la que Enzo conecta las pistas de los casos en los que trabaja. En su interior, junto al perfume de Leire, el de Ángel y algunos más, le espera también Poison Girl de Dior, el cual impregna en un pañuelo que entrega a Leire.

—¿Qué opinas? —pregunta ante la cara de asombro de su reciente compañera de cama al identificar su perfume entre otros muchos.

—Mmm... ¿que olía así en casa de Ángel? Creo que muy poco, pero ¿puede ser?

—Como imagino que sabes, uno de los mayores evocadores de la memoria es el identificado como efecto Proust. ¿Sabes cuándo lo compré? El día que visité a Anna en Crio. No tengo ninguna duda de que hace un rato estaba con él y eso ha llevado a que nos cuente la versión que encaje también con la opinión de ella.

De su mano, Leire se ve dirigida hacia la montaña rusa de conclusiones y métodos que Enzo utiliza para ganarse su reputación.

—Después de mucho insistir, hoy nos han dado acceso a algo más de información de la que querrían darnos solo con dos nombres, Thian y Hang.

Frente al ordenador, otra vez la joven asiente frente a la seguridad con la que Enzo señala la cicatriz de Akash, convencido de que su exposición redireccionará el caso hacia los sospechosos habituales sobre los que estrecha el cerco sistemáticamente.

—Bien, ¿te acuerdas de la idéntica cicatriz de este muchacho? Pues tanto los nombres de Thian como Akash significan lo mismo en dos idiomas diferentes, chino e hindi, que respectivamente se traducen al castellano como «cielo». Ya me daba la impresión de que no veía más que fantasmas cuando de pronto me he dado cuenta de que el tercer nombre...

—Hang —exclama Leire.

—Hang. Muy bien. Como nos dijo, no es más que una derivación de Anga, nombre originario de la parte más oriental del sur de África, cuya traducción del suajili es... —le invita de nuevo con un gesto.

—Cielo.

—¡Pero no todo acaba aquí! Como sabía que no solo te convencería con unas cuantas casualidades de la antroponimia, que suena fatal por cierto. —Sonríe hilarante ante la imposible casualidad y una investigación que, a todas luces, arroja otra realidad de la que explicó horas antes Ángel—. He estado estudiando la trazabilidad horaria de cada uno de ellos. Por cada instante que estos individuos hacían cosas inverosímiles, otros de ellos permanecían inconscientes a miles de kilómetros.

»Por ejemplo, durante la huida de Thian. El tío empezó a huir de forma tan errática que estuve a punto de atraparlo, pero en segundos su coordinación se desbocó hasta llegar a desaparecer casi delante de mis ojos.

Con la singular locura que siempre intenta contener, el inspector enseña una noticia a Leire en la que las declaraciones de una azafata comparaban los signos vitales de Hang en plena caída libre «como en una plácida siesta», remarca el detective.

—No se quedó atrás el niñato que en CrioTech aceptó de buenas formas su detención hasta que, dos minutos después, vi cómo se escapaba entre mis dedos con un movimiento al que apenas dedicó un segundo. Ni con la mayor de las coordinaciones, ni ensayándolo toda una vida, puede alguien repetir algo así y es justo el mismo espectáculo que Thian ofreció mientras lo perseguía. Mira las declaraciones del piloto del helicóptero, mientras yo realizaba la detención: «De pronto, se desmayó, cogí los mandos de la aeronave».

—¿Sabías que Thian iba con ellos? —pregunta Leire.

—Sabía que alguien los rescató y que se durmió mientras pilotaba, pero nunca supe nada acerca de la cicatriz ni mucho menos nada de su nombre. Me lo ha dicho Ángel hace dos horas. Por otro lado, no presté demasiada atención a las declaraciones del gendarme que encontró a su amigo muerto en el bosque.

»Ahora estoy empezando a pensar que, de algún modo, ese policía pudo ser aniquilado por Akash, siempre y cuando los demás estuvieran inconscientes, durmiendo o lo que sea que quiera que hagan para intercambiar energía entre ellos —explica Enzo emocionado y dejándose llevar por ese recurso lingüístico que siempre mete: «Lo que quiera que sea...».

»Quizá Akash matara a aquel agente por la urgente necesidad de quedarse escondido sin malgastar fuerzas, al mismo tiempo que Thian escapaba de mí, y puede que a la vez que Thian se desmayaba en el helicóptero, ese crío me partiera la cara. A saber qué estaba haciendo ese tal Maison, puede que incluso perdiera la consciencia en medio de alguna convers..., alguna covers...

—¡Ester!...

—Conver...

—¡Ester! Vuelve.

—Con...

—¡ESTER!

Residencia de Ester y Pablo, Cullera,
4 de noviembre de 2095

—¡ESTER!

El abrazo de Pablo a su mujer, junto con el grito que la ha despertado, es la primera sensación fuera de la red que puede percibir después de otra peligrosa sesión mucho más larga que las anteriores.

—¿Estás loca? Casi no sales de esta, llevo más de diez minutos intentando traerte de vuelta.

Como si quisiera fusionarse con el cuerpo de Ester, el preocupado marido continúa estrechándola entre sus brazos. El tiempo se extiende sin mayor resultado que la expresión inconsciente de su mujer, en la que incluso sus globos oculares casi ocultan sus pupilas en el párpado superior, mostrando la aislada y crepitante porción del círculo del iris encaramada al borde del ojo.

—¡No puedo perderte a ti también!

CAPÍTULO 6
ESTRATEGAS

TRAPICHEOS

Madrid,
18 de noviembre de 2034

En respuesta a la urgente ayuda reclamada por el vicepresidente del país que vio nacer la migración humana, ciertos acontecimientos comienzan a suceder, tal y como Hang Maison había proyectado. A la salida de la redacción de un periódico, en plena oscuridad de la noche, se ha generado una atmósfera que conseguiría amedrentar a cualquier persona no habituada al tétrico ambiente del barrio. En paralelo a los pasos de una de las periodistas más prestigiosas del país, un vehículo oficial del Gobierno sin ningún distintivo baja el cristal de la ventanilla del asiento trasero y deja ver la cara del mismo vicepresidente, quien días atrás intercambió ciertas palabras con Maison.

—No me hagas perseguirte desde el coche a esta velocidad. ¡Estamos llamando la atención!

—Se me han tirado todos encima, tengo todo tipo de fanáticos detrás de mí —expone la periodista una vez sentada en el interior del vehículo, donde no había llegado sin antes haber sopesado sus opciones y mirando a ambos lados de la calle.

—¿Qué esperabas que pasara? Tú misma lo has dicho, has conseguido llamar la atención de medio mundo, ahora tú decides si continúas o te apartas.

—¿Qué quieres?

Aunque no era relevante para el afroamericano, aquella relación con la que el vicepresidente había querido poner en marcha el plan ya estaba herida por las cuestionables prácticas del político. Una carpeta con documentos impresos, cuyo identificativo no deja lugar a dudas de que se trata de material confidencial, queda sobre el asiento a la espera de la reacción de la periodista.

—He recibido docenas de amenazas con la última jugadita que me hiciste. No puedo seguir lanzando conjeturas, necesito algo más que rumores, porque ya me imagino que no me dejarás revelar mi fuente. —Una leve carcajada con su correspondiente sonrisa final deja pasar la pregunta de largo mientras la periodista ojea los documentos y cambia la dinámica de la reunión—. Estos documentos, ¿los puedo publicar? Me voy a meter en otro lío muy grande. ¿Qué recibo yo a cambio?

—Es el momento de que decidas si quieres llegar hasta el final de tu carrera y, créeme, nadie llega arriba del todo sin amenazas. Te lo aseguro. Si lo publicas, tendrás financiación y acceso a una exclusiva al más puro estilo Albert de la Roan, donde entrevistarás a la máxima autoridad de CrioTech Technologies.

—¿Quién, la chica esa?, ¿Rafter?

—¡No! —admite con una sonrisa el alto cargo del Gobierno—. En absoluto, apunta más arriba.

—¿Maison? ¿Hang Maison?

—En la entrevista, además de lo que tú quieras preguntar, él mismo avalará la autenticidad de estos documentos, siempre que hagas tu trabajo y le muestres al mundo «la realidad de las tecnologías a las que nos enfrentamos».

Con una pierna ya fuera del coche, y enfocándose hacia la reflexión que durante las próximas horas la hará decidirse, siente una opresión en el brazo con la que le lanza una última advertencia.

—Pero no te olvides de qué lado debes estar. No me gustaría nada que me obligaras a hacer que alguien te lo recordase, niña.

ALICE

31 años después, central de ETech, Valencia,
15 de mayo de 2057

A caballo entre las dos fechas en las que ha transcurrido hasta ahora la guerra tecnológica más importante de la humanidad, 2095 y 2034, una muchedumbre enrabiada se dirige hacia la sede de los ETech. En la calle en la que inician su protesta solo se escucha el eco de una infinidad de pasos que cobran mucha más importancia al ir acompañados del emblemático silencio que todos guardan. Semejante mutismo simboliza para ellos la nula oportunidad que tuvieron de expresarse ante la pregunta que, según su opinión, alguien debería haberles hecho: si querían ser migrados. De entre todos ellos, en algunos incluso puede distinguirse una cruz sobre sus ESing, lo cual muestra su total desacuerdo con la tecnología; esta marca, en muchos casos tatuajes, revela la condición política del huésped, más allá de los límites de la manifestación. Y es que ni mucho menos han pedido permiso para ello, ni mucho menos su silencio debería dar lugar a interpretar que el desarrollo de la protesta pueda ser pacífico y controlado.

El ejército de antidisturbios, que ya se organiza a cientos de metros, da buena fe de la necesidad de dispersión de un grupo violento que, aplastando coches, mobiliario urbano y todo lo que encuentra a su paso, quiere hacer ver al mundo que, al igual que esa práctica no se detuvo ante la opinión de grupos minoritarios, ahora ellos tampoco lo harán. Aleccionado por Alice, es la primera vez que Pablo toma parte y consigue proyectar su odio más visceral hacia las instituciones responsables de dar el primer paso en la extinción del ser humano. La reaccionaria descendiente de una madre también identificada como Alice camina al lado del joven idealista que en el futuro tendrá una hija con Ester del Páramo, Alba Sanders del Páramo.

Alice Matters, la madre de la joven, había sido tiempo atrás la flamante pareja de un desaparecido matemático que llenó las portadas de las revistas más prestigiosas al ofrecer una solución elegante a uno de los diez enigmas irresolubles durante siglos. Hito digno del premio nobel de aquella disciplina, en caso de existir. Aun así, no fue un obstáculo para llenar las vitrinas de distinciones que reconocían su labor a nivel mundial. Fruto de ese fugaz enlace en el año 2042, apareció la pelirroja y rebelde Alice Dowens justo unos meses antes de la desaparición del afamado doctor. Una copia idéntica de su madre que siguió con rigor las pautas del programa de migraciones dictadas por ETech, incluso para niños sin patologías significativas.

Asimismo, Pablo sujeta la mano de Alice en medio de la marcha que defiende los principios con los que más se identifica. De hecho, su creencia está tan arraigada que está dispuesto a dejar incompleta la migración a sus últimas ojivas a la edad de veinticinco y veintiocho años. Una nimiedad tecnológica por la que muchos otros insurgentes optan y que tan solo afecta al grado de madurez y capacidad que puede alcanzar el cerebro de la ojiva y con la que Glyn contaba.

Por su parte, desde la perspectiva de la unidad de intervención policial, la marea de almas que se consideran atrapadas en cuerpos artificiales avanza hacia ellos como una apisonadora que destroza todo a su paso. Vehículos incendiados, escaparates rotos e incluso hidrantes que liberan su potencial sin control hacia el cielo de la ciudad. No se oye nada, ninguna amenaza ni reivindicación. Ni siquiera un grito entre el tumulto, del cual Pablo y Alice empiezan a rezagarse hasta alcanzar la altura del edificio colindante a la sede de ETech. Los exaltados de la parte final de la revuelta intensifican la destrucción y las explosiones. Entretanto, la pacífica y callada cabeza tractora se posiciona enfrente de la unidad policial, ocasión que aprovecha la célula liderada por el estratégico cerebro de Alice, encargado de gestionar el caos.

—¡Ahora! —advierte la joven.

—Están muy cerca. Nos van a ver —responde preocupado Pablo.

—Confía en mí, cariño, están pensando si es necesario empezar a partir caras para poder parar la anarquía que tienen liada ahí atrás.

La gran cantidad de inmóviles y callados sediciosos impide tomar las riendas de la contraofensiva. La estrechez de la calle con respecto al número de personas que la ocupan beneficia en gran medida a la meditada táctica. Las indicaciones de Alice a través del intercomunicador externo a la tecnología de su ojiva, para no poder ser captada por los dispositivos de rastreo policial, consiguen solapar el estruendo de la explosión de otro vehículo con el butrón que hacen en la parte trasera del edificio, colindante con las oficinas de ETech. Pablo, Alice y otros tantos insurrectos han conseguido entrar y comienzan con su particular venganza, que consiste en destrozar todo a su paso, incluidos los escáneres e impresoras 3D, con lo que arrebatarán la oportunidad de ser migrados a una gran multitud de niños. Alice besa eufórica a su novio tratando de hacerle ver que no es más que el principio de una serie de estratégicos éxitos que tiene planeados y que la magnitud del caos generado deberá dejar de infundirle respeto antes o después.

Así, la sede oficial de ETech ha evacuado a todo el personal y a los clientes a la azotea. Es obvio que deberán reforzar los sistemas de seguridad a partir del asalto perpetrado hoy, ya que el único recurso del que disponen en ese momento es encerrarse en la parte más alta del edificio.

A su vez, en la calle la batalla se libra sin tapujos, la mayoría de los inocentes manifestantes que apenas movían un músculo se han convertido ahora en dignos rivales del dispositivo policial, el cual evita usar recursos alternativos nunca antes utilizados. El jefe de la unidad, en conexión directa con el comisario, y el alcalde piden permiso para activar el protocolo de control de ojivas que, ante su desesperación, han denegado por la mala publicidad que iría ligada al uso de dicha alternativa. Sin embargo, ninguno de ellos es consciente de que han asaltado con éxito las oficinas centrales y los laboratorios; y que la sala de migraciones ya se encuentra impregnada de gasolina.

—Pablo, danos un minuto, enciende todo esto y te vas. Nos vemos en casa, cariño, nosotros vamos a por las bases de datos y las copias de seguridad.

A unos pocos centímetros de la gasolina, el sonido del encendedor de Pablo llama la atención de la única persona que permanecía atrincherada sin haber podido escapar hacia la azotea del edificio. Por encima del muro que sujeta la cristalera, aparece la cara de una de las únicas ojivas del planeta que está muy cerca de completar el ciclo de migraciones de los veintiocho años. La mirada de Ester se clava en la de un conflictivo joven, que la descubre demasiado tarde en medio de la rápida propagación del fuego. Ambos son conscientes de que en el caso de que la ojiva de la chica se dañe y los equipos queden inutilizados, lo más probable es que su huésped no pueda volver a migrarse, por lo que quedaría atrapada en un coma del que solo podría salir gracias al hipotético avance de la tecnología. Sin pensarlo tan siquiera un segundo, todo el temor que le generan las dudas de lo que está haciendo desaparece para rescatar a Ester del despacho.

—¿Qué haces aquí aún? ¡Vamos!

El humo alerta al Cuerpo Nacional de Policía de que la situación no está tan controlada como revela el teórico análisis de los drones que supervisan la operación. El continuo goteo de nuevos exaltados que se une a la reivindicación desde todos los flancos ralentiza de forma muy significativa el insuficiente operativo desplegado. Por fin, la reunión que mantienen el comisario y el alcalde culmina en aprobar la activación del protocolo de control de ojivas, dado que el descontrol que se evidencia fuera ha trascendido al único lugar que de verdad era importante proteger. Tras dicha aprobación, un dron capta las imágenes desde arriba de la calle y las envía a la central de datos de ETech en constante comunicación con Inteligencia. El rectángulo trazado a mano alzada sobre las imágenes engloba la mayor cantidad de manifestantes ubicados en un único movimiento de encuadre. Una vez dada la orden, todas las ojivas se desconectan y caen sobre su propio peso, incluyendo a ciertos agentes que se encuentran en las trifulcas.

En la sala de migraciones, las llamas crean una pequeña explosión segundos después de que Pablo proteja la ojiva de Ester y caigan los dos al suelo abrazados.

—¡Eres Ester del Páramo!

—¿Quién eres tú? —pregunta en un tono con el que aún rivalizan el odio y el agradecimiento.

—¿Qué hacías ahí dentro?, ¿por qué no te has ido?

—Joder, erais muchos. No sabía si veníais a por mí.

—No hubiera imaginado nunca que fueras así.

Ester se pone rápido de pie, pero Pablo continúa en el suelo maravillado por la normalidad que aparenta el icono mundial de una tecnología que estaba revolucionando el mundo.

—¿Así cómo? Tío, estáis locos, ¿qué estáis reivindicando?

—Reivindico mi derecho a elegir —responde al levantarse por fin del suelo—. A ninguno de nosotros nos dieron la posibilidad de decidir si queríamos esto o no, ¿acaso te lo has planteado? ¿Qué pensabas tú en aquel momento? ¿O qué pensarías ahora si tu elección hubiera sido que no y aun así alguien hubiera decidido por ti?

El sonido de los pasos de los antidisturbios acaba con una conversación que no tenía mucho más recorrido, dada la completa ignorancia del muchacho en cuanto a las motivaciones iniciales sobre la migración de Ester. Conscientes de que ya no pueden hacer nada, los ojos de ambos jóvenes siguen en contacto, a la vez que se efectúa una detención sin resistencia. Mientras se miran, un inmenso sentimiento de compasión sacude el corazón de Ester al encontrar a alguien diferente que, aunque basaba su motivación en su absoluta ignorancia, al fin y al cabo, luchaba por los derechos de quienes aún no tenían voz.

—¿Está bien, señorita? —pregunta un policía.

—Sí, él me ha salvado —dice señalando a Pablo.

La sonrisa del oficial revela toda la incredulidad que deriva de la gigante cruz que tacha la ESing de la sien de Pablo y la camiseta que reza «*Stop migration*».

—De verdad que me ha salvado. Han sido sus amigos los que han incendiado todo esto y han salido corriendo.

—No se aleje demasiado, señorita, va a tener que prestar declaración.

Ester presenció cómo otros exaltados habían impregnado la sala, mientras que, una vez más, Pablo se había quedado maravillado delante de la aparatología de ciencia ficción de la que muy pocos eran dignos en plazos inferiores a cinco años.

Al otro lado del edificio, advertidos por la presencia de los agentes, la división que lidera Alice abandona la zona convencida de que el detenido habría sido capaz de llegar sano y salvo a casa. Horas después de fingir que la onda de desconexión de ojivas también le afectó, Alice entra sonriente a casa esperando encontrar a Pablo. Aún sin terminar de recorrer los pasillos de la casa, la joven entiende lo que su intuición en el fondo venía avisándole horas atrás. Pablo está, en ese preciso momento, custodiado en las dependencias policiales.

TECNOLOGÍA CUESTIONABLE

Madrid,
31 años antes, 24 de noviembre de 2034

Después de varios días de reflexión, la periodista escogida para articular la estrategia dictada por el vicepresidente ha acabado claudicando ante la atractiva posibilidad de compartir plató con el líder de la competencia más directa de la migración humana, el mismísimo Hang Maison. Por fin, los documentos clasificados habían salido a la luz en todos los medios en perjuicio de todo aquel que comulgara con la filosofía de migración humana y ante la negativa de los principales líderes religiosos a aceptar que tal avance pudiera estar del lado de Dios.

Así pues, todos esos golpes a la campaña de Rose, orquestados por los asesores más tácticos que Hang Maison se había encargado de instruir, acababa con una entrevista al más puro estilo Albert de la Roan, de la que los medios más afines con el Gobierno se hacían eco. De hecho, la algarabía mediática había sido de tal magnitud que en poco tiempo se generaron miles de presunciones y conjeturas con las que muchos comenzaron a soñar, temer o incluso a interesarse. Un escenario perfecto que Hang destroza a la primera de cambio con una dosis de realidad, capaz de frustrar a quien se hubiera atrevido a soñar demasiado:

—Respondiendo a tu pregunta, Andrea, tengo que expresar con todo mi pesar un rotundo «no». Ahora mismo no disponemos de una propuesta que pueda considerarse como un revulsivo suficientemente desarrollado para optar al potencial que ETech tiene en el mercado.

»Como bien has mencionado, lo más normal habría sido quizás presentarlo en la feria de innovación que tendrá lugar en pocos días aquí en Madrid, por ejemplo. No obstante, y como se puede ver en el vídeo de los ratones, nuestros estudios están muy muy avanzados. Estamos en fase de experimentación con animales.

—Entonces, Hang, ¿de cuánto tiempo estamos hablando? —pregunta la periodista—. Si no he entendido mal la disyuntiva principal, en este caso, será confiar en que CrioTech Technologies pueda ofrecer una solución viable durante los próximos años. En contra, podíamos perder la oportunidad de migración irreversible de nuestros hijos —continúa—. Es una difícil cuestión, teniendo en cuenta que hay una única oportunidad de sincronización con la primera ojiva, por lo que es obligatorio preguntarte acerca del compromiso que podemos esperar de CrioTech.

—Bueno, tú misma has sido testigo en cuanto al compromiso de la tecnología. Ya no solo están nuestros principales socios, sino que la mayor parte de las religiones del planeta también se están poniendo de nuestro lado —responde el directivo—. Parece que la desnaturalización del ser humano que está proponiendo ETech es algo que preocupa a todo el mundo.

—¿Y el tiempo? —incide la periodista.

—No puedo responderte con exactitud a esa pregunta; los ensayos con humanos pueden tardar mucho o pueden tardar poco, pero de lo que sí tenemos que estar seguros es de que la humanidad al completo está luchando por conseguir resultados prometedores a la mayor brevedad posible. Como has visto, no se va a reparar en gastos y ni mucho menos en esfuerzos.

—Hang, la humanidad lleva siglos enfrentándose al dilema de la fe contra la ciencia y ahora quien pide confiar en el futuro desarrollo de una tecnología parece que son los mismos que pedían fe durante tantas generaciones. ¿Qué ha pasado? ¿Es que ha tenido que bajar el infierno a la tierra para que con la fe no sea suficiente? Es una apuesta complicada la que planteas.

—En efecto, es complicada. De hecho, esta nueva condición ha supuesto el estancamiento de la expansión ETech ante la negativa de algunos gobiernos en los que el cristianismo está muy extendido. En este país, por desgracia, llegan tarde y es algo que el ciudadano tendrá que elegir en las urnas o como una opción personal en última instancia. En cuanto a los motivos de la religión, me temo que no soy el más adecuado para responderte.

—¿Estás diciendo que no estará permitida la entrada de ojivas en países como en Estados Unidos? Es decir, ¿qué opinan los principales líderes religiosos y qué es lo que se va a plantear al respecto?

—No sé qué opina la religión más allá de los documentos que has publicado, pero no creo que denegar la entrada a humanoides sea una buena política para ningún país. Desde mi punto de vista, la tecnología debe estar libre de cargas políticas y esto que ha planteado ETech es todo lo contrario.

»La candidata a la presidencia Rose Mora ha convertido la tecnología de migración de humanos en su bandera para convencer a los votantes de que ella es la mejor opción. Miren, yo no sé si ella es lo mejor para su democracia, pero la realidad es que esa simbiosis puede calificarse de aberración política y de una falta deontológica gravísima en la libre competitividad de la carrera tecnológica del mercado. ¡No hablemos ya de la política!

—Pensemos por un momento que su tecnología está preparada. ¿Por qué elegir CrioTech? Es decir, la Iglesia se ha pronunciado, ¿pero en qué es mejor tecnológicamente hablando?

—Muy sencillo, en que seguimos siendo humanos —afirma Maison—. El talón de Aquiles de la tecnología de migración de humanos, por ahora, es que no es reversible. Los crionanorrobots, en cambio, pueden extraerse con una simple inyección para actualizarse, sustituirse o, si el usuario lo pide, eliminarse del cuerpo sin rastro alguno de su paso por ese organismo.

»ETech quiere meter a todos los humanos en cajitas. ¿Sabes cómo pretenden que perpetuemos la especie?, porque yo sí. ¡Por ahora desde las cajitas! Y en el futuro quieren que las propias copias que llaman "ojivas" sean las que tengan sus hijos, ¡independientemente del sexo del progenitor!

»Por Dios, es una barbaridad y, a pesar de no considerarme creyente, no hago más que plantearme si con ello acabaremos con una obra tan valiosa como la que representa el ser humano, sea cosa de Dios, de la evolución o de quien la fe de cada cual induzca a creer.

Durante varios minutos más, el tenaz entrevistado clasifica la alternativa de criorreparación humana como la mejor opción a través del alto poder de convicción y énfasis que ha demostrado durante toda la entrevista y alejándose de su conocido carácter hilarante. Finalmente, los enredos de Maison y del Gobierno están en la calle y contra toda una propuesta como la de ETech. Con esto, ahora muchos pueden configurar sus propios temores, repulsas y elecciones.

EL CRIOTUBO

Central Etech Technologies, Valencia,
25 de noviembre de 2034

Al otro lado del teléfono, Leire espera nerviosa a que Ángel le responda con la confianza que ambos siempre habían tenido. Mucho menos susceptible y teniendo presente la situación en la que se encuentra la relación entre ellos, Ángel deja pasar lo equivalente a tres tonos para responder.

—Espero que me llames para explicarme por qué no has venido a trabajar, porque no creo que llames a estas horas para decirme que te has dormido —responde sonriente y con un grado de sarcasmo más allá del que Leire está dispuesta a interpretar—. ¿Cómo estás, Leire?

—Ángel, mira, he estado pensando mucho y... la verdad, es que me gustaría que me apoyaras en esto.

—¡Claro! Dime, ¿qué necesitas?

—He decidido que será mejor que abráis el criotubo de Marian y así poder comprobar si es ella la que está dentro o no. ¡Me estoy volviendo loca! —exclama la neurocientífica.

—Bueno, yo te apoyo, pero ¿por qué me lo dices como si dependiera de mí? ¿No sería mejor que te hubieras dirigido a Anna, que es con quien firmaste el acuerdo? —dice confuso.

—Ángel, lo primero es que ya empiezan a amontonarse los motivos por los que me da la sensación de que el cuerpo de Marian no está ahí dentro y tampoco voy a hacer algo que vaya en contra de tus intereses. Lo segundo es que te recuerdo que no fui la única en tomar esa decisión y ahora me parece tan obvio que lo que conseguiste en aquel pueblo fue algo más que la explicación que nos diste que creí que lo mejor sería decírtelo a ti primero.

»De hecho, ha llegado el momento en el que deberíamos dejar de fingir y asumir que lo que en principio se contempló como un favor que nos hacías acabó convirtiéndose en una oportunidad para que tú encontraras a quien follarte, ¿no? Así que, si no te importa, llama a tu novia y dile que abra el criotubo. Ya podéis dejar de hacer como si no tuvierais nada que ver el uno con el otro.

El hecho de que no haya ni una mísera réplica por parte de Ángel en el transcurso de la exposición de Leire no hace más que incrementar la efusividad en cada una de las arremetidas que la joven preferiría haberse guardado para ella.

—No entiendo qué es lo que te sorprende de todo esto —alega Ángel ante un necesario cambio de dinámica que responde al callejón sin salida que le acaba de plantear la neurocientífica—. Ni siquiera sé por qué me estás hablando como si yo te debiera algo. Lo único que he hecho desde que murió Marian es intentar ayudarte en todo lo que entendía que te iba a hacer sentir mejor. Fuimos los dos los que accedimos a la donación del cuerpo de Marian. Yo tenía mis intereses, lo reconozco, pero al final la decisión fue tuya. Tú misma lo dijiste: «Va a estar muerta de todos modos, por lo que no perdemos nada». ¿Recuerdas?

»¿Ahora qué?, ¿has esperado a verme feliz, después de todo lo que hemos pasado, para venir a acusarme de que yo pueda ser cómplice de lo que haya o no dentro del criotubo?

Ángel capta cómo el trasfondo de la cuestión no se mueve solo en torno a la situación de su difunta amiga, sino que también responde a sentimientos que Leire nunca aclaró. Pero el habitual enfado al que recurre el joven como respuesta frente a cualquier presión ha conseguido cambiar la dirección de la conversación.

—¿Qué se supone que tengo que entender ahora con esto? ¿Te ha parecido ver a Marian en un puto periódico y se supone que no haberla enterrado también es por mi culpa?

—¿A qué te crees que fui allí, tío? ¿A ver si la veía a ella? Tenía bastante claro que, si en algo estaba relacionada con Thian, no podría encontrarla, ya que nuestro puto plan consistía en que el chino apareciera buscando a Anna por CrioTech. ¡No montamos todo eso para que te la follaras! Lakselv es un pueblo de dos mil personas. Fui a ver si alguien podía coincidir con el aspecto de Marian y así poder estar aún más segura de lo que vi.

—¿Y qué encontraste? —pregunta el heredero del imperio ETech.

La ausente respuesta al otro lado del teléfono evidencia un cambio de paradigma, con el que queda patente el absurdo planteamiento de su viaje.

—Leire, aunque no quieras creerlo, desde lo de Marian he estado haciendo todo lo que ha estado en mis manos para ayudarte, a pesar de lo mucho que me dolía todo lo que hay entre tú y Enzo. Y solo cuando he contrastado que algo pasaba entre vosotros dos es cuando he decidido seguir mi camino. Y, ¡joder!, de momento he encontrado a alguien que me corresponde.

»¡Sí!, puede que con la persona menos adecuada siendo quien soy, pero no me va a pasar lo mismo que contigo. Con las cartas sobre la mesa, ¿crees que tú eres la mejor para juzgarme?

—¡No!, pero tú mismo lo has dicho, quizá sea la elección menos meditada y aconsejable para alguien en tu posición. Ten en cuenta que, si quisiera jodértelo todo, le habría dicho a Anna la verdadera razón por la que acabasteis aislados por la nieve, en un pueblucho donde ni de coña están los huéspedes. Dile a tu novia que estaremos allí a mediodía para abrir el criotubo. No quiero seguir con esta discusión y además tengo que colgar ya. Adiós.

La tensión, que deja vacíos los interminables segundos de la despedida telefónica, es el mejor resultado que ambos firman ante la cruda exposición de realidades que han disparado en las dos direcciones, y eso que Leire se estuvo concienciando para no llegar hasta ese punto.

Una hora y treinta minutos después del mediodía sitúan a Leire y al inspector en el *hall* de las oficinas de CrioTech. Esperando a ser recibidos y aun habiendo sido informados de que Anna no dispondría más que de un breve espacio de tiempo a las dos de la tarde para atender la petición, se han adelantado treinta minutos. Las puertas por fin se abren para reunir de nuevo a los cuatro actores principales sobre los que sobrevuelan todas las incertidumbres acerca de Marian. A pesar de las sonrisas con las que Ángel y Anna intentan distender el tenso clima nada más aparecer por la puerta que da acceso a los laboratorios, se percibe el nerviosismo con el que todos tendrán que lidiar ya sea por interés, venganza, amor o ambición.

—Leire, inspector, acompañadnos, por favor —propone la CEO de CrioTech demostrando ante todo su profesionalidad.

El desenlace provisional de la situación había llevado a las dos parejas al mismo pasillo que recorrieron semanas atrás, aunque esta vez sin intercambiar ni una sola palabra. Allí, un técnico de laboratorio espera en la sala protegida con un código, que impide el acceso del personal no autorizado a las inmediaciones del criotubo.

—No entiendo muy bien a qué puede deberse este cambio de parecer en algo tan excepcional —comunica Anna a Ángel con la clara intención de que Leire se diera por aludida—. Me imagino que los motivos tendrán el suficiente peso. Ya sabéis que esta intervención podría impedir cierta parte de la recuperación de las funcionalidades cognitivas de Marian.

—¡Tú abre el criotubo! —responde contundente la neurocientífica.

—¿A quién esperas encontrar en la cámara, Leire? —pregunta Rafter—. Si mal no recuerdo, eres tú la que nos confiaste los restos de Marian y te insté a despedirte de ella, porque no recuerdo haberte dicho que su recuperación estuviera garantizada. Es más, si tu amiga no estuviera aquí dentro, que no es el caso, solo podrías acusarnos de haber perdido un cuerpo. Eres consciente de eso, ¿verdad?

Con el ánimo de distender un poco el clima, el detective Monzó intenta dirigir el foco de atención hacia el proceso hablando con el técnico asistente y lanzando preguntas a diestro y siniestro.

—¿Qué va a pasar al abrir el criotubo? ¿Y por qué es tan peligroso?

—En principio, las temperaturas bajo cero a las que se encuentra el cuerpo y que mantienen a los crionanorrobots operando en su interior a más del mil por ciento de su capacidad se incrementarán con rapidez al mezclarse con la temperatura ambiente a la que estamos —explica el técnico—. El ultracongelador no podrá afrontar la carga de toda la sala, como imaginarán, porque de lo contrario nos congelaríamos al instante. Así que las células artificiales implantadas empezarán a bajar su temperatura y su rendimiento.

—Claro que todo depende de cuál sea vuestro propósito. Me imagino que, si vais a querer llevaros el cuerpo y enterrarlo, no os importará mucho lo que le pase —interrumpe ahora Anna con el propósito de que el técnico continúe haciendo su trabajo—. En cualquier caso, necesito saberlo ya para indicar al personal de laboratorio si debe proceder con la extracción del producto, propiedad de CrioTech, que Marian tiene ahora mismo en su cuerpo. Aunque algo me dice que no estáis del todo convencidos de la idea con la que habéis venido.

—¿Algo como qué? —pregunta Enzo.

—Como no haber traído con vosotros un vehículo capaz de transportar un cuerpo humano, para empezar. Me imagino que la idea es cerrar de nuevo el criotubo, por lo que tendré que pediros que os deis prisa en realizar vuestras comprobaciones. Intentaremos que el cuerpo original de vuestra amiga no sufra más daños. Me imagino que entenderéis lo que implica para nosotros esta petición... ¡Si no tuviera a Ángel a mi lado, sospecharía que estáis frenando a propósito nuestro desarrollo tecnológico!

El sonido emitido por los condensadores del equipo se detiene de golpe. Tras la activación del protocolo de interrupción en la generación de frío, una gota de agua que resbala desde una junta del equipo cobra el protagonismo instantes antes de la apertura del dispositivo.

—No se parece nada a ella —le susurra Leire a Enzo; al instante, la joven se gira y se agacha para echar mano al material quirúrgico.

—Confío en que recordéis que, a pesar de que el cabello y los ojos son similares a los de Marian, existía la posibilidad de cambios en la fisonomía del sujeto —alega la voluptuosa dirigente de la compañía, buscando apoyo en el técnico de laboratorio.

—Es un efecto derivado del binomio entre el frío extremo y los crionanorrobots. Intentan reparar el frío también, pero no pueden —explica el técnico.

—Tranquilos, seremos rápidos —asegura Leire mientras prepara el material quirúrgico con el que intentará esclarecer de una vez por todas la situación.

La limitada sonrisa que dedica la neurocientífica a quien acaba de perder parte del crédito que le quedaba al responder a una pregunta que nadie hizo acompaña a la multitud de acciones que es capaz de desarrollar al mismo tiempo. A los pocos segundos, todos los presentes han sido testigos de la alta capacidad que, como especialista de laboratorio, había adquirido durante toda su carrera. Las muestras de cabello, piel, sangre e incluso saliva que se encuentra en un estado casi de congelación se fotografían y etiquetan junto con fechas y evidencias, que introduce en una caja de seguridad y que bloquea delante de los asistentes.

—¿Por qué sus fluidos siguen en estado líquido a estas temperaturas? —insiste Enzo mirando al técnico de sala.

—Precisamente por el potencial que presenta esta tecnología. Por lo general, inyectamos unos treinta millones de células artificiales en organismos vivos. En el caso que presenta el estado de Marian, hemos triplicado esa cifra con el objetivo de que las reparaciones puedan hacerse sin necesidad de consumo de oxígeno por parte de las genuinas células del cuerpo.

—De lo que hablan es del oxígeno del que se alimenta la vida —interrumpe Leire mientras va finalizando la toma de muestras—. Se han apoyado en el descenso del nueve por ciento de consumo de oxígeno por cada grado centígrado que se reduce la temperatura corporal.

—En efecto, cada grado centígrado que pierde el cuerpo humano equivale a un nueve por ciento de oxígeno menos consumido, por lo que, si las células se encuentran a todos los efectos congeladas, excepto en su estado físico, el consumo de oxígeno es cercano al cero por ciento. Es el principio en el que está basado la mayoría de las operaciones quirúrgicas más complicadas —ultima el técnico haciendo alusión a los procedimientos donde se baja la temperatura del paciente, con el objetivo de intervenir en partes críticas del cuerpo.

Pasados cinco minutos y tras la marcha de todos los invitados a los laboratorios de CrioTech, los sistemas de frío ya se encuentran de nuevo buscando el régimen de la operativa habitual de regeneración de tejidos y sistemas nerviosos de Marian. Entretanto, en el despacho de Anna Rafter, Ángel pregunta con cautela el significado de lo sucedido en el laboratorio contiguo al no acabar de encajarle lo sucedido en el lugar que tenía que haber estado su difunta amiga. Anna descarga todo su peso en la mesa y, extrañamente inquieta para lo que acostumbra una mujer tan profesional, evita responder de forma directa a la pregunta de su amante. Al final, recurre al tanteo emocional en busca de un apoyo al que, por su puesto, Ángel accede. Sin embargo, el abrazo responsable de estabilizar la presión a la que dice estar sometida se ve interrumpido por una llamada que el joven recibe desde el Departamento de Administración de ETech.

—Perdona, tengo que responder.

—Ángel, te llamaba para preguntarte qué quieres que hagamos con la factura de la ojiva de Ester del Páramo —se escucha con toda claridad ante el silencio del despacho.

—¿Qué quieres decir?

—Si se la cargamos o vamos a hacer como con la primera.

—Esta es la primera y hace más de un mes que os dije que asumiríamos nosotros el coste.

—Perdona, Ángel, pero creo que es la segunda.

—¿La segunda ojiva? ¿A santo de qué?

—Bueno, no sé si es que no te han informado, pero hubo que remplazar la primera después de determinar que había quedado demasiado dañada para su reparación en la explosión del coche de Rose.

—¿En la explosión?, ¿qué explosión? No hagas nada, voy para allá.

A solo unos kilómetros de la ciudad, la otra pareja ya se dirige hacia el laboratorio con las muestras extraídas del supuesto cuerpo de Marian. De camino, analizan cómo cada palabra y cada paso de CrioTech introduce una nueva variable con la que deben plantearse la mejor forma de sacar partido. Aun teniendo al inspector como su nuevo apoyo sentimental, a Leire le cuesta disimular que no le importa ver como todo aquello que vivió con Ángel durante los últimos años se desvanecía a la misma velocidad que desapareció Marian.

—¿Qué vamos a hacer? —pregunta Leire al detective.

—De momento, tener paciencia, Leire. Abrir el criotubo no podría haber llegado en peor momento para Ángel.

—¿Por qué dices eso?

—¿Crees que no debe haber afectado a su relación la entrevista de Maison? Destrozó a ETech. Además, ¿has visto la cara de Ángel al abrir la cápsula? Yo diría que tampoco le ha hecho mucha gracia haber estado en el lado por el que se decantó después de su paseo en el helicóptero. Puede que nuestro papel en todo esto se reduzca a esperar el momento adecuado para darle el último empujoncito a tu jefe.

—¿Y qué pasa con Hang, Thian y Akash?

—A eso me refiero. El mejor posicionado para saber la verdad acerca de quiénes son y qué tienen que ver con la muerte de Marian debe estar en este momento preguntándole a Anna quién coño era esa que estaba en el criotubo. Está claro que no has visto su cara.

—Ya, pero una cosa es verdad: en el peor de los casos, solo podemos denunciar la pérdida de un cadáver y con nuestro consentimiento firmado no creo que lleguemos muy lejos.

A pesar de estar ya en plena ciudad, Enzo se busca la vida para seguir conduciendo con la destreza que requiere el tráfico, aunque con la única mano libre tras estrechar la otra con su acompañante y tratar de mostrarle que él aún sigue a su lado. Sin responder, Leire no hace más que mirar por la ventana recordando las primeras veces en las que sintió más cerca de ella a su ahora distante jefe...

EL *FLASHBACK* DE LEIRE

ETech Labs, Valencia,
2 años antes, 10 de mayo de 2032

—¿Y qué significa eso, Leire? —le pregunta hastiado Glyn Torres a la responsable del desarrollo tecnológico de migración humana.

—Que no sé por qué en los huéspedes seis y siete se ha completado una sincronización con su ojiva y en las otras muestras no.

Todos los documentos del interior de la papelera que salen volando tras el puntapié del enrabiado anciano ya se han desperdigado por el suelo incluso antes de que Leire entienda el origen de semejante estruendo. No era normal ver perder los papeles a todo un caballero, como solían identificarlo para quien no lo conocía.

—¡Dios! —exclama Glyn, mientras continúa prestando atención a los ratones que esperan en la vitrina para ser descartados—. Cada vez que creo que lo has conseguido destrozas todas mis esperanzas con fallos que ninguno de los dos esperábamos. Pero, míralos, ¡todos se mueven!

La joven promesa del laboratorio comienza a explicar disgustada los resultados, aunque sin poder ocultar la fascinación que le produce su campo de estudio.

—Sí, pero mira los huéspedes seis y siete. Siguen en un estado de letargo que ha requerido la disminución de la temperatura de sus cámaras, mientras que sus ojivas se comportan como si nada. He comprobado sus ondas cerebrales y mantienen el mismo patrón. Es decir, la migración es satisfactoria, pero mira estos otros. Cuando todo parecía normal, de repente, los huéspedes han despertado y las ojivas se han quedado como idiotas haciendo cosas sin sentido —advierte, señalando las vitrinas identificadas con los números dos, tres y cinco.

»Los movimientos erráticos que presentan esas ojivas no están producidos por el cerebro del huésped. He comprobado sus ondas cerebrales, ¿ves?, nada que ver, da la sensación de que se mueven sin voluntad alguna, por instinto, quizás. Es como si fuera otra criatura que ni siquiera reacciona a los estímulos primarios; pronto morirán de hambre, aun teniendo comida.

—Y entonces, ¿qué son? —pregunta el dueño de la compañía retóricamente mientras se dirige a la salida cabizbajo.

—Errores.

—Exacto, más errores, Leire. No puedo seguir perdiendo el tiempo con ratones que chocan con las paredes. Soluciónalo o me encargaré de encontrar a alguien que sí sepa lo que está haciendo.

Minutos después, la joven científica zarandea el brazo con violencia por encima de la mesa y tira al suelo todos los informes de las pruebas que ha repasado con tanta insistencia y que no le dejan llegar a la conclusión de que existe un nivel de maduración óptimo por cada especie animal que se desee migrar. El ruido de lápices, bolígrafos y todo tipo de material de oficina cayendo al suelo llama la atención de Ángel. Alertado al pasar por delante de la puerta en ese preciso instante, entra al despacho donde encuentra a Leire, que deja salir toda su desesperación.

—¿Estás bien?

—¡No! No sé qué pasa. Todos los cálculos son correctos, debería funcionar. Mi departamento es el más importante y con cada fallo no solo parece que decepcione a Glyn, también a todos los demás que no podéis hacer otra cosa que esperar a que mi parte esté lista.

Ángel se acerca a ella tan despacio como la velocidad a la que le gustaría que la directora de investigación se percatara del rumbo de sus sentimientos, porque apuntan justo en su dirección.

—¿Te ha gritado?

—No, si me hubiera gritado... No sé —admite frustrada—. Llevo dos semanas casi sin dormir. Primero, porque las putas ratas seis y siete me hicieron pensar que ya lo teníamos y, luego, porque con cada nuevo fallo me daba cuenta de que estaba más lejos de lo que creía que habíamos conseguido.

—Necesitas descansar.

—No tengo tiempo y menos después de la advertencia de Glyn.

—Pasa de él. Ven conmigo.

Son los últimos días de mayo, la Comunidad Valenciana disfruta de uno de los mejores climas de la península y permite que Leire pueda sentir de nuevo cómo entra el aire en sus pulmones y deje atrás todo lo que importa menos las funciones más vitales de su cuerpo. Y es que el descapotable en el que ambos recorren la carretera que bordea la costa constituye el perfecto contraste que la copiloto necesitaba para apartarse de los malditos ratones; los mismos con los que se identificaba cada vez que fracasaba. Con la caída del sol, cada grano de arena de la playa donde Leire había conseguido reír y jugar es ahora parte de la piel que envuelve la indiferencia con la que se duerme sobre las piernas del nieto de su jefe. El futuro que más tarde recorrerían y que lograría encumbrarles en el más absoluto éxito hasta chocar con la pérdida de Marian lo llenaron páginas y páginas de muestras de cariño que, descoordinadas, soñaban cosechar la única sincronía que Leire nunca conseguiría ajustar con sus cálculos, la que hubieran materializado con su amor.

¿LA ESTRATEGA?

Oficinas centrales de ETech, Valencia,
63 años después, 7 de noviembre de 2095

Después de casi un mes buscando a Alba donde creía poder encontrar los indicios más relevantes de su secuestro, los rumores de la salud mental de Ester comienzan a esparcirse entre los miembros del consejo de ETech. Ciertas conversaciones en paralelo, entre ellas el motivo del incompresible pacto de no agresión que hasta entonces se había respetado con CrioTech, se oyen desde el exterior de la sala de juntas. Sin embargo, y ante la ausencia de la matriarca, la propuesta dialéctica de Alice acaba imponiéndose para todos.

—No podemos seguir esperando. Está claro que la gente no quiere que sus ojivas sigan trayendo a sus hijos a este mundo sin la garantía de que completarán el programa de migración. Tenemos que detener la campaña «Capacity» —explica en referencia al nombre que han decidido poner a los hijos naturales que nacen de sus cuerpos artificiales, es decir, de las ojivas—. No quiero ni imaginar por lo que estará pasando Ester, pero quizás sea el momento de que demos un paso atrás y volvamos a plantear hacia dónde va esta compañía. Si no hacemos nada, en un año tendremos problemas mucho más serios que los que tenemos ahora.

El murmullo de los asistentes al que ahora se resigna la encargada del desarrollo estratégico de la compañía no es más que el análisis de su criterio desde diferentes perspectivas. De hecho, alguno de los miembros ha comenzado a otorgarle su reconocimiento después de lo sucedido, ya que ella misma fue quien aconsejó frenar la campaña «Hijos de ojivas» durante mucho más tiempo del que finalmente se le concedió, un año. Aunque Alice no quiera hacer sangre al respecto, para ella es inevitable adoptar esa posición tan beligerante que indica un claro «os lo dije». Y es que haber esperado un año entre la activación del primer aparato reproductor de una ojiva, el de Ester, y el de todas las demás, era demasiado poco margen si algo salía mal. Frustrada por no haber pensado que el problema podría generarse en la primera migración y no en el nacimiento de aquellas criaturas, la estratega continúa...

—Si hubiera sido por vosotros, habríamos lanzado el producto al mercado al mismo tiempo que Ester y ahora no tendríamos un único fallo de migración. Tendríamos millones. Abrid los ojos, ¿no veis que es nuestra responsabilidad detener todos esos embarazos?

La propuesta consigue que algún que otro miembro tape su cara al ser consciente de la magnitud del problema. Madres y padres con hijos que no podrán ser nunca migrados, o incluso progenitores con vidas en su interior forzados a interrumpir su embarazo.

«Es una locura», piensa más de uno.

—Si no nos defendemos antes de que esta posibilidad ocurra, prepárate para ver cómo entierran en demandas a esta empresa —personaliza ahora la estratega en dirección al presidente del consejo—. Tenemos que votar si debe detenerse el programa de reproducción humana en ojivas. Ester puede votar desde donde quiera que esté o..., señores, quizá, ¡debamos plantearnos excluirla de esta votación por verse comprometida emocionalmente!

La discusión queda interrumpida durante unos segundos al aparecer Ester y dejar sin efecto cualquier rumor sobre su salud mental.

—No tengo nada que esconder y no creo que mi opinión se aleje mucho más de lo que recomendaría cualquier directora de estrategia en esta situación —se reafirma la joven pelirroja, al percibir sobre ella las pupilas de la recién llegada.

El silencio que se ha generado ahora en la sala de juntas llega a extenderse tanto en el tiempo que más de uno pensaría que, de incómoda, la situación ha pasado a ser absurda. Aunque después de tanta espera, quien vuelve a mover ficha es la directora de estrategia.

—¿Por qué tenía que ser con tu hija? —pregunta Alice asumiendo que, aun habiendo acertado en todo, continúa sin tener apoyos que se atrevan a dar un paso al frente por ella.

—Porque la migración de los hijos de ojivas permitirá aumentar el coeficiente intelectual a una escala sin precedentes y sin estar dormidos. De ahí su nombre, los Capacity. ¡No iba a permitir que mi hija no fuera la primera!

Nadie, a excepción de Alice, el presidente del consejo y algún que otro friki, parece haber entendido las implicaciones de todo aquello. La propuesta de los Capacity es una evolución de la propia tecnología que ETech desarrolló para la fase REM, es decir, aquella que permitía al huésped focalizar lo impulsos eléctricos de su ojiva en zonas específicas del cerebro para acceder a todo ese potencial mientras duermen. A grandes rasgos, lo que Ester había querido decir con esta actualización es que era un hecho contrastado que, tras la migración de la primera descendencia de un cuerpo artificial, ya no sería necesario estar dormido para acceder al extra de potencial neuronal con el que se diseñaron las ojivas. Ante el desconcierto que reinaba en la sala, el presidente del consejo interviene para ayudar a algún miembro que no puede ni disimular estar perdido.

—Es muy sencillo, hay dos rasgos principales en la evolución. El primero ya os lo ha dicho Ester, el potencial podrá desarrollarse en ojivas despiertas; el segundo tiene que ver con la evolución de nuestros cuerpos artificiales. ¿Os acordáis?

»A fecha de hoy, la mente de un huésped es tan poderosa porque en realidad se encuentra siempre en fase REM y el cuerpo está casi congelado. Sus funciones corporales están prácticamente detenidas, por lo que el oxígeno que bombea su corazón solo debe ocuparse de un órgano, el cerebro. ¡Con esto iluminamos las redes neuronales de las ojivas como si ahí dentro fuera Navidad!

»Pues, veréis, el cerebro original de un humano tenía un número específico de conexiones neuronales. Sin embargo, todas nuestras ojivas idénticas se imprimieron con muchas más. Al permitir que un cuerpo artificial con más conexiones neuronales tenga descendencia, conseguimos que esa nueva generación evolucione y pueda traer al mundo bebés mucho más capaces.

»¿Qué creéis que pasará cuando los hijos de nuestras ojivas, que ya de por sí nacen con más neuronas, sean migrados a los cinco años a otros cuerpos artificiales con más neuronas todavía? Y despiertos... ¡Por Dios, Ester!... —protesta el presidente dando a entender el carácter exponencial al que quedan sujetas las redes neuronales en la evolución de ojivas.

—¿De qué os sorprendéis tanto? —responde ahora Ester.

—¿Me estás diciendo que, si la migración de tu hija hubiera salido bien, ahora tendría la mente más lúcida de la historia de la humanidad? —pregunta la joven estratega—. ¿Cuándo pensabas decirnos esto y por qué eres la única que conoce estos detalles?

Ester se dispone a responder mirando sus manos y ciertas partes de su vestido, tras simular haberlo colocado bien, con el único objetivo de quitar importancia a los hechos:

—Este potencial existe desde el principio de la tecnología de migración. En todas las tecnologías pasa, siempre hay actualizaciones de *software* que mejoran nuestros dispositivos. En este caso, al activar el aparato reproductor de las ojivas se genera una evolución en el descendiente que solo es efectiva una vez migrado.

»Por supuesto, para poder hacer uso de esas facultades tendrán que ser activadas por ETech a través de una suscripción. No me miréis así, ¿creíais que los cuerpos que imprimimos no podrían evolucionar? Son quinientas veces más potentes que un humano.

—Aun siendo miembros del consejo y principales accionistas los que estamos en esta mesa, tú ni te esfuerzas en disimular que nos debes cierto tipo de respeto —protesta Alice resignada ante la clara desventaja—. Sabes que la suma de todas nuestras acciones es superior a tu cuota de participación, ¿verdad? ¿Por qué eres la única que sabe todo esto?

—Porque yo fui creada a la vez que la tecnología. ¡Soy la madre de esta tecnología! Ninguno de vosotros existía cuando yo alcanzaba la segunda migración de los diez años y Glyn Torres fue prácticamente mi abuelo. Él sabía tan bien como yo que los humanos solo teméis a la tecnología cuando la veis avanzar mucho más rápido de lo que vuestros cerebros son capaces de comprender.

»La evolución humana en ojivas se acelera de forma exponencial. ¡Por Dios! Leire y Glyn detuvieron sus ensayos cuando una puta rata se quedó observándoles como si estuviera a punto de hablarles. —Sonríe—. ¿Qué iba a pensar el mundo de los Capacity?

»Recuérdanos, Alice, ¿cuánto tiempo pasó hasta que te convencimos de que esta actualización era necesaria? Y de paso, explícanos también por qué tienes tanto interés en detener este proceso.

Tú no querías un espacio de tiempo entre la primera y el resto, tú nunca quisiste que evolucionáramos.

»¿Hay alguien aquí que haya olvidado lo que pasó durante los primeros meses de la migración humana? El mundo entero negó su potencial. Joder, me pusieron una bomba —admite entre sonrisas que se alejan cada vez más de la sensación de haber perdido a su hija—. Lo único que hemos hecho es acelerar la evolución.

—¿Evolución? ¿Quieres decir que los hijos de ojivas seguirán evolucionando con cada generación? —pregunta uno de los miembros mientras el presidente del consejo cubre su cara con las manos, consciente de que los humanos nunca hubieran podido evolucionar a tal velocidad.

—Todos los indicativos hacen pensar que sí. La primera descendencia de una ojiva podría alcanzar el coeficiente intelectual más alto registrado —indica la matriarca—. Después se espera que el aumento por cada nueva generación sea de un diez por ciento.

—¿Te dijo Glyn dónde acaba todo esto? —pregunta el presidente.

—No. Me lo dijo Leire —responde Ester—. Superhumanos... —continúa—. Individuos capaces de elegir la mejor opción antes incluso de que otro las perciba, movimientos calculados al milímetro, control de sus funciones corporales, etc. Una infinidad de recursos para nuestros hijos que solo verán limitadas sus posibilidades ante un único escenario, ¡que no consigamos averiguar por qué ha fallado la migración de mi hija!

—Increíble. ¿Y si se vuelve contra nosotros? ¿Y si alguien tiene más potencial del que podemos controlar? ¿Quién apagará eso?

—Se revuelve la estratega a la que le ha faltado mucha información para hacer su trabajo.

—Nosotros, mi querida irreverente e inconformista Alice —responde con un exceso de adjetivos peyorativos con los que invita a resistir su ansia de confrontación—. Del mismo modo que sucede en todas las actualizaciones, los beneficios que las ojivas obtengan deberán ser abonados y, en caso contrario, se deshabilitarán sus privilegios.

—Enhorabuena, Ester —advierte ahora Alice con sarcasmo—. Es todo lo contrario al planteamiento de Rose Mora. Tu madre planteó igualdad para todas las clases, en eso se basaba su modelo. Además, ¿crees que podrás controlar a humanos modificados que podrían tener habilidades telequinéticas, por ejemplo?

—Lo que creo es que no sé qué hiciste hace muchos años para entrar en este consejo, porque el desarrollo estratégico que tu puesto implica no ha estado nunca a la altura de tu dotación.

Llegado al punto en el que la falta de consideración de ambas se adentra en el terreno personal, Alice se marcha y deja una reunión en la que queda patente ante el consejo el poco afecto y respeto que las dos mujeres se tienen desde hace años.

SÍ, LA ESTRATEGA

Jefatura de Policía, Valencia,
38 años antes, 15 de mayo de 2057

Después de que Alice consiguiera poner en jaque a toda una ciudad en menos de cuarenta y cinco minutos, la policía tiene suficientes pruebas para presentar cargos contra Pablo y sobrados indicios de que las continuas embestidas contra la tecnología son obra de la joven que abandonará la asamblea de ETech treinta años después, tras la discusión con Ester. En salas separadas, los presuntos responsables están siendo sometidos a todo tipo de interrogatorios, a la espera de una propuesta capaz de satisfacer los intereses de todos los implicados.

Sala de interrogatorios número 1

Entre la multitud de argumentos capaces de atemorizar a alguien como Pablo, que presenta poco más raciocinio que un adolescente, han destacado los expuestos por su abogado, cuya praxis se ha limitado a definir los cargos a los que se enfrenta. Desalentado, al abrirse de nuevo la puerta, el joven descubre la primera cara amiga en más de siete horas de tortura psicológica. No parece que vaya a aguantar mucho más tiempo sin delatar a un compañero.

—¿Estás bien? —pregunta Ester, a lo que él niega con un movimiento de cabeza.

—¿Has venido a decirme que he destrozado mi vida y a seguir con las amenazas de todo el que entra por esa puerta? —le responde Pablo con otra pregunta.

—He venido a darte las gracias.

—¿Por qué?

—Por salvarme.

—¿De algo que yo provoqué?

La mirada de la joven se pierde en la señal de la cámara que todavía se encuentra grabando.

—Si tan convencido estabas, ¿por qué me salvaste? Sabes que otra ojiva hubiera ocupado mi lugar, ¿te arriesgaste a ser capturado por nada?

—Mira, yo no sé si me arriesgué o no. Lo único que te puedo decir es que cuando te vi, algo se paralizó dentro de mi cuerpo. Creo que por primera vez en la vida sentí a mi huésped, fue como si hubiera sentido lo que significaba ser una persona.

—¿Y qué sientes ahora? —pregunta situándose junto a él.

Sala de interrogatorios número 2

—¿Y si te hubiera identificado como la responsable de todo? —inquiere el comisario a la sospechosa Alice en una acalorada discusión que comienza a perder su razón de ser.

—Lo dudo mucho, comisario. Yo desperté con el resto del mundo que estaba en la calle cuando activaste el juguetito con el que nos desconectasteis a todos.

—Vamos a poner las cartas sobre la mesa, niñata. Pablo Sanders va a convertirse en nuestra cabeza de turco, ya que, si no colabora, no podemos demostrar que todo esto es cosa tuya. Teniendo en cuenta que has venido por tu propia voluntad, debe ser que sí que hay algo en todo esto que de verdad te importa.

»Hay gente muy enfadada con la situación y vamos a procesarlo. Podrás ver en él todo lo que te espera, si no tienes alguna propuesta mejor que venir a insultarnos. Mientras tanto, ahí tienes la puerta. El camino de vuelta es el mismo que el que has usado para venir por ti misma y sin que nadie te lo pidiera.

Las últimas palabras del interrogatorio se pierden por los pasillos de la comisaría al dejar el agente la puerta abierta, a la vez que se marcha señalando lo poco que le importan sus propuestas. Ni siquiera llegan a pasar diez segundos entre que el comisario simula no importarle el próximo movimiento de Dowens y la aparición del mucho más envejecido Glyn Torres, quien aprovecha para entrar y comenzar la conversación desde un enfoque muy diferente.

—¿Por qué haces esto contra ETech?

—Señor Torres, justo la persona que quería que entrara por esa puerta. ¿Piensa ofrecerme algo que me interese? —pregunta la futura estratega.

—Puedo ofrecerte salvar a ese chico del lío en el que le has metido, con tal de alcanzar tu meta. Esa que poco tiene que ver con acabar con la migración humana.

—¡Uhm! —responde Alice tan interesada como pletórica—. ¿Qué sabe usted de mí?

—Que tienes programada la siguiente migración de los veinticinco y veintiocho años, Alice Dowens, y no es propio de los acérrimos instigadores del Movimiento Contra la Migración de Humanos (MCMH). Déjate de hostias, niña, y dime qué es lo que quieres de nosotros —pregunta otra vez, con la pausa de un anciano casi veinte años mayor y extrañamente triste y desgastado, como si algo le hubiera quitado todo lo que algún día amó.

—El MCMH es quien me ha contratado. Yo solo trabajo para el mejor postor.

—¿Ya está? ¿Todo lo que quieres es dinero?

La joven ríe ahora a carcajadas al ver que nadie repara en que sus últimas estratagemas configuraban un infierno diseñado en exclusiva para el deleite de sus clientes.

—¡No se trata de dinero!, sino de reconocimiento.

—¿Reconocimiento de qué? —pregunta Torres.

—El reconocimiento que merece la mejor estratega de este planeta. He destrozado vuestra estructura con unas cuantas latas de gasolina y cinco discursos, ¿o tú tampoco te has dado cuenta, viejo?

—¿Y qué es Pablo en todo esto? ¿Tu peón?

—¡No! La moneda de cambio.

—¿Qué te hace pensar que tienes algo que ofrecer a cambio de tu amigo?

—En unos pocos meses, he sustituido vuestra arquitectura de programación de migraciones, saboteado la materia prima e incluso me he colado en vuestro edificio para destruir los equipos.

El semblante del anciano no resuelve la expresión entre la sorpresa y el cabreo que se apoderan de él.

—¿Tienes la desfachatez de admitirlo? Las migraciones ficticias que programaste suplantando las que sí debían hacerse podrían haber dejado a muchos niños sin su primera sincronización con una ojiva.

—Sin embargo, no se dio el caso y con ello reforzasteis el *software* como me imagino que también renovareis el *hardware* después de todo lo de ayer, ¿verdad? Y en cuanto a la materia prima, todo ha quedado en beneficios para tu empresa y sin ningún daño importante, ¿me equivoco? Por lo que quitando el coche bomba de hace treinta años y del que por supuesto asumiré que no sabes nada, Glyn —continúa la joven atreviéndose a rematar su sarcasmo con un exagerado guiño—, ¿has pensado a quién ha beneficiado en realidad cada uno de los ataques perpetrados a ETech Technologies? —susurra para evitar ser captada por algo más que no sea la cámara que parece apagada.

»Se está librando una guerra y no podré demostrar quién soy si no pertenezco a uno de los bandos que se enfrentan. Y me temo, señor Torres, que no tienes muy claro el potencial destructivo que se está gestando alrededor de la expansión de tu tecnología. ¿Has pensado ya en quién será la persona que te sustituirá en esas maniobras estratégicas tan explosivas?

—Cuidado, niña —responde mucho más calmado y escondiendo su fascinación detrás de una fachada con la que no se atreve a hacer otra cosa que pedir respeto.

—Puedes considerar los últimos acontecimientos como parte de mi currículum o de una advertencia, pero recuerda... El gran problema de los mejores estrategas que surgieron entre mi generación y los que la historia ha considerado como los mejores es que nunca tuvieron una guerra en la que demostrar su capacidad. ¡No cometas el error de creer que esto son solo negocios! —remata Alice.

CAPÍTULO 7
RENDIJAS Y EXPERIMENTOS

¿DÓNDE SE HA METIDO?

Un inagotable desfilar de distracciones, desatadas por los sentimientos del inspector hacia la mujer que transita por su casa, provocan el bloqueo de su enorme potencial. Distraído, Enzo intenta trazar un plan para tumbar la siniestra ventaja que aprovechan Maison, Matsuyama y Akash con sus indescifrables conexiones. Mientras tanto, la confrontación entre Ángel y Leire no podría sostenerse por algo con menos calado que la escasa consistencia del papel que les vincula por contrato. Por otro lado, la condición política de Rose ha dado un nuevo giro inesperado al ver aplastada su estrategia con la capacidad de una creencia que la humanidad ha utilizado a lo largo de los siglos para derribar las mentes más lastradas por el miedo al vacío tras el umbral de la muerte, la fe.

En la otra parte de la ciudad, el soleado día de invierno consigue diseminar por todos los rincones del club de golf una sensación de inusual calma en Glyn, que vuelve a percibirla después de mucho tiempo. Detenido en las escaleras que le llevan al interior de su habitual restaurante, puede intuir como, en pocos minutos, esa serenidad que le invade volverá a visitarlo para hacerle comprender el motivo por el que la vida hoy le sonreía de una forma diferente. Y, en efecto, la cadena de pensamientos experimentada se materializa nada más abrir la puerta y confirmar el vacío de una mesa donde ya no hay ni rastro de su indeseable compañero de oriente. Por fin, después de varios meses, el fundador de ETech puede disfrutar de una copa de vino a sabiendas de que nadie está en el mismo lugar que él sin otro motivo que no sea el interés hacia su persona. Pero el eufórico estímulo que el anciano ha podido contener frente al camarero, de inmediato, queda relegado a un segundo plano de acuerdo a planteamientos mucho más meditados. ¿Qué justificaría la desaparición de aquel hombre? Puede que, entre el amplio abanico de posibilidades, hubiera alguna con la capacidad de crear en el entorno de Glyn más disgustos que beneficios.

—Este tipo de problemas no desaparecen por sí solos... —murmura Glyn para sí mismo.

Centro de Madrid,
30 de noviembre de 2034

El árabe que ocupa los pensamientos de Glyn espera paciente dentro de un ascensor del edificio We Work, en el Paseo de la Castellana, a que las puertas indiquen con su apertura que ha llegado a la planta de destino. Su maletín y su traje restan importancia a su musculosa complexión y altura, que sugieren una oculta constitución envidiable o un obstinado entrenamiento.

—No está usted pidiendo nada que no podamos hacer... —explica el árabe—, pero vamos a necesitar tiempo para planificarlo. La coordinación debe ser tan perfecta como la propuesta que con toda seguridad usted me hará si quiere cerrar el trato. Pero, dígame, ¿qué vamos a sacar nosotros de todo esto? Recuerde que no es dinero lo que queremos obtener en este asunto.

Las escasas luces de la sala enturbian la figura de quien ha detenido en una pantalla de televisión la imagen de la pequeña Ester. Un siniestro escenario preparado por Hang Maison, con el que trata de persuadir a su nuevo amigo para comenzar una estrecha colaboración con lúgubres propósitos. Minutos más tarde, deciden emplazarse en una nueva convocatoria en la que pulirán los detalles de la operación con la que, esta vez, el árabe deberá convencer al afroamericano tanto como lo ha conseguido hacer la oferta expuesta.

MOTIVOS PARA SOSPECHAR

Estado de conexión. Conectando...
Interfaz red de usuario código **EP061036 Ester del Páramo**
Fecha: 7-11-2095. 18:45
Acceso a red pública/Archivos/Diario de Enzo/2122034

Centro de Valencia,
2 de diciembre de 2034

Me encuentro en un momento profesional algo complicado. A pesar de que mis investigaciones en torno a la empresa CrioTech Technologies no han dado todos los resultados que a estas alturas había calculado, el volumen de sucesos inconexos no hace más que aumentar mi interés por este rompecabezas. El incidente sucedido frente a los laboratorios de la multinacional en cuestión, donde fui atacado por el sospechoso identificado como Akash, tuvo para mí tanta relevancia como para presentarlo a mi superior. Su dictamen no solo descartó las conjeturas que pudieran derivar en la reapertura del caso de Marian, sino que incluso manifestó su indignación y enfado por el desvío de recursos que yo mismo estaba invirtiendo. Además, tampoco podía culpar a nadie de no creer mi inverosímil historia. Se trataba de tres individuos con el mismo significado en sus nombres que habían hecho cosas increíbles e imposibles de demostrar. En consecuencia, tomaron la decisión de adjudicarme ciertos casos que quedaban lejos de mis competencias habituales. Creo que el comisario pensó que así podría mantenerme controlado.

La suspensión de empleo y sueldo durante los próximos dos meses en la que me encuentro en la actualidad viene justificada por el uso de recursos de control de tráfico, los cuales no pude justificar en el marco de los casos que me habían asignado. Y me explico... Puesto que la resolución de estas nuevas investigaciones no estaba comprometida por el tiempo, decidí comunicar que seguía trabajando en ellas cuando aún estaba con el caso de Marian. En mi defensa debo alegar que la simplicidad de mis nuevas asignaciones resultó tan elemental que las conclusiones casi se conectaban sin esfuerzo por mi parte.

La cosa es que después de revisar mejor mis grabaciones del día que Akash me dejó KO pude interpretar que él era aquel chico que salió de un coche con matrícula francesa y que en un principio no me llamó la atención. No pasaron ni dos horas desde aquello hasta que mi superior me exigió una explicación acerca de la vinculación entre la información que solicité a la DGT y los casos que me acababa de asignar. Afortunadamente, mi contacto en tráfico, con el que me he reunido de forma extraoficial, me ha indicado que el vehículo en cuestión acaba de cruzar de nuevo la frontera delimitada con Francia. Por lo que ahora no tengo ninguna duda de con quién debo contactar con independencia de mi suspensión.

La conversación con el agente francés que perdió un compañero en el bosque en muy extrañas circunstancias fue mejor de lo que esperaba. Después del primer contacto, podría asegurar que su interés por el caso es equiparable al mío, con la salvedad de que yo no he perdido a nadie, aunque la persona de la que estoy enamorado sí.

Tras localizar el vehículo de Xander, ambos decidimos que nuestra mejor opción era seguirlo hasta el lugar donde se encontraba para poder relacionarlo de alguna forma con el joven Akash e incluso con CrioTech. De este modo, podríamos convencer a nuestros superiores de que la investigación tenía recorrido y motivos para comenzar con las detenciones, o al menos para devolverme la placa.

El lugar hasta donde lo siguió, según me trasladó, es SaintGenisPouilly, un pueblo situado en Suiza, cercano a la frontera con Francia, muy famoso por acoger el laboratorio de física de partículas más grande del mundo, más conocido por su acrónimo: CERN. Por lo que parece, un tal Alexander Massa (Xander), al que yo no conocía, y una mujer que encajaba con los rasgos físicos de Marian quedaron en un café de la zona con un eminente físico llamado Drederick Jablonsky, quien con toda seguridad trabajaría en el propio superlaboratorio de la zona. De acuerdo con lo que me relató, sus gestos e interacciones apenas podían esconder un cerebro repleto de extraños hábitos que acompañaban a una persona más preocupada en el rompecabezas del área de la física que en disimular su locura. A continuación, transcribo traducida la conversación que grabó mi colega, en un francés perfecto, por parte de los tres integrantes de la reunión, en la que Alexander consiguió llamar la atención del doctor en física cuántica al haber accedido a información muy relevante acerca de sus investigaciones más clasificadas.

SaintGenisPouilly, Suiza,
4 de diciembre de 2034

—¿Quiénes son ustedes? —pregunta el doctorado por la Universidad de Harvard al extraño binomio formado por Alexander Massa y la joven con rasgos muy similares a los de la difunta y encapsulada Marian Sanz.

—Esa información no es relevante en esta situación —responde Xander, tan parco en palabras como de costumbre.

—De algún modo tendré que llamar a quien amenaza con robar el trabajo al que he dedicado toda mi vida, ¿no? —enfatiza Drederick Jablonsky.

Los nervios de a quien le han podido despojar de una idea más multimillonaria en reconocimiento que en dinero saltan a la vista en la forma de hablar del físico. De hecho, el poco pelo blanco que resta en su cabeza está aún más deshecho después de no parar de rascarse por los nervios, que también le hubieran provocado una situación similar en su barba canosa si no fuera porque apenas alcanza los siete milímetros de longitud. Tanto movimiento casi es gracioso desde el punto de vista del gendarme francés. Aunque no debe serlo para alguien que con toda claridad padece dermatitis atópica, a juzgar por los rasguños y por la piel seca que desprende con cada restregón que sus uñas aplican a su prominente mandíbula.

—A mí no volverá a verme nunca; en cuanto a ella, considérela su salvoconducto para avalar que la investigación es íntegramente fruto de sus esfuerzos, doctor Jablonsky.

—Nuestra intención no es publicar nada que usted no quiera contarnos —admite la joven—. Es más, tiene mi palabra de que aquí el único objetivo es que su investigación no vea la luz por parte de nadie que no sea usted mismo, pero creo que antes no le vendría mal que confirmáramos que sus cálculos son correctos.

—¿Quieren decir que ya conoce el resultado?, ¿ya saben si mi teoría es correcta? Si eso fuera cierto, ¿por qué nunca se ha publicado nada al respecto? —pregunta ahora el doctor recolocando sus gafas y rascándose con violencia la piel de los brazos.

—Entre mis colegas no soy el único que sabe cuál es la realidad del comportamiento cuántico de los átomos. Lo que de verdad me importa es saber hasta dónde ha descubierto usted —responde Alexander al mismo tiempo que, sin asustarle, sujeta las manos de Drederick para detener ese destrozo epidérmico provocado por tanta incertidumbre.

El intercambio de misterios que nadie quiere desvelar se encrudece cada vez más, teniendo en cuenta que la voluntad de Xander es conocer al detalle la investigación del doctor y que este último se resiste a revelar información que pudiera completar huecos en estudios paralelos de algún otro equipo de científicos.

—¿Qué significa «entre sus colegas»? ¿Y qué le hace pensar que estoy dispuesto a explicar en exclusiva a alguien que no sé ni quién es toda mi investigación? Ni siquiera la he publicado todavía.

—¿Es que no le llamó la atención la información que le enviamos? —responde ahora la joven—. Esa misma que le ha hecho venir aquí. Además, usted sabe tan bien como nosotros que no solo hemos conseguido que le preocupe el plagio, sino que también le hemos hecho ver cierto patrón que ha confirmado aún más la hipótesis inicial de su planteamiento. ¿No cree? A mi modo de ver, tiene usted dos opciones: o nos cuenta hasta dónde han llegado sus investigaciones o tendremos que publicarlo nosotros y lo perderá todo.

—No le estoy pidiendo que me entregue sus cálculos, sino que me los muestre a mí y se los explique a mi amiga —aclara Alexander señalando, en esta ocasión, el dosier al que el doctor se aferra tanto.

—En efecto, la formulación que me han enviado completa aún más mi trabajo, ¿qué quieren saber? —pregunta resignado al admitir que hay algo que Xander consiguió aportar a sus cálculos que, aunque no quitaba mérito a su hallazgo, no hacía más que habilitar la posibilidad de diseminar el reconocimiento del teorema. Además, era imposible que con solo un vistazo pudieran copiar el trabajo de toda una vida, pensaba.

—Cuéntenos todo y le prometo que sus investigaciones no verán nunca la luz. Pero, recuerde, ella no sabe nada en lo que respecta a esta área, por lo que si pretende usarla como seguro de su investigación, deberá ser muy explícito en la descripción de su modelo.

Un papel que desliza hasta las manos del científico con el número de teléfono de la supuesta Marian y con algún dato ilegible desde la posición del policía francés de incógnito configura otro aval de garantía para obtener la información en cuestión. Después de tomar aire y murmurar un indetectable «Que Dios me ayude», Jablonsky comienza, por fin, a responder a la solicitación de estos extraños.

—¿Estás familiarizada con el experimento de la doble rendija? —pregunta asumiendo que no y preparándose para una explicación cuántica no apta para todos los profanos en la materia—. ¡No entiendo cómo esto puede ser algo que la gente no sepa! Es mucho más importante que cualquiera de esas tonterías que enseñan en los colegios. Es importantísimo entender las implicaciones de que los humanos no comprendamos este...

—¡Profesor! —interrumpe Alexander con el ánimo de que se centre en materia cuanto antes, junto con la sonrisa de la única mujer que los acompaña.

—Sí. Perdón, perdón. Bien, el experimento de Young que, *a priori*, se diseñó como un intento para discernir la naturaleza de propagación de la luz, fue adaptado años más tarde para comprender el funcionamiento cuántico de la materia. Aquella prueba concluyó en que no podía explicarse cuál era el comportamiento de los átomos que se exponían a dos circuitos paralelos. Durante años se consideró algo irresoluble.

En un papel, el doctor dibuja un gráfico tridimensional. En él se distinguen dos cajas, una al lado de la otra, unidas por una línea que tiene un tercer extremo libre. En el lado opuesto, las cajas simulan tener una abertura justo enfrente de lo que parece ser una pizarra.

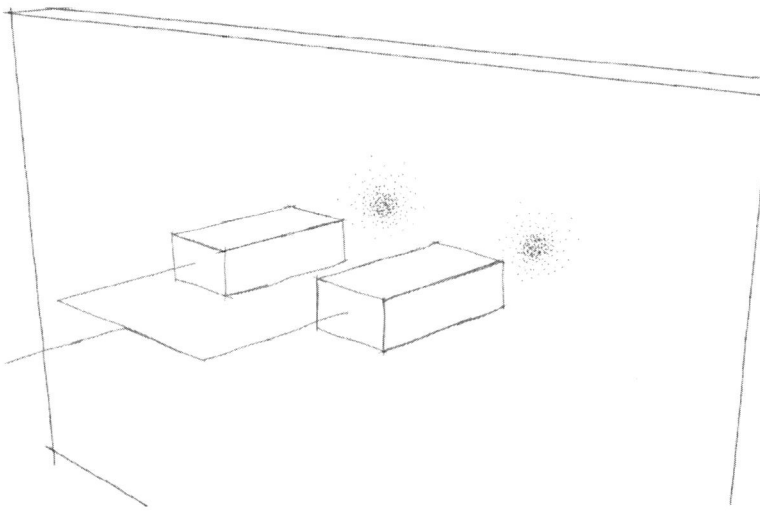

—Imagina que lanzo átomos de forma unitaria desde el punto que une las dos cajas y solo abro una de ellas. Aleatoriamente, los átomos saldrán por la caja abierta en una probabilidad de cincuenta por ciento, es decir, a veces un átomo recorre el circuito de la caja abierta y a veces el de la cerrada. Cuando el átomo recorre el circuito abierto, se choca en la pizarra y llega a formar una nube de puntos enfrente de su abertura con cada átomo lanzado. Lo mismo ocurre si lo hago al contrario: obtendría así dos nubes de puntos enfrentadas a las cajas.

»Hasta aquí todo parece muy lógico, ¿verdad? Es decir, una abertura por cada caja es igual a una nube de puntos enfrentada. Pues bien... ¡el problema viene cuando abres las dos cajas a la vez! Eso es lo que he resuelto en mi investigación. Durante siglos se ha asociado a estos átomos la capacidad de estar en dos sitios a la vez, lo que llamaron... —Chasquea los dedos al fallarle la memoria.

—Bilocación —apunta Xander, absorto en los cálculos.

—Exacto —afirma el profesor, todavía incrédulo ante la posible erudición de Alexander—. ¡Pero nunca lo consiguieron demostrar!

—No lo entiendo —reconoce la joven.

—Sí, mira, te explico —continúa Jablonsky—. Cuando abres las dos cajas a la vez, pasa algo muy extraño. El átomo que lanzas ya no presenta marcas enfrente de ninguna de las dos aberturas, como sería lógico, sino que genera una nueva nube de puntos en el lugar que corresponde a la media distancia de las dos aberturas.

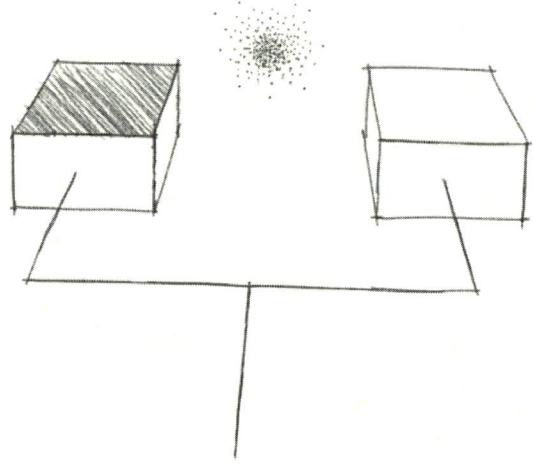

»Teniendo en cuenta que solo se lanza un átomo cada vez, la única explicación que le quedó a la comunidad científica es que el susodicho tenga la facultad de estar en dos sitios a la vez, comportándose como una onda. ¡Hasta ahora! —concluye haciendo alusión a la investigación cuyos cálculos repasa Xander, sin desviar siquiera su atención.

—¿Y no se podía haber puesto un sensor en la salida de las cajas abiertas para detectar por cuál abertura salía en realidad el átomo y ver por qué esa trayectoria se desviaba hacia el centro? —pregunta la joven.

—Esa es una muy buena pregunta, señorita. El cien por cien de las pruebas justificaron que, en el mismo momento que el experimento se sometía a una medición tipo la que describes, el resultado cambiaba mágicamente por la nube de puntos que en principio te he contado. Aquella que se enfrentaba a la apertura de su correspondiente caja —explica el doctor mientras ríe con su peculiar conducta que se desvía con claridad de la destreza social de la mayoría.

La conversación y las consiguientes explicaciones se alargan más allá del tiempo en el que Xander confirma la corrección de los cálculos y la efectiva resolución de uno de los enigmas cuánticos más relevantes de esta área de la física. Con la reunión terminada e inadvertidos ante la presencia y grabación que más tarde llegará a manos de Enzo, el teléfono móvil de Xander conecta con la parte del equipo que no ha presenciado la reunión, mientras observan el desgarbado andar del altísimo físico, que recuerda más a un *bigfoot* que a una persona.

—Anna. ¡Bien! Todo bien. Está aquí conmigo.

El gendarme acerca mucho la grabadora para poder captar el sonido que sale del auricular del teléfono y consigue captar parte de la conversación.

—No es más que el principio de la investigación, pero lo tiene muy claro.

—¿Qué opinas de...?

La caída de una taza impide entender lo que están hablando en ese momento.

—Imposible, hay muchas razones por las que no encajaría, además de su edad. Este hombre debe de tener unos sesenta años. ¿Y el próximo trabajo?, ¿qué me puedes contar? Aquí nos quedamos sin tiempo —pregunta Xander.

—Para el siguiente, tenéis tiempo. No te preocupes, vamos según lo planeado. Akash y Thian se reunirán con vosotros —responden desde el otro lado del teléfono.

—¿De qué margen estamos hablando?

—Entre las 15:01 horas del 28 de diciembre de 2034 y las 12:05 horas del 4 de enero de 2035. El día 2 irá a Madrid, a la Feria de la Innovación. Ese será el momento.

—¿Y el jefe?

—Según me ha dicho, se desplazará en persona para asegurarse de que todo sale bien. Creo que se está preparando una presentación que no dejará indiferente a nadie.

Tras la conversación telefónica, el silencio con el que Xander y Marian parecen estar procesando tanta información se llena con el final de una entrevista de televisión, en la que Rose Mora está tratando de devolverle los últimos golpes a Maison.

—Como ha quedado patente, uno de los avances más significativos dentro de la tecnología de migración es la capacidad que presentan las ojivas para desdoblar el registro de sus recuerdos, dentro del núcleo de memoria compartida o en el de memoria protegida. O sea, que los recuerdos en las ojivas se dividirán a voluntad en carpetas de uso compartido y en otras de uso propio.

—Vale, vale, vale... —interviene el entrevistador—, al conectarte a la ojiva y poder entrar a su carpeta de uso compartido podrá conocerse cuánto sabe en realidad una persona de algo.

—Correcto, piensa que hoy en día nos hacen exámenes y en realidad solo dan una idea aproximada de lo que realmente sabemos.

»Es decir, si en algún momento de nuestra historia somos capaces de evaluar los conocimientos de actualidad política de cada individuo, ¿no estaremos más seguros de que sus porcentajes de participación estarán más acordes con lo que busca la democracia? ¿No estará más fundada su opinión? En resumen, ¿no sería más democrático?

»A lo largo de la historia hemos podido comprobar que la democracia es el sistema que mejor ha respondido a la gestión política de cualquier país, apoyada siempre en la premisa de que es el pueblo quien gobierna. ¿Pero no debería saber el pueblo algo acerca de lo que opinan? ¿De qué sirven cincuenta millones de personas que no saben a quién están votando ni por qué?

»La tecnología permitirá que su núcleo de memoria compartida no esté restringido a la ciudadanía, por lo que los informativos no podrán hacer más que informar de la estricta realidad, ya que el ciudadano tendrá la opción de escuchar opiniones o de explorar por ellos mismos cada movimiento de quien les representa.

Pasados varios minutos y sin mostrar interés en Rose, el sonido de la entrevista se disuelve a medida que Xander y Marian salen por la puerta del local.

CUESTIÓN DE COMUNICACIÓN

Central de ETech Technologies, Valencia,
11 de diciembre de 2034

—¿Qué sucede? —le susurra Glyn a Ángel cuando toman asiento en una junta general de accionistas que se prevé tensa a juzgar por el semblante del heredero.

—Que aquí cada uno va por su lado y eso nos está destrozando. —El volumen en su respuesta reclama el comienzo de una asamblea que no emite más que algún ruido resultante del acomodo personal de los asistentes.

—¿A qué te refieres, Ángel? —pregunta uno de los miembros.

—¿Es qué no habéis visto lo que nos ha hecho CrioTech? Hemos salido al mercado sin ningún tipo de estrategia y los resultados no cumplen ni nuestras peores previsiones.

—Ángel, la decisión de salir al mercado como lo hicimos tuvo más de humanitario que de estratégico, pero fue decisión de todos —explica otro de los socios—. Personalmente, me reafirmo en que prefiero haber salvado la vida de Ester y de muchos otros niños que haber esperado a la mejor estrategia.

—Pero es que ni siquiera hemos hablado nunca de otras posibles tecnologías y eso me hace pensar que estamos subestimando la capacidad de CrioTech y ¡os aseguro que es una amenaza muy real! —responde Ángel.

Cierto grado de agitación aumenta en la sala, a medida que su exposición se acerca más al secreto a voces que todo el mundo ya conocía, «su relación con Anna Rafter». Aunque inmune a las habladurías, sin más, persiste en definir con mayor exactitud su preocupación.

—¿Puede alguien explicarme por qué el presidente del consejo de esta empresa no ha sabido nada de la explosión que destruyó nuestra primera ojiva? ¿Se trata de una estrategia que alguno de vosotros haya pactado a mis espaldas?

Por fin, Glyn interrumpe el cuestionable planteamiento de la asamblea que su nieto ha decidido poner en práctica y pide a los miembros un paréntesis para tratar este asunto de forma personal.

—¿Qué estás haciendo? —pregunta el mayor de los Torres ya en la intimidad de la sala—. ¿Es qué no has visto la cara que han puesto cuando has insinuado que uno de nosotros podría haber planificado un atentado contra una niña con el único objetivo de vender más?

—No lo sé, ¿qué quieres que piense si me entero a través del departamento financiero? Parece que... me lo hayáis... estado... ocultando —la pregunta que el joven emite entre largas pausas se entremezcla con la apertura de la puerta y la consiguiente entrega de un sobre por parte de la secretaria personal de Ángel a la voz de «Perdona, pero me dijiste que te interrumpiera estuvieses donde estuvieses».

En el interior del sobre se encuentra el resultado de los exámenes de ADN de la mujer del criotubo. Para su sorpresa, las pruebas confirman una coincidencia de ADN que roza el cien por cien, lo que garantiza que la persona del tubo es Marian. Glyn espera paciente frente al monumental paréntesis con el que el joven ha abandonado su cruzada personal para hacerle entender que la situación también responde a su falta de implicación.

—Además, Leire y Enzo Monzó insisten en que esperarán en la puerta de tu despacho hasta que aparezcas —interrumpe de nuevo su ayudante.

—Glyn, creo que ya han quedado claras mis reivindicaciones. Puede que no tenga el cien por cien de razón, pero estoy seguro de que tampoco me equivoco en todo.

Una pequeña sonrisa delata en Ángel un cambio de dinámica, al despejar al menos una de tantas incógnitas en cuanto a la confianza que le tenía atado a Anna. Segundos después, e ignorando el motivo de ese fugaz optimismo con el que el muchacho precipita el cierre de la fisura que acababa de sacar a la luz en la junta de accionistas, Glyn deja que se marche sin ningún tipo de objeción, aunque preocupado al ser cada vez más consciente de que su nieto presenta ciertas limitaciones para el puesto.

—Pasad, por favor —indica Ángel minutos después a unos desubicados Enzo y Leire que esperaban de pie junto a la puerta de su despacho—. Me imagino que vendréis a informarme de que los resultados del análisis de ADN han indicado que sí es Marian la que está en el criotubo.

La sorpresa de ambos invitados se solapa con las reacciones que milésimas de segundo más tarde contagian al anfitrión mientras toma asiento detrás de su escritorio.

—Leire, ¿creías que harías pruebas en mis laboratorios sin que yo me enterara?

—Me sorprende verte tan contento, hasta donde te conozco nunca te ha gustado perder la razón ni una sola vez —responde la joven—. Y puede que con esto Anna haya demostrado que no mintió acerca de Marian, pero es la representante de la empresa que afirma delante de millones de personas que somos justo lo contrario de quienes pretendemos ser. Hasta puede que hayan colocado una bomba para destruir nuestro prototipo.

La brusca vuelta a la realidad del escrutinio de pros y contras con respecto a los sucesos que empañan su relación con Anna, hace salir a Ángel de su burbuja de ingenuidad y tratar de no aumentar el ridículo que su ego le ha procurado.

—La bomba no tiene por qué haberla colocado CrioTech. Y aun habiendo sido ellos, Anna no tiene por qué estar relacionada —responde el CEO.

—Pero no es de tu relación con Anna de lo que estamos hablando, Ángel. Quien me preocupa eres tú e ETech, hemos luchado mucho para que acaben con todo tan rápido.

—No. A ti lo que siempre te ha preocupado es Marian y tú misma, no me vengas ahora con que te has preocupado alguna vez por mí. Joder, en dos meses no has venido a hablar conmigo ni una sola vez sin este tío al lado. No te ofendas —señala, mientras Enzo niega con la cabeza—. ¿Por qué está este tío siempre a tu lado?, ¿qué tiene que ver contigo, conmigo, con ETech? Si tan preocupada estás por mí ahora, ¿por qué no vienes tú sola? Insisto, no te ofendas, no tengo nada contra ti —persevera en una conversación que, a pesar de la intensidad de su argumentario, no se ve reflejada en tonos despectivos o faltos de educación.

—¡Pues porque Anna trabaja para CrioTech, Ángel! Y, por mucho que te duela oírlo, siguen planeando cómo destruirnos y eso también implica acabar con Ester como sea. Enzo es el que está consiguiendo todas estas pruebas, que además siempre implican a alguien que se parece a Marian. Enséñaselo, Enzo. —A continuación, le enseña una foto que el colega francés le hizo llegar al inspector.

Ahora, para la desesperación del joven de los Torres, esta situación vuelve a abrir la herida que el análisis del ADN del criotubo acababa de cerrar. A la voz de «déjale oír la grabación», Enzo le muestra la conversación que Xander mantuvo con Anna para generar todavía más dudas en un aspecto que minutos antes creía haber tenido por fin controlado.

ANNA RAFTER.— Para el siguiente, tenéis tiempo. No te preocupes, vamos según lo planeado. Akash y Thian se reunirán con vosotros.

Anna Rafter.— Entre las 15:01 horas del 28 de diciembre de 2034 y las 12:05 horas del 4 de enero de 2035. El día 2 irá a Madrid, a la Feria de la Innovación. Ese será el momento.

Anna Rafter.— Según me ha dicho, se desplazará en persona para asegurarse de que todo sale bien. Creo que se está preparando una presentación que no dejará indiferente a nadie.

La participación de ETech en la Feria de la Innovación había sido el motivo principal de una cariñosa burla con la que Ángel consiguió días atrás destensar una situación con Anna. Ahora, haber escuchado la misma información que él mismo transcribió a su amante le hace volver desde el triunfalismo provocado por la identificación de la mujer del criotubo a la realidad de la desconfianza que a todos provoca su relación con la CEO de CrioTech.

UNA VIEJA AMIGA

Trayecto desde la central de ETech,
60 años después, 7 de noviembre de 2095

En el coche y después de un tiempo conectada a sus recuerdos, Ester deja atrás una bélica junta de socios saldada con el vacío que la firma de Alice había dejado en el cuadro de control de asistencias. A pesar de todo, el intercambio de miradas en el desfilar de una por la puerta del despacho de la otra confirmaba que tal discusión acerca de las altas capacidades de los hijos de ojivas, sin duda, tuvo lugar. Los casi treinta minutos de conducción autónoma del vehículo de la primera ojiva de la historia descubren un chalé unifamiliar a las afueras de la ciudad de Valencia, pero algo sucede. Las dudas que provocan su expresión no son más que el preámbulo a la reacción de incluso recogerse un poco más dentro de su coche. Al llegar a su destino, se topa con el inconfundible adhesivo del Ejército del aire que su marido Pablo lleva en el coche.

—¿Qué hace aquí este? —susurra Ester al mismo tiempo que se incorpora para no perder ni un momento de vista el emblema.

Aparcada en un lugar del que estaba segura de que no la descubrirían, decide esperar hasta confirmar minutos más tarde que, en efecto, es su marido quien sale del mismo sitio donde ella se dirige. Todavía puede distinguirse como la ansiedad de Ester se intensifica cuando, detrás del vehículo de su marido, pasa otro en el que cree haber visto a Alice, que con toda probabilidad habría estado siguiéndola agazapada en su propio automóvil, tal y como Ester había permanecido hasta el momento. Sin una sola conclusión al respecto, cualesquiera que fueran los motivos que la han llevado a este lugar se acaban de incrementar de forma desproporcionada, hasta volcar su frustración en el excesivo golpeo de la puerta principal de la vivienda, tras la que una adorable anciana llamada Leire Aragó de casi cien años abre extrañada.

—Ester, ¿qué haces aquí, cariño? Pasa.

—¿Qué hacía él aquí? —pregunta fuera de sí y con la confianza propia de compartir una historia que acabó con el destierro de Leire.

—Está preocupado por ti. ¿Andabas detrás de él? —responde invitándola a sentarse y ofreciéndole algo de beber.

—No quiero nada, estoy bien. He venido hasta aquí para hablar de otras cosas y me he encontrado su coche en tu puerta y detrás de él iba Alice Dowens siguiéndolo, o siguiéndome. No sé. ¿Qué quería de ti? Estoy harta de ver a todo el mundo actuando a mis espaldas —explica levantándose del sillón donde estaba sentada y tomándose la libertad de perder los nervios, como si en su presencia pudiera dejar de contener toda esa lucha interior que la mantiene siempre atada.

—No sé nada de Alice, hace años que no la veo. Siéntate y estate tranquila. Pablo solo ha venido a hablar acerca de lo que ha pasado con Alba y para tratar de ayudar en la medida de lo posible, tanto a ella como a ti —relata entre pausas que concuerdan con la avanzada edad de la mujer.

—Pero ¿nunca se ha preocupado de nada y ahora viene hasta aquí a ver si tú puedes hacer algo? ¿Como qué?

—Quizás por no haberse preocupado nunca de nada pensó que debía empezar desde el principio, ¿ves a alguien por aquí que pueda relatar algo más antiguo de lo que tú y yo podríamos? —responde la anciana con una sonrisa con la que invita a confiar en su criterio, mientras encadena una nueva pregunta—: Cuéntame, cariño, ¿a qué has venido tú?

Las manos de la joven tratan de borrar la distracción que los últimos diez minutos habían supuesto para su juicio, sometiendo a la piel de su rostro al fuerte deslizar de las manos alrededor de su sien.

—Hay algo muy extraño en lo que le ha pasado a Alba y creo que está relacionado con lo que te pasó hace muchos años junto a Ángel Torres y a Enzo Monzó. —Ahora es la expresión de la anciana la que cambia radicalmente—. He estado estudiando los diarios de ese detective y, aunque todavía no he podido terminarlos, veo cierta relación entre los sucesos actuales y el pasado. Algo me dice que está todo conectado.

»Los hijos de ojivas suponen un nuevo reto de nuestra tecnología y un paso más en la amenaza contra todos los que siempre han querido la destrucción de ETech. Incluso parece que esté involucrada la misma gente. Me da miedo que mi hija pueda haberse convertido en un daño colateral de esta guerra.

El contraste entre la velocidad y nerviosismo que desprende Ester poco tienen que ver con la actitud de la anciana

—Nunca hubiera dicho que a estas alturas de mi vida, por fin, encontrara a alguien al que le interesara más mi historia que a mí misma. Todo eso que dices de mi pasado... Sabes que no puede aportar más que dolor, ¿verdad? —responde con la mirada perdida—. ¿Estás segura de que quieres abrir esas heridas?

—¿Más dolor que el que provoca perder a una hija? —inquiere con la expresión de una madre desesperada.

—¿Por qué te rendiste? Marian está tan viva como CrioTech. ¿Qué es lo que...?

—¿De verdad crees que es Marian quien está detrás de CrioTech? —Leire interrumpe la inquietud de la joven tratando de acabar de la forma menos dolorosa posible una conversación que intenta evadir desde el principio o que simplemente tiene tantos capítulos que sus respuestas todavía no pueden ser comprensibles para Ester—. Ester, eso es algo que ni siquiera yo pude llegar a...

El diálogo se transforma poco a poco en un conglomerado de interrupciones que, además de dejar de lado los argumentos, recuerda a sus últimos y distantes intercambios de impresiones en los que nunca llegaban a nada.

—¡Fui a verla la semana pasada y adivina quién estaba! —grita Ester para acabar con la dinámica. En la mesa deja la foto de la cicatriz, que, según el relato de los diarios de Enzo, Akash compartía con Thian—. El niño ese de mierda ha crecido hasta convertirse en un adulto que sigue a su lado.

La anciana parece haber cambiado la delicada personalidad que sostiene un cerebro castigado por el paso de los años y comienza a reír desmarcándose de la importancia que para su invitada tiene todo esto.

—Siempre es lo mismo, una pista que te lleva a otra para poder llevarte a otra que te hace no entender nada, ¿verdad? Si todavía crees haber visto a Akash, será mejor que sigas adentrándote en los diarios de Enzo y los termines, puede que algo que incluso tú llegaste a ver te sorprenda.

—¿Por qué? ¿Qué quieres decir con eso?

—Porque sí, tienes razón. Creo que es muy posible que la clave de donde esté tu hija tenga que ver con mucho de lo que dices, pero apenas has empezado a entender nada si no comprendes que en el medio de todo esto no estás tú, ni Alba, sino la lucha por la implantación de la tecnología que será capaz de llevar a la humanidad a la inmortalidad.

Medio lúcida y alocada, la imagen que la anciana ha dado solo ha servido para entender que debe seguir sumergiéndose en las anotaciones de Enzo. A la salida de la casa y sin haber traspasado los lindes que delimitan la parcela, Ester sigue intentando comprender cada palabra de quien ha mostrado la falta de vitalidad y rigor que los años le han procurado de manera inevitable. De camino hacia su coche, conecta de forma virtual con el presidente del consejo con el objetivo de corroborar, al menos, uno de los testimonios que la anciana había afirmado: que Alice nunca entró en su casa o que tampoco estaba siguiéndola.

—¿Qué puedo hacer por ti, Ester? —responde el presidente del consejo.

—Quizás debí haberlo preguntado antes, pero ¿podrías decirme, si aún estás en el despacho, a qué hora se ha ido Alice? —pregunta con el ánimo de cerrar la trazabilidad de las horas que la situaba en las inmediaciones de casa de Leire.

—Pues Alice no se ha ido, Ester, y yo tampoco.

—Imposible. No puede ser, la acabo de ver. ¿Cómo puedes estar tan seguro si tu despacho está en otra planta?

—Porque a la salida de la junta de socios yo iba detrás de ti. Incluso he podido ver el intercambio de miradas con las que habéis echado aún más leña al fuego. He entrado en su despacho y acabo de salir para atender tu llamada, la estoy viendo a través del cristal.

SOLUCIONES PARA TODOS

Estado de conexión: conectando...
Interfaz red de usuario código: **PS025865 Pablo Sanders**
Fecha: 8-11-2095. 08:00
Acceso a Registros/Rastreo/1552057

Jefatura de Policía, Valencia,
15 de mayo de 2057

El tiempo transcurrido entre las entradas y las salidas de las salas de interrogatorios 1 y 2 ha originado dos antagónicos resultados basados en el agotamiento de Pablo y en la increíble posición de fuerza adquirida por Alice. Entreabierta, la puerta de la sala de interrogatorios número 2 permite ver a una decidida joven a la espera de cualquiera que se aventure a realizar una oferta. Después de algunas visitas más de las que convendría a quien será su futuro marido, procuradas por la expectativa de colaboración que se espera de ella, Ester continúa en el despacho del comisario, donde da muestras de su intransigente postura con la que el alcalde porfía.

—No lo entiendo, Ester, esta ciudad se ha volcado contigo. Si esperabas un momento para salir a la calle y pedir a todo el mundo que siguiera confiando en ti, era este. ¿Qué tiene ese pobre muchacho para que condenes a todos los que te hemos estado apoyando durante tanto tiempo?

—No se trata de lo que tenga o deje de tener, ¿no te das cuenta de que no va a servir de nada que yo salga ahí fuera a decir que todo está controlado y que deben seguir confiando en ETech y en su

Gobierno? ¿De qué te sirve que yo haga una rueda de prensa para decir que todo sigue siendo genial? No pienso condenar a un inocente solo para salvarte el culo porque tienes la mano muy larga.

El elevado nivel de tensión en los argumentos de Ester no pierde fuerza con la entrada de Glyn al despacho, que, reflexivo y en silencio, toma asiento tras haber mantenido una conversación muy interesante con Alice.

—¿La mano muy larga? ¿Tú viste el caos que provocó ese imbécil? Tuve que tomar una decisión que me condenaba a mí para proteger a todos. Y si no quieres salir a decir lo que te hemos pedido, no lo hagas, pero al menos apártate y deja que hagamos nuestro trabajo.

—Glyn, tiene que haber otra solución. —Moviendo ficha hacia la única persona en la que todavía puede confiar, Ester responde mientras toma el camino de salida del despacho para liberarse de esa asfixia con la que insistentes coacciones la han llevado hasta donde ella no quiere.

—Haber activado el protocolo de control de ojivas ha sido muy mala publicidad para todos los que estamos en esta sala —explica Glyn—. Y, por otro lado, ese chaval no es una simple rata que podamos tirar en una celda sin más.

El alcalde tuerce el gesto dando a entender que no sabe nada acerca de la familia del chico ante el asombro de Glyn y el comisario.

—Joder, Camino. ¡Es el hijo de Marian Sanz! —responde el comisario, secundado por Glyn, con claros gestos del importante calado de la información.

Tras algunos suspiros y debates acerca de empezar otra guerra entre ETech y CrioTech usando al chaval como moneda de cambio, Glyn es consciente de que echar más leña al fuego siempre es peor que tratar de sacar partido acercando posturas.

—Entiendo que queráis mantener el orden en esta ciudad, pero esto le va a hacer un daño irreparable a los que estamos aquí y a los que esperan en las salas de interrogatorios. Así nadie sale beneficiado y, si encerrásemos el problema en una celda, al día siguiente Alice, junto con la opinión pública, se encargaría de convertir a ese chico en el mártir que luchó contra los fascistas que tienen el control para desactivarlos a todos.

—Entonces, ¿qué propones? —insiste el comisario.

—Estoy dándole vueltas desde hace un rato al hecho de que Alice no defienda ninguna causa. Lo único que pretende es obtener reconocimiento a la labor estratégica con la que ha conseguido encerrarnos más de una tarde aquí —murmura para que le escuchen, pero con claros indicios de que continúa atando todos los cabos sueltos de su idea.

»Si la sacamos del circuito el Movimiento Contra la Migración de Humanos, no sabrá qué hacer. Hasta hace poco sus protestas no llegaban mucho más allá de cuatro pintadas y otras tantas chiquilladas.

»Por lo que he podido hablar con ella, su única pretensión es dar a conocer su potencial, el cual nos puede venir muy bien si conseguimos que en lo sucesivo lo desarrolle únicamente a nuestro favor —continúa murmurando, mientras obliga a sus colegas a prestar atención al hilo conductor que está configurando una idea. Por fin, seguro de sí mismo, dirige de nuevo su mirada al epicentro de la reunión y prosigue—. Lo único que tengo que hacer es ofrecerle un puesto en el consejo general de ETech. Con ello, inhabilitaremos la capacidad del MCMH y nunca más volverá a suponer un problema para nosotros.

—¿Y qué pasa con Pablo y Ester? —pregunta el comisario.

—Tanto Alice como Ester están revindicando la misma demanda: Pablo —ambos colacionan el nombre propio al que el anciano está dando forma en beneficio de su improvisada sociedad—. Si retiramos los cargos y ofrezco un puesto a esa chica a cambio de que se aparte del MCMH, Ester conseguirá que Pablo quede en libertad, mientras que Alice verá cumplidas sus reivindicaciones.

»Si jugamos bien nuestras cartas, tendremos suficiente fuerza para que el único detenido por los disturbios intercambie su libertad por una comparecencia que emitirá junto a Ester. Así avalará la decisión de haber activado el protocolo de control de ojivas. ¡Si no puedes con tu enemigo, haz que se una a ti!

CAPÍTULO 8
MÚLTIPLES CONEXIONES

A POR ÉL

Estado de conexión: conectando...
Interfaz red de usuario código: **EP061036 Ester del Páramo**
Fecha: 8-11-2095. 15:45
Acceso a red pública/Archivos/Diario de Enzo/21122034

«Por fin, he conseguido que mi superior haya aceptado la detención de uno de los tres individuos sobre la que ha girado mi investigación en las últimas semanas, aunque se trate de un niño.
Sin embargo, el precio que hemos tenido que pagar es una prueba
de que el caso va más rápido de lo que yo querría o simplemente
es que es demasiado complicado para lo que mis aptitudes comprenden. Aunque los trámites burocráticos y de forma de la legis-
lación europea podrían llegar a considerarse como los verdaderos
responsables, no dejo de pensar en que podría haber hecho algo
más para forzar la colaboración previa entre las comisarías de
Montpellier y Valencia».

SaintGenisPouilly, Suiza,
20 de diciembre de 2034

El amanecer invernal en la frontera entre Francia y Ginebra
sobreviene imperceptible junto al inicio de jornadas laborales,
desayunos e incluso de la captura de pruebas fotográficas que
el inspector Monzó hace de la mujer que acompaña a Xander.
Como si hubieran ensayado sus maniobras, ambos sospechosos
desenvuelven cada movimiento con precisión. El detective no
pierde detalle de sus preparativos. Ahora los dos se suben al coche

y se alejan del *parking* del hotel un poco más despacio de lo que representaría una huida, pero que aun así invita a sospechar que podrían haberse percatado de que alguien los vigilaba.

El vehículo de Enzo comienza entonces una persecución sin darse cuenta de que con su marcha ha dejado al descubierto una irregularidad en la ornamentación del *parking*. Entre la imperceptible contienda de sombras que todavía gana la noche, un niño de diez años había estado siguiendo sus movimientos mientras él andaba detrás de Xander y la supuesta Marian. La luz descubre que el niño era Akash y que a su lado también había estado observándolo una mujer embarazada que de perfil cubría las espaldas del chico. Para la mujer que sobrelleva una gestación de al menos treinta y ocho semanas no parece un obstáculo ponerse al volante de otro vehículo junto con el joven asesino. En cuanto a lo poco que las sombras dejan ver, y a excepción de su expresión corporal, podría decirse que la joven es Alice si no fuera porque en esas fechas la estratega todavía no ha nacido. Su vehículo por fin sale a la carretera en sentido opuesto al de Xander y, en concreto, tomando la dirección del pueblo donde Drederick Jablonsky mostró todos los detalles de su particular investigación del experimento de la doble rendija.

Hacia el otro lado y a toda velocidad, cada vez es más obvio que Alexander trata de perder de vista a su perseguidor. El camino ha dejado registrado una serie de arriesgados adelantamientos en carreteras de doble sentido para llegar a la autovía con el margen inicial que tenían sobre el inspector y que los aleja cada vez más del CERN. De pronto, Monzó hace un derrape con su coche cuando se da cuenta de que Xander había hecho que lo persiguiera solo como maniobra de distracción para así darle tiempo a Akash de huir. Desde luego, no es momento de cumplir las normas de tráfico. Llegar cuanto antes a la red de carreteras que unen Saint-GenisPouilly, el pueblo donde reside el doctor Jablonsky, es ahora su máxima prioridad.

Despacho principal del CERN, Suiza

A varios kilómetros de la simultánea situación anterior, Mabel Lejeune, responsable del CERN, se echa las manos a la cara ante la incomodidad de la conversación en la que se encuentra. Como respuesta a su frustración, la española de cuarenta y dos años nacida en Francia recoge su pelo rizado con una coleta que apenas es capaz de verse sometida a los efectos de la gravedad, debido a la alta densidad de cabello que se entremezcla en todo tipo de ondulaciones negras.

Apoyada en la mesa de su despacho y enfrente de Anna Rafter, mantiene los ojos, negros como la noche, a la altura de los marrones que clava en ella su invitada. Lo que indica que, con toda seguridad, Mabel mide diez centímetros más de los 1,67 metros de su colega.

—¿A quién crees que van a pedir responsabilidades, Mabel? —pregunta la directora ejecutiva de CrioTech España en una prematura reunión con la que ha sorprendido a la física de partículas.

—Anna, perdóname, pero no sé quiénes os habéis creído que sois, no tenéis poder para opinar acerca de los científicos que elijo para mi equipo —replica una mujer que, desgraciadamente, acostumbra a lidiar con todo tipo de problemas políticos, en contra de aquellos con los que prefería ocupar el tiempo de su carrera profesional.

—Pero sí que podemos hacerlo acerca de sus investigaciones. Tú sabes tan bien como yo que los fondos con los que se subvenciona todo esto no dependen solo de sus resultados. Ya sabes quién me manda, Mabel, y también sabes lo que tienes que hacer si Jablonsky ha estado trabajando en un proyecto personal. Quizás deberías reconsiderar dos veces si el enfoque que estás dando a todo esto es el adecuado.

Las alegaciones en un perfecto francés con el que la nativa del país expone una mezcla de evidencias e insinuaciones dejan a la directora de la investigación sin libertad de movimiento al respecto. La falta de respuesta por su parte permite a Anna avanzar aún más en la línea de ataque de su jugada para hacerle otro jaque.

—Abre el despacho de Drederick y vamos a comprobar si la grabación que has escuchado viene secundada por aquello de lo que alardea.

Periferia del CERN, alrededores de
SaintGenisPouilly, Suiza

A más de veinte minutos del CERN, Enzo conduce a gran velocidad sin dejar de pensar en la reunión que días atrás grabó su contacto francés.

Entretanto, el mismo doctor de aquella grabación y del que todos hablan esa mañana recorre la carretera D78A, en la que en unos kilómetros descubrirá en el arcén el vehículo de la mujer embarazada, pero sin rastro de ninguno de sus ocupantes. Advertido por la presencia del coche parado en la carretera de doble sentido, Jablonsky reduce la velocidad, pues considera que no podría tratarse de una avería que pudiera requerir ayuda. De la nada, una mujer embarazada con la cara medio cubierta en sangre aparece casi en paralelo al paso del vehículo del doctor pidiendo auxilio.

Décimas de segundo más tarde, su mirada vuelve a buscar el eje de la carretera con la convicción de interrumpir la marcha del vehículo. Aunque ahora, en medio del asfalto, ha aparecido Akash como de la nada, haciendo que su prioridad sea esquivar al muchacho y frenar el vehículo como sea. Sin embargo, no consigue hacerlo a tiempo y el coche choca de frente con un árbol cuya posición reservaba un trágico destino para el conductor del automóvil. El capó del coche está destrozado. Akash, por otro lado, sigue en el mismo lugar de la carretera tan intacto como si hubiera atravesado el coche. Segundos después, el chico se aproxima con toda naturalidad a comprobar las constantes de Jablonsky. El débil pulso de la víctima provoca un intercambio de miradas con la mujer embarazada, que deriva en la orden de ejecución del doctor mediante el pequeño asentimiento con el que lo confirma. Sin ningún testigo que pueda dar fe de nada de lo sucedido, Akash acaba con lo que queda de la vida de Jablonsky.

Al mismo tiempo, en el despacho de quien a pocos kilómetros expira su último aliento, las responsables de dos de las entidades más importantes del siglo analizan los documentos confidenciales que el doctor reservaba bajo llave. Centrada en el diario personal del científico, podría decirse que Anna está simultaneando la lectura de las conclusiones de Jablonsky con su muerte.

> No solo cambiaremos el concepto de cómo veremos a partir de ahora la física cuántica, sino que cambiarán las reglas con las que creíamos que funcionaba el mundo y su naturaleza. Apartarme a conciencia de las investigaciones a las que dediqué mi carrera y que comparto con mis compañeros ha supuesto una dura apuesta que no podría pagar de otra forma que no fuera con el éxito que ya vislumbro. ¡Estamos mucho más cerca de comprender el universo!

Las ecuaciones que revisa Mabel, por otro lado, sugieren un estudio que se aparta categóricamente de las atribuciones en las que debía trabajar Jablonsky. De repente, una llamada de teléfono distrae a la doctora Lejeune del monumental enfado que trataba de disimular.

—¿Qué? ¿Un accidente? Perdona un momento, Anna —anuncia sin separar el teléfono móvil de su cara, mientras deja a Rafter sin supervisión con parte de los documentos.

La CEO de CrioTech dispone así de una ventana temporal para confirmar que se encontraba frente a una investigación que, de no ser por aquella oportuna muerte, el físico divulgaría durante los próximos meses.

Diario de Enzo,
21122034

La simultaneidad de todos los sucesos siguió una exactitud incuestionable con el objetivo de que aquellos documentos nunca vieran la luz. Es decir, entre la desaparición de algunos de los documentos que Rafter custodió, el accidente y el incendio de la casa de Jablonsky apenas pasaron veinte minutos. En cuanto a la investigación, gran parte de ella quedó en manos de Mabel Lejeune junto con algunas hojas repletas de ecuaciones y todo lo que habría conseguido memorizar de la parte restante.

En la actualidad, todavía no entiendo nada en cuanto a la verdadera identidad de la mujer de idénticas facciones a las de Marian. Sin embargo, hay algunos aspectos que no ofrecen ningún tipo de duda dadas las circunstancias, como que es muy complicado acercarnos a ella si no podemos predecir el próximo movimiento que harán, ya que no me han permitido investigar a alguien que no es sospechoso de nada. No obstante, no pierdo la esperanza de que las respuestas se abrirán camino ante nosotros, si la detención de Akash deriva en la vinculación del resto de los individuos que siempre aparecen con este chico.

INVITADOS

Central de ETech Technologies, Valencia,
61 años después, 9 de noviembre de 2095

En el despacho donde se han diseñado los últimos cuarenta años de estrategia de migración de humanos, Ester espera a Alice con las luces apagadas en busca de una oportunidad de redención, venganza o de ambas. De la mano de la matriarca cuelga un cable de conexión a la red ETech con la que sin duda plantea una proposición que no necesita explicación para ninguna de ellas.

—¿Ahora? —pregunta la estratega restando importancia a la solicitud que Ester ha lanzado sin previo aviso y sin delicadeza alguna.

—¿Es mal momento? —Apoyada en la superioridad que le proporciona estar en un escalafón por encima en lo que respecta a la jerarquía de ETech, la matriarca continúa—. Sabes que puedes negarte, aunque quien no tiene nada que esconder... Dime, estratega, ¿qué vas a hacer?

—Dime tú, ¿qué vas a buscar? —pregunta mientras se traslada a la parte de atrás de su despacho y toma asiento en una de las dos butacas aceptando la situación sin inmutarse—. ¿No pretenderás que te abra mi mente por completo para que busques donde tú quieras? Estoy segura de que ninguna de las dos saldríamos del lugar donde vamos. Eres lo suficientemente terca como para no darte por vencida, aunque no encuentres nada.

—No creo que sea muy inteligente insultar a la persona que está a punto de meterse en tu cabeza.

—Ester, no me vas a intimidar, dime qué buscas para que establezca las condiciones antes de tu entrada o no entras.

Consciente de la endeble voluntad que se dispone en la surrealidad de las conexiones compartidas, Alice trata de definir los requisitos, advertida de la más que posible fortaleza intelectual en el control del subconsciente de una ojiva con mucha más experiencia de la que ella tiene.

—Pablo y Alba —responde por fin.

El sonido del segundero del reloj antiguo que cuelga de la pared entra en escena, junto con la quietud que queda reflejada entre las luces activas en ambas ojivas

Estado de conexión: conectando...
Interfaz red de usuario código: **EP146379 Alice Dowens**
Fecha: 9-11-2095
Permisivo Conexión entrante
EP061036 Ester del Páramo
*Acceso a Registros/Rastreo/***Alba Sanders 6 Entradas**

—Hola, cariño. —Sonreía la virtual estratega en la interacción que mantuvo con la pequeña Alba a la edad de cuatro años.

El primer recuerdo que analizan forma parte de un encuentro casual que tuvo Alice con la pequeña, cuando el padre de Pablo la llevó de visita al lugar de trabajo de su madre.

Los *alter ego* virtuales de las protagonistas de la conexión compartida supervisan lo sucedido entremezclándose en la escena que la sección de memoria de la ojiva guarda fidedignamente, dado que no es posible tergiversar o borrar los registros.

—¿Qué tienes ahí? —preguntó Alice a la vez que se agachaba delante de la niña y le mostraba las flores que había cogido a la entrada del edificio.

La mirada de su abuelo descubría una enorme sonrisa al enorgullecerse con cada pequeño detalle con el que su nieta interactuaba con el mundo.

—Flores para mamá.

La imagen virtual de la invitada se acerca al recuerdo de su hija para analizar hasta el más mínimo contacto que podía haber tenido con su enemiga. Avanzando, parando y retrocediendo el tiempo a voluntad, como si estuviera en su propia unidad de memoria, registra nuevos recuerdos de la vida de Alba a los que nunca antes pudo acceder, todo ello bajo la atenta supervisión de la original propietaria de esas vivencias. La reproducción del archivo llega al límite de los permisos otorgados, después de mostrar como la llegada de la propia Ester a la recepción, donde la esperaba su pequeña, provocó una inmediata reacción de evasión por parte de la directora de estrategia. Como resultado del tenso enfrentamiento que siempre ha caracterizado su relación, la que hoy hace de anfitriona en su mente continuó su camino, no sin antes sonreír con amabilidad al cruzarse con una madre que ya limitaba su atención al detalle que su hija traía consigo. Ninguno de los restantes registros, antes de pasar a los de Pablo, muestran un nexo claro con la desaparición de la niña. Ni siquiera las conversaciones en las que apareció el nombre de Alba y que Alice presenció, con independencia de haber tomado parte o no en ellas.

*Acceso a Registros/Rastreo/***Pablo Sanders 15 Entradas**

Numerosos encuentros en los que Pablo parecía quedarse atónito por la indiferencia que Alice mostraba llenan de incomprensión la autoimagen virtual de Ester.

—¡Déjanos en paz! —expuso Pablo, en el primer recuerdo que Ester analiza de forma meticulosa repitiendo una y otra vez su visualización.

Los recuerdos ahora las han llevado al eje de una conversación en el año 2088.

—Me da igual que sigas oponiéndote a todas las propuestas por las que Ester lucha en el consejo, pero esta última tiene que ver con mi familia y solo puede llevarme a pensar que todavía sientes algo por mí —explicó el joven apelando, en teoría, a todo lo que los unió antes de abandonarla por Ester.

—Y esto me lo dice alguien que solo vivía para enfrentarse a la migración humana... Qué forma tan patética de tirar tus principios por los suelos... —replicó Alice.

—Eso no ha sido asunto tuyo durante veinticinco años y dudo que lo pueda ser ahora —respondió Pablo.

—Entonces, tampoco deberías haber venido a cuestionar mis motivos. Estoy donde estoy por méritos propios y eres la última persona que puede entrar aquí a calumniarme —explicó Alice, quitándose de encima, sin ningún miramiento, a la única persona de esa familia con la que aún podía obviar las formas.

—¿Cuál es el retorcido motivo por el que defiendes que traer a un niño a este mundo sea algo negativo?, ¿de verdad piensas que me voy a creer que no tiene nada que ver conmigo? Tú y yo llevamos años buscándonos, pero así no vas a impedir que siga queriéndola.

El comprometido recuerdo satura a Ester con un mar de emociones, entre las que apenas puede recordar a Pablo tan entregado a la posibilidad de tener descendencia; eso, sin perder de vista la preocupante alegación en la que reconoce haber tonteado con su enemiga.

El rastreo se extiende hasta los momentos previos a la manifestación del año 2057, donde todo comenzó. Durante los diferentes ataques planteados por el MCMH (Movimiento Contra la Migración Humana), Pablo y Alice se conocieron e intimaron hasta el punto de continuar a escondidas con la prohibitiva relación que los hacía conectar a todas las escalas. Y es que ella sabía que por mucho que él hubiera cambiado, si la gestación de humanos en huéspedes con sueño inducido fue algo por lo que se manifestó, era imposible que le pareciera bien convertirse en el desencadenante de la extinción de la reproducción natural. De rodillas, la virtual imagen de Ester detiene la reproducción del recuerdo entre las caricias y sonrisas que Alice y Pablo intercambiaron años atrás, pero con el aspecto de haber sido ayer mismo.

—¿Estás bien? —pregunta a Ester la autoimagen virtual de Alice en la red ETech de sus recuerdos.

—Ya ni me acuerdo de lo que esperaba encontrar aquí. Lo único que tengo claro es que no lo he encontrado y que hay cosas que sigo sin entender si no eres tú la responsable.

—Nunca fue mi intención que Pablo se replanteara nada acerca de Alba, ni siquiera antes de que decidierais tenerla.

—Necesito pedirte una cosa más. —La mano que tiende Alice a Ester para que se recomponga coincide, esta vez, con una actitud mucho más proactiva y abierta a la colaboración, dadas las circunstancias—. Hace dos días, después de la junta de socios, vi como seguías a mi marido hasta casa de Leire y hoy no he visto nada que pueda coincidir lo más mínimo con ese recuerdo que yo sí tengo.

—Es imposible, Ester, me quedé trabajando hasta bien entrada la noche.

—Aun así, necesito comprobar que no tienes hermanas o algo parecido. ¿Podemos rastrearla? —pregunta ya incorporada y mirando de frente a los ojos de la mente virtual que había abierto las puertas a sus recuerdos.

Acceso a Registros/Rastreo/Palabra clave **Hermanas...**
0 Entradas

PERPLEJOS

Central de ETech Technologies, Valencia,
9 de noviembre de 2095

Horas más tarde, la conexión múltiple aún sujetaba a Ester contra el asiento de su coche por muchas vueltas que diera alrededor de la ciudad. Sin ningún rumbo específico, la desfragmentación de sus recuerdos, junto al temor de haber registrado la imagen de Alice donde al parecer nunca estuvo, la mantenía seleccionando destinos al azar y obligando al asistente en carretera a cambiar de dirección innumerables veces. Por primera vez desde los cinco años tiene la sensación de querer salir de su propio cuerpo. Esta vez el periodo de tiempo transcurrido entre el poco criterio aplicado en la selección de una ubicación u otra ha permitido al navegador alcanzar un destino reciente. Movida por la inercia, tampoco sabría explicar cómo ha llegado a una puerta y, ni mucho menos, cuál es el motivo que la ha llevado a llamar con la suficiente insistencia como para encontrarse a la espera de que alguien que no le debe nada la ayude a encontrar otro enfoque.

Así pues, el continuo golpeo de la puerta tiende a alargarse en la medida en la que Leire se resiste a dejar de visualizar los recuerdos en los que se encuentra absorta. Un implante en el mismo lugar que el que todas las ojivas disponen permite a los humanos conectarse a la red pública, aunque sin acceso a la memoria eidética de la que sí pueden hacer uso todos los hijos de la tecnología de migración.

2 horas antes

Estado de conexión: conectando...
Interfaz red de usuario código: **EP077546 Leire Aragó**
Fecha: 9-11-2095. 11:45
Acceso a red pública/Archivos/Entrevista Dbate Glyn Torres

Entrevista a Glyn Torres,
26 de diciembre de 2034

La retransmisión en curso que Ester interrumpe con sus golpes en la puerta de casa de Leire forma parte de un registro de archivos donde Glyn explica las peculiaridades de la tecnología.

—El cerebro de los mamíferos es lo suficientemente complejo como para intentar clonarlo y esperar a su maduración y sincronía con el huésped —explicaba el mecenas—. A diario, nuestro cerebro cambia mucho más de lo que creemos, por lo que la clonación no podía ser una solución. Es decir, aunque clonáramos un bebé nada más nacer, sus experiencias lo harían diferente... ¡Las experiencias nos hacen únicos!

»Tenía que ser algo que copiara el mapeado de todas nuestras conexiones neuronales al instante, por lo que para ello solo había un recurso, la impresión 3D.

—¿Podría llegar a descargarse nuestra conciencia en un dispositivo? —pregunta el entrevistador.

—Verás, el intercambio o cambio de lugar de conciencia no es una idea nueva, lo reconozco, pero los humanos nunca deberíamos abandonar el verdadero cuerpo del huésped. Toda esa ficción a la que estamos acostumbrados, como gente que abandona su cuerpo y migraciones a otros seres, a otros humanos, a otras especies…, no podría ser nunca una realidad, ya que las conexiones neuronales son diferentes y cuando el huésped intentara buscarlas, se estrellaría estrepitosamente.

»No te voy a contar la cantidad de ratones que intentamos migrar sin éxito y que daban como resultado, una y otra vez, ojivas idiotas que se movían sin criterio alguno —explica Glyn—. En cuanto a programas informáticos, no niego que un día esto sea posible, de verdad que no lo sé. ¿Pero sabes lo que siempre diferenciará a una conciencia informática de un huésped que pilota una ojiva con tejidos cien por cien reales? El alma.

LACER TECHNOLOGIES

Recinto ferial de Ifema, Madrid,
3 de enero de 2035

Los movimientos fusionados que parecen conectar el espíritu de varios individuos que giran en torno a la figura de Marian tras su suicidio vuelven a presentarse. En esta ocasión, el lugar es la azotea de un edificio de Madrid con unas impresionantes vistas al recinto ferial de Ifema.

A miles de kilómetros, el enigmático octogenario continúa meditando como si acoplara todo el equilibrio de su práctica a ellos con la misma exactitud que lo hacen las cicatrices de Thian y Akash, a falta de poder comprobar si se da el mismo caso bajo el pelo rizado del afroamericano Hang Maison.

Algunos metros hacia abajo, en los pabellones que atesoran las innovaciones con más proyección de la década, no falta el más mínimo detalle. Media ciudad se encuentra empapelada con publicidad que anuncia la posibilidad de asistir a un hito histórico esa misma noche. Roger Lacer, originario de Michigan y una de las mentes más innovadoras del planeta, ha provocado un caos mediático con la promesa de exponer el avance tecnológico más puntero que rivalizará con el monopolio disruptor de ETech. La otra media ciudad la adornan rótulos que informan de la presentación con la que se cerrará la Feria de la Tecnología 2034/2035.

El día transcurre entre la presentación de una multitud de promesas futuristas y el continuo murmullo que genera la expectativa creada a partir de las declaraciones por parte del popular inventor que se reunió tiempo atrás con Maison. El en ocasiones apodado el Da Vinci del siglo XXI aseguró que las pruebas que hoy mismo mostraría al mundo forman parte de la resolución de más de quince años de evidencias analíticas irrefutables.

Horas más tarde, el evento comienza ubicado en la más amplia superficie del recinto que la dinámica composición arquitectónica había conseguido disponer, el mismísimo *hall*. Se trata de un pasillo alargado de miles de metros cuadrados salteado con más de veinte escenarios de forma hexagonal que permite hasta el último espectador sentir la presentación de Lacer a pocos metros. La enorme red de luces capaces de proyectar hologramas *HD reality*, patente de Roger Lacer, daba respuesta al difícil acertijo con el que los asistentes amenizaron la espera tratando de averiguar en cuál del heterogéneo reparto de escenarios aparecería el verdadero profesor, en cuál de ellos sería un holograma y, por supuesto, si conseguirían diferenciarlo.

De pronto, el logotipo de Lacer Industries aparece de forma simultánea sobrevolando todas las plataformas de la extensa disposición. El sonido de la canción *Flynn lives* de Daft Punk, que seguirá hasta el final de la presentación, acompaña la reproducción de imágenes grabadas durante los últimos quince años, en las que se muestra de forma alterna la evolución de varias especies desde su nacimiento. La visualización del recorrido de sus vidas por parejas permite cotejar el gran desequilibrio en su envejecimiento, marcado desde su sincronizada llegada al mundo hasta la muerte de un único animal de cada familia. Así, repetidas expresiones reflejan el estupor del público con la presentación del óbito de cada espécimen, que se vuelve más emotivo a medida que cada compañero de especie advierte la incompresible sensación de pérdida de su pareja.

Si bien la aparición de un niño que los láseres holográficos reproducen, con tal definición que impiden determinar cuál de todos los situados en cada escenario es el original, releva a las imágenes de archivo.

—Hola —exclama el niño entre el silencio de miles de metros cuadrados. Lo que todavía consigue estremecer más a los asistentes.

Segundos después, una enorme ovación confirma la presencia del profesor, el cual procede a sentarse en una silla en el lateral de cada decorado, dando a entender al público que el protagonista, al menos de momento, sigue siendo el niño.

—Hola, Víctor —responde Lacer una vez vuelve a percibirse la paralización de miles de afortunados que los observan.

—Profesor.

Ambos dejan pasar suficiente tiempo para que un nuevo «hola» consiga hacer entender al primer osado espectador que son ellos los que deben interactuar con la presentación.

—¿Quién eres? —pregunta una mujer del público. Al milisegundo los receptores holográficos se han concentrado en la joven y han duplicado su imagen en las proximidades de todos los escenarios poniendo el diálogo al alcance de todos.

—Mi nombre es Víctor Blakenburg. Hace diez años me presenté como voluntario para experimentar los mismos efectos que acabáis de ver en la presentación anterior.

Los cuchicheos generados a partir de las diversas interpretaciones del público hacen desaparecer a la espontánea de la pregunta anterior y dan paso a la siguiente intervención de un estudiante al que también reproducen los hologramas.

—Querrás decir que tus padres te presentaron, no tendrías ni tres años.

—Hace diez años yo ya era mayor edad. Incluso más mayor que tú.

—Y, entonces, ¿qué edad tienes ahora?

—Sí, ¿qué edad tienes? —pregunta otro.

—Hace diez años, cuando me presenté ante este hombre, tenía veinticinco años —explica el joven entre sonrisas, mientras Roger se pone de pie al haber alcanzado el objetivo propuesto hasta este punto de la presentación.

—A finales del siglo xix, una protociencia basada en la predicción del comportamiento fisiológico y psicológico del ser humano, a partir de la elaboración de modelos matemáticos, irrumpía en la comunidad científica. «Biorritmos corporales» lo apodaron —expone Lacer.

»Durante las siguientes décadas, la gran cantidad de conjeturas alrededor de esta idea consiguieron convertir en muy poco tiempo su impresionante proyección en una pseudociencia que edificó sus cimientos en ecuaciones tan simples que a los ojos de la comunidad científica la invalidaban.

»La teoría describía que, gracias a unos hipotéticos ciclos integrados en nuestro ADN, podríamos predecir nuestra capacidad en diversos aspectos, según el día en el que nos encontrásemos. Déjenme poner un ejemplo absurdo y algo fuera de contexto: mañana se cumple mi ciclo emocional y me tocará ser más comprensivo.

»Hace dieciocho años emprendí, en paralelo a otros muchos proyectos, el estudio de la existencia de esos supuestos biorritmos y, en su caso, me propuse llegar a controlarlos, tomando como punto de partida las funciones que controla el hipotálamo...

De pronto, el clima que ha generado desde el principio invitando a los asistentes a participar, las enormes pausas y la inexactitud con la que comienza a impacientar a más de uno obtiene su fruto con una nueva interrupción.

—Señor Lacer, perdone, ¿está diciendo que la base de este trabajo es la teoría de los biorritmos? —pregunta un joven incrédulo con aspecto de estudiante.

—¿Qué es lo que ves tan extraño? —responde el ponente con una actitud que denota un interés especial en la pugna que parece estar presentando el osado espectador.

—Es una teoría absurda.

—El modelo matemático para esa predicción de la que usted habla es de párvulos. Hasta el azar podría explicar esos ciclos.

El silencio que se apodera ahora del lugar viene de la mano del paseo con el que Roger Lacer apura el escenario, pensativo, sonriente y de brazos cruzados.

—Entonces... —comienza de nuevo el investigador—, ¿en lo que no creéis es en la propia teoría, en el modelo matemático o en que las reacciones de nuestro cuerpo no responden a ciclo alguno? Porque yo siempre he creído en que casi todos los días de nuestra vida respondemos ante los mismos estímulos.

El nuevo paradigma planteado al grupo de jóvenes que más desconfiaba recibe ahora el silencio como respuesta, ante lo que Lacer continúa:

—¿Es que no os pide vuestro cerebro cada día comer, beber, reír, llorar o incluso algunas de ellas al mismo tiempo?

—Sí, pero la teoría de los biorritmos se basa en ciclos de más de veinticinco días —apunta de nuevo el más reactivo de los espectadores.

—Está bien... —continúa Lacer—, vamos a descartar esta teoría solo porque los ciclos o ecuaciones que proponen no encajan con nuestras pretensiones de exactitud, de acuerdo. ¿Es esta vuestra propuesta, entonces? Abandonamos una teoría prometedora porque algún haragán la dejó a medias... —concluye dando a cada incrédulo lo que pretende y a cada indeciso algo por lo que seguir atendiendo—. Mirad, creo que os voy a dar la razón. No existen los ciclos. O, mejor dicho, mi teoría inicial se centró en lo que hoy para Lacer Industries ya es una realidad. No nacemos con ciclos, sino con necesidades.

»El problema es que estamos sometidos a un entorno cíclico, la noche y el día, las semanas, las estaciones, los años... Hace tiempo yo pensaba igual que vosotros. Una y otra vez me decía que los ciclos no existían, pero, maldita sea, yo tenía sueño todos los días y, lo que era aún peor, tenía sueño cuando no debía tenerlo.

»Así que me pregunté qué pasaría si en vez de tener que aprender a acoplarme a esos ciclos tuviera la suerte de poder estimular las reacciones de mi cuerpo para acoplarlo a cada necesidad. Es decir, convertir los ciclos en realidad y no luchar contra ellos tal y como hacemos cuando comemos sin hambre, dormimos sin sueño o incluso al contrario, hacemos todo lo que necesitamos con hambre y con sueño.

»No hace falta que os diga que no es bueno tener sueño cuando se supone que no debes tenerlo, todos notamos eso, ¿me equivoco? Decidme, ¿quién de vosotros no está incómodo cuando tiene hambre y el cuerpo no necesita nutrientes? —pregunta ahora de forma retórica.

—¿Y todas esas funciones las controla estimulando el hipotálamo? —pregunta ahora un espontáneo invitándole a continuar donde antes le interrumpieron.

—¿Quién si no? Es prácticamente el encargado de mandar todas las señales importantes de nuestro cuerpo. Entre el hipotálamo y la hipófisis se producen las hormonas más importantes que regulan nuestras funciones básicas.

—Pero, perdone, doctor Lacer, no entiendo la relación, ¿qué tiene que ver el control de la secreción de hormonas con los biorritmos? —interviene alguien desde el fondo.

—¡Todo! —responde confiado mientras numerosas proyecciones de Blakenburg y Lacer, adulteradas con filtros para distinguirlas de los ponentes, muestran un sinfín de experiencias registradas del desafío que por fin expone según el guion que habrían establecido.

Las imágenes dan forma a una tecnología que parece estar rozando las prohibitivas prácticas de ingeniería genética, al ver a un hombre que cada día que pasa es significativamente más joven. Y aunque parece que la presentación tan prometedora se había convertido en un simple debate, las imágenes holográficas, el calado del importante descubrimiento de Lacer y la posibilidad de incluso tener una conversación con él está dejando a todo el mundo atónito ante algo tan diferente en todos los sentidos.

—El problema... —continúa Lacer— seguía siendo que nuestra mente y la de cualquier especie animal nunca había respondido de forma clara a ningún ciclo. Adivinen por qué. Porque hemos sido tan listos de tratar nuestro cerebro con el derecho más importante que tenemos: ¡el libre albedrío!

»Y sí, lo comprendo, esa capacidad de decidir entre infinitas posibilidades lo que yo quiera para mí es justo lo que nos convierte en humanos, pero cuando aplicamos ese desorden a nuestra mente... Cuando le hacemos eso a nuestra mente, lo único que conseguimos es nadar a contracorriente.

»¡Nuestro ordenador central se vuelve loco! Tiene hambre cuando no debe tenerla y no tiene sueño cuando debería. Pero ¿y si le damos la vuelta? ¿Y si le decimos a nuestro sistema cómo y cuándo actuar? Bien. Lo explicaré en otro contexto.

»El miedo más grande de la humanidad con el desarrollo de la IA es que las máquinas hagan daño a los humanos al interpretar que somos autodestructivos porque no sabemos controlarnos, ¿cierto?

»Hace años, en Lacer Industries nos planteamos la posibilidad de hacer lo mismo que las máquinas. No se asusten... En nuestro caso, buscábamos tutorizar la mente para convertir todo ese caos de señales confusas hacia el hipotálamo en algo ordenado.

—Algo o alguien que dijera... Haz lo que quieras en todo menos en esto, que afecta a tu salud —interviene Víctor Blackenburg.

—Exacto —responde el profesor—. Cada acción que nos vemos obligados a soportar mandando señales confusas a nuestro hipotálamo nos hace envejecer. Porque, no se engañen, no somos capaces de controlarlo si no es con esto —indica Lacer señalando un pequeño dispositivo que al parecer Blakenburg tiene insertado en varios puntos del cráneo—. Como no podía haber sido de otro modo, una vez estuvimos en disposición de realizar una estimulación biorrítmica del hipotálamo, confirmamos todos nuestros iniciales postulados y fórmulas.

»Apoyados en el *slogan* "Todo lo que hacemos en contra de nuestros biorritmos resta", aplicamos los estímulos con lo que generamos y dejamos de generar hormonas que más tenían que ver con el ciclo biorrítmico que pudiera adaptarse a nosotros. Con ello aprendimos que la especie animal dejaba de luchar contra todas esas instigaciones tan inoportunas que no hacen más que volvernos sumamente ineficientes y conseguimos lo que mañana se convertirá en el paso evolutivo más grande del ser humano.

—Profesor, ¿puede darnos un ejemplo? —pregunta un afamado periodista.

—Por supuesto. Te daré el más fácil de comprender. Estimular el hipotálamo para inundar de melatonina un organismo en las distintas fases del sueño consigue hacer que el individuo rentabilice al trescientos por cien las etapas de la fase REM. Con esto —indica el profesor mostrando de nuevo el dispositivo de conexión—, no solo le decimos al hipotálamo cuánta melatonina generar, sino que diseñamos las perfectas condiciones para que el usuario se regenere, dando la orden de producir una inmensa cantidad de la hormona del crecimiento. ¿Adivinen cuál es el efecto secundario de esa regeneración masiva? —pregunta de nuevo señalando al chico que comparte escenario con él.

—Entonces —interviene de nuevo un espectador—, si no he entendido mal, ¿*Lacer industries* ha conseguido conectar con el cerebro haciendo que la teoría de los biorritmos sea real?

—No... —responde Víctor mientras se tumba en una camilla inclinada que permite al público no perder detalle del muchacho—, la teoría de los biorritmos era algo a medio terminar y sin demostrar. Por sí sola, tal y como estaba planteada, no era más que una simpleza.

—En efecto —afirma Roger—. Las primeras evidencias nos llevaron a confirmar que, si existe algo que resulte decisivo en el proceso de las funciones de los animales, por supuesto, no podría apoyarse en periodos de más de veinte días, como planteaba la teoría inicial —asevera dando la razón a quien antes le interrumpió con el mismo argumento—. ¿Creen que dentro de veintitrés días serán ustedes una copia fisiológica tan fidedigna que les permitirá justificar que tienen idénticas sensaciones a las de hoy?

De pronto, a través de una interfaz con la que parecen estar administrando hormonas de crecimiento en abundancia, dejan inconsciente a Blakenburg en directo y así les demuestran a todos los presentes el poder de una tecnología con la que le están volviendo aún más niño de lo que minutos antes era. El público incluso retrocede ante una propuesta que no parece preocupar lo más mínimo al doctor.

—Control de temperatura, secreción hormonal y, cómo no, damas y caballeros, los ciclos del sueño. No quisiera extenderme explicando cómo conseguimos conectarnos, pero es importante entender que todo se basa en el diseño de tres dispositivos capaces de emitir impulsos electromagnéticos intracraneales a los que llamamos TMS. Esto no lo inventamos nosotros. ¡Es una técnica de principios del siglo xx! ¿Qué les parece si esta tecnología les devuelve el tercio de vida que se pasarán ustedes durmiendo? —pregunta a la vez que desaparece esa interfaz con la que controlan a Blackenburg.

—¿Cuánto hace que no duermes mal, Víctor?

—Diez años —responde Blakenburg visiblemente más joven y con una voz que con toda seguridad acaba de cambiar de la fase adulta de un adolescente a la de un niño.

—Pero y Víctor... ¿por qué ha rejuvenecido? —pregunta de nuevo uno de los estudiantes que intervino anteriormente.

—Se trata de una excepcionalidad transitoria que hemos conseguido a partir de lo que denominamos una «gestión hormonal masiva». Aunque no nos den todo el mérito a nosotros. Sin duda, el mérito es de todos esos investigadores que determinaron hace años las necesidades para paliar los efectos de enfermedades como el alzhéimer, demencia, esclerosis múltiple, huntington, párkinson...

»En cualquier caso, este prototipo no forma parte de la nueva tecnología que Lacer Industries pondrá próximamente al alcance del ser humano, ya que su caso se encuentra aún en un terreno experimental. Aunque era crucial para enseñar hoy aquí el potencial de la tecnología, ¿no creen?

»Lo que en pocos días cada uno de ustedes podrá experimentar será una interrupción de su degeneración celular, es decir, no permitiremos que nadie envejezca o incluso enferme. El resto es cuestión de tiempo... Ese mismo que con toda seguridad dispondrán gracias a Lacer Industries.

La exposición continúa entre tecnicismos y más pruebas con las que hace partícipes hasta los más jóvenes o profanos en la materia. Sin embargo, algo parece no funcionar del todo; el genio que con cada destello proyectaba el principio de una idea que conseguía revolucionar a toda la humanidad no aparenta disfrutar del momento. En cuanto a la exposición, puede que el niño que cambiaba de edad haya estado en uno de los escenarios y que los captadores holográficos lo hayan reproducido en todos los demás, pero la presencia de Xander, Akash y Thian en un despacho privado del recinto ferial garantiza que, en realidad, el profesor nunca ha estado en el mismo *hall* donde se exhibía su producto, sino junto a esos extraños individuos.

ÓRDAGO

Residencia de Leire Aragó, Valencia,
9 de noviembre de 2095

Que las dos ESing de la ojiva de Ester se hayan mantenido encendidas en la habitación de invitados de Leire las siete últimas horas son un indicativo de descanso, lo que prueba que esta angustiada madre ha claudicado ante sus necesidades más primarias. La fase REM que delata el rápido movimiento de sus ojos la tiene encadenada a una multitud de sueños donde consigue grabar nuevos recuerdos de su pequeña, aunque solo formen parte de la creatividad de su subconsciente. En el salón, una conversación telefónica de la anfitriona de la casa con el marido de su invitada tiene todo el aspecto de estar a punto de ser interrumpida, frente a las sombras que anuncian la llegada de Ester tras haberse despertado.

—No te preocupes, te avisaré —afirma la anciana justo antes de colgar.

—Sé que era Pablo. ¿De qué hablabais? —pregunta Ester calmada después de haber recompuesto su juicio durante el descanso, pero aún atada a las paranoias de la traición que no consigue asociar con nadie.

—Era tu marido, cariño. Hablábamos de ti, era importante que supiera dónde estabas, ¿no crees? Llevas más de siete horas aquí.

—¿Cómo lo has hecho? No he conseguido descansar más de dos horas seguidas desde que ella no está.

—Puede que para vosotros no sea más que un estorbo, pero te aseguro que sigo siendo la neurocientífica que ha hecho que llegues hasta aquí sin envejecer ni un día —responde la anciana.

—Cada vez que veía su mano buscándome en mis sueños mi ojiva se desconectaba, hasta esta noche, que por alguna razón he conseguido ver otra vez su cara. He visto lágrimas en sus ojos mientras señalaba a Marian, como si me dijera que es ella y el chico de la cicatriz quienes habían conseguido separarla de mí; pero luego me despierto y nada tiene sentido. Era Akash quien hacía todo el trabajo sucio de CrioTech, ¿verdad? Y es quien lo sigue haciendo ahora. Utilizaban un niño —alega Ester permitiéndose sacar una conclusión de lo que hasta ahora ha conseguido relacionar.

—Todo lo que necesitas saber está dentro de ti. Ya te dije que encontrarías más respuestas en el último capítulo de los diarios de Enzo... Estoy convencida de que una niña de tan solo cinco años, todavía acostumbrándose a las capacidades de su primera ojiva, estaba demasiado asustada como para retener ese recuerdo donde incluso tú y yo llegamos a mirarnos.

—¿Pero qué es lo que intentas decirme?

—Que tu corazón no es tan fuerte como tu mente, cariño, y, como en el fondo lo sabes, puede que hayas bloqueado ese recuerdo en lo más profundo de tus archivos clasificados.

La anciana deja el cable de conexión encima de las manos de Ester para hacerle ver que es el momento de conectarse juntas y completar la parte de la historia que ambas desconocen. La multiconexión que propone permitirá a Ester prestar atención a los detalles que durante sesenta años han sido objeto de estudio de la neurocientífica. Aunque, por otro lado, Leire tiene presente que ante ella se ha materializado la oportunidad de examinar los recuerdos de la única ojiva que presenció todo aquello.

Estado de conexión: conectando,
Interfaz red de usuario código: **EP146379 Leire Aragó**
Fecha: 9-11-2095. 20:26
Permisivo Conexión entrante. **EP061036 Ester del Páramo**
Acceso a red pública/Archivos/Diario de Enzo/312035

Recinto ferial de Ifema, Madrid,
3 de enero de 2035

—He decidido que en lo sucesivo a esta entrada mis anotaciones personales dejarán de estar a disposición de cualquiera. Esta investigación ha tomado una dirección diferente a todos mis anteriores trabajos en los que prescindí de detenciones, interrogatorios o incluso órdenes judiciales, que, como en este caso, nos han permitido intervenir el teléfono de Anna Rafter.

»La buena noticia es que gracias a dicha intervención telefónica hemos conseguido relacionar a Anna con Akash; la mala es que por ahora no me he atrevido a mostrársela a Leire, ya que la voz es muy similar a la de la amiga que tanto echa de menos.

—¿Cómo te encuentras? —pregunta Rafter a la joven que sujeta el teléfono al otro lado de la línea.

—Estoy bien, aunque siento no poder participar.

—He vuelto a recalcular los márgenes que tenemos y el tiempo se ha comprimido un poco más, por lo que, si la presentación no acaba a su hora, podemos tener problemas. El tiempo del que disponen se acabará justo a las once en punto y tendrán que estar atentos a cualquier movimiento extraño. No tendremos otra oportunidad con alguien como él.

—Un movimiento extraño ¿como qué? Antes hemos visto a Rose Mora abrazar a Roger Lacer después de una conversación que duró mucho más de lo que nos hubiera gustado. No le dimos importancia, pero según los informes, no deberían conocerse, ¿verdad? También estaba la pequeña Ester, Glyn y un hombre que no conocemos que acompañaba a Lacer.

—Seguro que al final todo esto queda en nada, pero no creo que debamos arriesgarnos con alguien como Lacer. Sé que te estoy pidiendo que te saltes el protocolo, pero tienes que decirle a Akash que vigile cualquier movimiento extraño de Rose Mora y, si es necesario, que intervenga.

—Cuenta conmigo.

De entre todas las personas que tratan de absorber hasta el más
mínimo detalle de la presentación en curso del doctor Roger
Lacer, sorprende que haya alguien como Enzo Monzó al que le
importe tan poco la exposición. El inspector recorre Ifema tratando de no llamar la atención de ninguno de los guardaespaldas
dispersos entre la erguida muchedumbre. Con tanto político
como Rose Mora y su oposición más acérrima, Hang Maison,
cualquier precaución es poca.

El acto de Lacer concluyó a las diez y media de la mañana sin mayor
repercusión, incluidos los correspondientes treinta minutos de más
hasta el comienzo de la presentación de ETech Technologies. Entre
bastidores, Glyn simula recolocar el lazo del pelo de su pequeño
primer milagro, Ester, mientras el logo corporativo, que en cada
esquina del mundo asociarían con la tecnología de migración
humana, aparece sobre los escenarios junto con el espectáculo ho-
lográfico de seres sobredimensionados que hacen inclinar todas las
miradas a las cotas más altas del pabellón. Por su parte, Rose aprovecha la ocasión para huir del lugar y deja una estela de indiferencia
entre los asistentes, que solo consigue llamar la atención de Akash,
el cual puede sentir en su nuca la presencia de Enzo, tras su identificación desde la sala de vigilancia. La siguiente imagen al final de
un pasillo, configurada por la silueta de Rose abrazada a alguien
de corta estatura, es todo lo que Akash necesita para entender que
no representa ninguna amenaza para aquello que Anna había intentado proteger: el doctor Lacer.

De vuelta al pabellón, Ester y sus respectivas copias holográficas
situadas en los diferentes escenarios se encuentran junto a Glyn,

quien expone los entresijos de la tecnología junto a los erráticos movimientos de la pequeña que, sin llegar a ser su intención, provocan la algarabía del público. En contraposición a la calurosa efusividad que los espectadores demuestran ante una noche irrepetible, Hang Maison aporta su nota discordante al comenzar a huir del lugar con el probable objetivo de socorrer al joven Akash. Poco a poco, el pequeño indio-nepalés se ve más cercado en la persecución, que ya no solo ocupa al detective al que cruzó la cara delante de CrioTech, sino a cuatro agentes uniformados que le persiguen.

En cuanto a la huida del pabellón por parte de Hang, un último estímulo con la sobrecogedora dosis de intensidad que él preveía consigue frenarlo durante escasos segundos. Tal y como su contacto árabe y amante de los clubes de golf le explicó semanas atrás, todos los hologramas han perdido durante un instante su potencia y el escenario donde Glyn y Ester ofrecían su mayor regalo a la humanidad ha quedado a oscuras. La silenciosa expectativa, que el público respeta durante los primeros instantes de vuelta a la normalidad, se destroza al unísono con la reacción que provoca el desplome de la ojiva de Ester después de un frustrado paso. Sin duda, se ha presentado ante el mundo una *performance* que nunca habrían imaginado, «la muerte de la primera ojiva en directo». Durante el apagón, el árabe sustituye la ojiva que ETech está presentando al mundo por la copia dañada en la explosión del coche bomba, con el objetivo de hacer creer a todos los asistentes que la niña ha muerto ante sus ojos. En realidad, la artimaña había sido diseñada para secuestrar a la ojiva del escenario y llevarla hasta un camión con las paredes de plomo que inhabilitaría su señal, tal como ahora está sucediendo.

Acceso a red pública/Archivos/Diario de Enzo/312035
EN PAUSA

En la pausa que solo el mundo virtual del universo ETech puede proporcionar, Ester pregunta a quien tras años de estudio parece estar encajando todas las piezas.

—¡Cambiaron tu ojiva en tan solo unos segundos! —responde la anciana ante la cara de incomprensión de Ester.

—No entiendo nada, ¿para qué?, ¿por qué? —inquiere Ester confusa.

—Porque, de haber podido inhabilitar tu señal, no habríamos logrado migrarte a una nueva ojiva y con ello la implantación de la migración humana habría fracasado. Nadie hubiera confiado en una tecnología donde la primera persona quedara atrapada en un tubo de laboratorio a 10°C —explica Leire mientras continúa la reproducción de los archivos y entorna los ojos tratando de comprender algún último detalle.

En la azotea del edificio ya no hay ninguna otra salida diferente a la que propone Enzo con las esposas que cuelgan de su mano. Los pequeños pasos con los que se aproxima al asustado chico distan mucho de las violentas sacudidas con las que Hang, por fin, ha conseguido entrar en uno de los urinarios del servicio de caballeros. Empapado en sudor, se apresura a deshacer el nudo de su corbata y da reposo a su cabeza en la esquina de la pared, con la cuestionable intención de echar una cabezada. Al mismo tiempo, Lacer ultima una carta en la que parece estar despidiéndose, mientras Xander y Thian advierten al genio del siglo XXI que es el momento.

—Yaveh Joshua, Roger. —Las mismas palabras son pronunciadas, esta vez, por parte de Thian.

De vuelta al borde superior del edificio de Ifema, el ejército de oficiales que rodea a Akash, junto con la situación en la que se encuentra cualquiera que pudiera ayudarle, ha provocado que el chico escoja la mejor salida para quien representa. Enzo extiende un brazo simbólicamente tratando de impedir que el chico se deje caer al vacío, constituido por la cota más alta de los edificios colindantes. El inaudible estruendo de la caída conmociona con tal intensidad a los cuatro agentes que estallan en gestos de incomprensión. Hang, desde el servicio de caballeros, tampoco se queda atrás en cuanto a la frustración que siente al no haber podido hacer nada para evitar el suicidio de un niño de diez años. En contrapartida y a pocos metros de allí, Thian ya abandona el lugar y deja a sus espaldas el cuerpo sin vida del doctor Roger Lacer.

Sin duda, esta situación confirmará a Ester durante la conexión que está compartiendo con Leire que, en efecto, quien custodiaba el despacho de Marian en el año 2095 no podía ser el joven fallecido. Esa fue la razón de por qué la anciana neurocientífica le repitió tantas veces a Ester que el guardaespaldas identificado en las inmediaciones del despacho de Marian en el año 2095 no podía ser Akash. En el 2034, a la salida del recinto ferial y delante del cuerpo sin vida del chico, la pequeña Ester llegó a conectar su mirada con Leire, la cual también deambulaba por dicha zona que no dejó indiferente a nadie. Pero ¿cómo podía estar marchándose la pequeña Ester de la feria con Rose si supuestamente aquel árabe la acababa de secuestrar?

Acceso a red pública/Archivos/Diario de Enzo/312035
EN PAUSA

De nuevo, Ester fuerza la pausa de tan abundante contenido para tratar de poner orden en todo aquello que parece tener más significado para Leire que para ella.

—Pero, Leire, ¿qué es lo que pasó? Yo no recuerdo haber hecho ninguna presentación. Un hombre me llevó hasta mi madre y nos marchamos... Esa presentación fue cancelada por un accidente.

—¿Es que no lo ves? —aduce la anciana—. Ese accidente, que no fue más que el suicidio de Akash y que Enzo relató en su diario, no había sucedido todavía cuando Glyn te sustituyó por una ojiva incompleta.

Después de tanto tiempo, y gracias a los archivos en la memoria de Ester, consiguen entender que, tras ser conocedor del plan elucubrado contra ETech, Glyn sustituyó la ojiva original de la pequeña. Esos movimientos erráticos que habían divertido tanto al público no formaban parte de ninguna voluntad o criterio, tan solo era otra ojiva desvinculada del huésped que recordaba muchísimo a los primeros ensayos de migración con ratones con los que Leire consiguió desesperar a todo el equipo de ETech.

—Ese maldito anciano embaucador sacó provecho hasta de los primeros errores que cometí con la migración de humanos —admite la envejecida neurocientífica con una sonrisa.

El comienzo de un nuevo día con la ojiva de Ester intacta consiguió destrozar por duplicado a Maison. Por un lado, perdió a Akash y, por otro, el plan urdido junto a aquel señor de la guerra para provocar el descrédito de ETech se convirtió en una nueva oportunidad para mostrar el potencial de la tecnología. ¡Secuestraron una réplica falsa!

Al despertar, el fármaco que la neurocientífica les había administrado minutos antes de la conexión múltiple provoca en Ester y en ella misma una comprensión inmediata y el orden lógico que necesitan los recuerdos dentro de la mente de los humanos. Tras haber experimentado el pasado juntas y por encima de las cosas que aún no consiguen encajar en cuanto a la conexión con Alice, hay algo que escapa a su entendimiento en el presente. ¿Cómo puede ser que la persona que hoy en día permanece protegiendo a Marian, sucesora en el cargo de Anna Rafter, siga siendo Thian? ¿Cómo? Sin haber envejecido ni un segundo después de sesenta años. ¿Cómo? Si con la edad de este individuo en el año 2034 no existía ninguna tecnología disponible que permitiera hacerle llegar donde está hoy en día. ¿O sí?

VENI, VEDI, VICI

Sede del partido de Rose, Valencia,
15 de enero de 2035

Han pasado dos semanas desde los incidentes de Ifema, cuando el reflejo de Rose en el espejo del aseo privado de la delegación del partido al que representa proyecta la concentración de toda una líder. Los comicios han estado marcados por duras exposiciones en las que todos los partidos políticos aunaron esfuerzos contra ETech. Por su parte, Rose no tuvo más que mostrar al mundo como se intensificaría la brecha social, en caso de que la tecnología de migración se convirtiera en el progreso exclusivo de unos pocos privilegiados.

Algunas horas después parece que es oficial, un país que prácticamente no creía en nada ha inclinado la balanza hacia el cambio, al mismo tiempo que Leire empapa su ropa a la espera de que alguien responda al timbre a las puertas del chalé de Ángel. Del vehículo que frena con violencia frente al portón de entrada sale Ángel. Sin perder un segundo, se apresura a abrazar a la joven e invitarla a entrar para escuchar las historias que relacionaban a Anna con Akash, la muerte de Jablonsky e incluso el suicidio del joven nepalés que ahora tanto Enzo como ella llevarán para siempre en su conciencia, como si de un bloque de hormigón al cuello se tratase. El triunfo de Rose constituye el fondo de las imágenes silenciadas de la televisión con el que Leire explica todo a su antiguo mejor amigo.

CORROSIÓN

Residencia de Ester y Pablo, Cullera,
10 de noviembre de 2095

En el futuro, forzar a las ojivas a las horas de descanso que a cada huésped más le interese tiene como consecuencia acabar viviendo en horas intempestivas. Es decir, hace mucho tiempo que nadie atiende a horarios habituales. Como Ester, quien representa uno de los especímenes que más veces ha experimentado esa circunstancia y, sin embargo, es capaz de comprender que su agotamiento no deriva de las altas horas en las que ha acabado deambulando, sino del estrés emocional que le ha causado su última conexión con Leire. En su vehículo y de vuelta a la ladera de la montaña donde su casa enfoca las vistas de aquella playa en la que Pablo sacrificó una ojiva semanas atrás, la matriarca continúa repasando la gran cantidad de recuerdos a los que debe hacer frente para tratar de ponerse por delante de quienes le han causado su actual estado. Ya divisa la entrada de su garaje cuando se da cuenta de que, por mucho que ha removido el pasado, aún no ha encontrado el detonante al que su intuición le prometía que se acercaba.

Minutos después, como si la moviera la inercia, Ester se dirige a su habitación centrando su discurrir en el lamentable abandono que ha protagonizado el trato hacia su marido. Ya en su habitación, Pablo muestra una única luz de conexión, dando a entender que no se quedaría atrás buscando cualquier indicio que sirviera para rescatar a su familia. Confiada, Ester se conecta a él para encontrarlo en el espacio virtual que su intimidad como pareja habría creado durante años de compromiso. Con una pequeña sonrisa con la que trata de dejar en *standby* el sentimiento de pérdida que la corroe, sin más, pierde la consciencia en la vida real a favor de la que tiene lugar en sus mentes.

Estado de conexión: conectando,
Interfaz red de usuario código: **EP061036 Ester del Páramo**
Fecha: 10-11-2095. 06:30
Permisivo Conexión entrante... **Pablo Sanders/Pendiente**

El tiempo de conexión se alarga más de lo debido, lo que llama la atención de la joven, que esperaba ver a su marido analizando un recuerdo con Alba.

—¿Qué ha pasado? —pregunta Ester en un espacio absolutamente vacío, sin ningún recuerdo, ni memoria, ni rastreo de la red pública.

—Nada, creía que estarías con Leire —admite su marido.

—¿Qué escondes? —insiste la joven ojiva adaptando la sonrisa con la que se presenta ante su marido.

—Nada, es que no te esperaba.

—Ya sé lo de Alice. No hace falta que me lo sigas escondiendo. —El baile con el que Ester fuerza la mente de Pablo se representa en el escenario virtual, con una toma indiscriminada del espacio que ocupa el joven.

La expresión de Pablo está bloqueada por el tanteo con el que Ester va cambiando poco a poco de actitud. Ebria de poder con el que podría someterlo si fuera su voluntad, y ante los dubitativos resultados de sus preguntas, vuelve a la carga.

—Ponme el recuerdo de Alice. Estabas viéndolo, ¿verdad? Ella ya me ha dejado conectarme. —El semblante de Pablo se descompone ante la culpabilidad que le persigue desde hace tiempo. «No sé en qué estaba pensando».

De inmediato, busca la sombra creada por su subconsciente sobre la que se arrodilla.

—No pasa nada. Déjame rastrearlo a mí, Pablo. No debes preocuparte, estoy contigo.

La mirada de Pablo, sin embargo, coincide más con la de quien no parece entender qué pasa; se arrepiente de lo que, llegado a este punto, en ningún caso podría negarse a dejar rastrear.

*Acceso a Registros/Rastreo/***Alice Dowens 35 Entradas**

El episodio con el que comienza la visualización de los recuerdos de Pablo es justo aquel por el que quiere disculparlo. En el año 2057, semanas antes de conocer a su actual esposa, tenía lugar uno de los encuentros que acababa en el despliegue de pasión con Alice y que por aquel entonces unía a una pareja que coincidía casi con la edad que sus ojivas pretendían aparentar. Como espectadores, la imagen virtual de Ester muestra total incomprensión hacia el sobredimensionado remordimiento que sugiere la postrada presencia de su marido. Al fin y al cabo, sus recuerdos no deberían ser diferentes a los explorados en el rastreo de la mente de Alice.

—Pero, dime, ¿qué está pasando? —grita, intentando no conectar lo que el pequeño número de rastreos del nombre «Alice Dowens» le está indicando.

Por fin, Ester permite a su mente asimilar todo lo que semanas atrás había estado buscando hasta casi desfallecer. La cifra desigual de recuerdos entre las memorias que compartió con Alice y que ahora comparte con Pablo indican que de alguna forma han conseguido transgredir las leyes de la tecnología ETech. Al despertar, Pablo no encuentra más que una habitación vacía que ahora llena los miedos que le habían perseguido estas últimas semanas y el rastro del perfume de la mujer que había compartido su conexión minutos antes.

Tras varias visualizaciones sin relevancia, el rastreo se había focalizado en el año 2084, justo después del último recuerdo registrado por Alice, donde recordó a Pablo los ideales por los que luchó en el MCMH.

El dormitorio vacío había sido testigo de la reacción de Ester tras descubrir que Pablo no solo ocultaba encuentros sexuales con la estratega, sino que llevándolo al máximo punto de estrés consiguió confundirlo hasta arraigar de nuevo aquellos antiguos ideales. Una ideología tan nociva que le hizo participar de forma activa en el secuestro de la consciencia de su hija. Su objetivo esta vez era evitar que se extinguiera aquello que él entendía como la esencia de nuestra existencia, «la reproducción humana».

2095

CAPÍTULO 9
HUMANOS

EL COMIENZO

Meseta tibetana,
3 de enero de 2035

—Humanos... —reza casi de forma inapreciable el mismo octogenario que medita perdido en uno de los valles de la meseta tibetana—. Inevitable detonante de mi desastrosa capacidad de síntesis... Humanos...

Absorto en un mantra que deja clara su inexistente predisposición a aceptar la imperfección humana, trata de recobrar el equilibrio perdido por culpa de diversos *flashbacks* que iluminan el tejido neuronal encargado de proyectar imágenes en su mente. En diferido y como si alguien le hubiera relatado lo sucedido con la más fidedigna transposición de los hechos, las imágenes de los traspiés con los que Thian comenzaba una rocambolesca huida del cementerio meses atrás se alternan con la inverosímil maniobra de Akash sobre el cuello de un gendarme francés, con la que sumaba un homicidio a las constantes tropelías del menor de edad.

—Humanos... Inevitable detonante de mi desastrosa capacidad de síntesis... Humanos... —repite una y otra vez entre los *flashbacks* más recientes, en los que visualiza a Hang desabrochándose el nudo de la corbata en un inodoro, mientras Akash cae al vacío en el recinto ferial de Ifema.

Cada imagen representa una disputa interna que no muestra ningún otro signo más allá del cambio de posición de sus pupilas, que apenas logran descubrirse tras los párpados que mantiene cerrados en todo momento.

—Humanos… Es inevitable.

Su profunda respiración se entremezcla ahora con los remordimientos, fruto de otro recuerdo mucho más antiguo que los anteriores. Sin embargo, a pesar de que la nitidez con la que percibe toda esa nueva información infiere en una autenticidad incuestionable, hay un detalle que a cualquiera llamaría la atención. El recuerdo es propiedad de una pequeña niña de cinco años llamada Marian; la pequeña sobrevive al accidente de coche donde toda su familia perdió la vida. Si bien no fue una distracción, ni un ajuste de cuentas, ni tan siquiera fue una discusión. Lo cierto es que no pasó más de un minuto entre la última sonrisa que conectó con su madre y la ruptura del vínculo más intenso que puede sentirse como persona al perder de ese modo a quien te dio la vida. Sola, diminuta e invadida del sentimiento de estar a merced de seis mil millones de personas, nunca dejó de preguntarse por qué regresó a la vida, ante la perplejidad del técnico de emergencias sanitarias, para encontrarse un mundo en el que ya no quedaba nadie que la quisiera.

Después de más de cinco minutos con sus constantes enmudecidas y mientras trataban de reanimar a su padre, Marian abrió los ojos otra vez a la espera de ser lo suficientemente consciente de todo lo que había perdido.

—Humanos… —pronuncia por última vez el octogenario, segundos antes de encontrar la quietud asociada a la actividad eléctrica sincrónica con la que el cerebro humano genera esas ondas alfa que tanta paz traen a sus tribulaciones.

2095

LA LLAVE

Residencia de Leire Aragó, Valencia,
10 de octubre de 2095

—¡Despierta!... ¡Despierta! —insiste Ester.

Dado que Leire no es una ojiva, la conexión a la red pública no le permite interactuar con sus propios recuerdos, por lo que no supone un peligro de adicción del que no es posible despertar. No obstante, el tiempo que tarda la anciana en responder a los zarandeos de Ester es la mejor prueba de la reticencia de muchos humanos a seguir experimentando una vida no virtual.

—¡Despierta!

Confusa, la prestigiosa tecnóloga de otra época, por fin, abre los ojos y confirma así que la alerta de intrusión que interrumpió su utópico edén se ha personificado frente a ella sin dejarle apenas tiempo a reaccionar.

—¿Qué haces aquí? ¿Cómo has entrado? —pregunta la anciana.

—¿A qué vino Pablo? Me has mentido.

—¿Qué te ha dicho?

Las manos de Ester cogen con más fuerza de la que debería el delicado brazo de Leire.

—Me pidió ayuda, me dijo que había perdido a tu pequeña en una migración que nunca antes intentasteis. No mencionó nada más y yo solo me ofrecí a rastrear su señal. Le dije que necesitaba la información descargada en la ojiva y el código genético de tu hija... Y suéltame el brazo, niña. ¿Aún no te has dado cuenta de que me da igual en cuál de los tres mundos esté mi consciencia? —indica refiriéndose al mundo virtual, al natural o al que le espere tras su muerte—. ¿Qué te ha dicho? Porque yo intenté rastrear a tu hija y nunca supe nada más —pregunta ya de pie y con el enfoque redefinido.

En el tiempo en el que el viento se ve con fuerzas para invadir el salón a través de las cortinas, los últimos y trágicos acontecimientos en la vida de Ester son presentados a la anciana. En poco más de veinte minutos, la matriarca explica cómo dejándose llevar en una conexión compartida con Pablo acabó revelando el más horrible de los secretos, todo ello entre rabia, lágrimas y el desconcertante enigma que la anciana parafraseaba.

—¡La memoria de Alice no coincide con la de Pablo! —repite la anciana una y otra vez.

—Leire. Despierta, ¿cómo rastreaste a Alba? ¿Podrías haber conseguido tú algo más que ETech?

—Puedes estar segura de que no hay otra persona en el planeta que sepa más de migraciones infructuosas que yo, cariño —responde por fin Leire—. El código genético de cada uno de vosotros se entrelaza con el de la ojiva, lo que crea una única serie.

»En función del avance de la migración, y teniendo los conocimientos de la ecuación de equilibrio, se desarrollan numerosas iteraciones que dan como resultado un número limitado de posibles sujetos que rastrear en las ojivas operativas del planeta.

»Si todo esto se tratara de un secuestro en el que la migración de tu pequeña se hubiera completado en otro punto del planeta y la ojiva de ETech guardara suficiente información, yo podría haberla rastreado.

Sin esperanza, Ester enfoca de nuevo sus ojos en dirección a la anciana para confirmar que, en efecto, no hubo resultados.

—¡Tu pequeña no está! No he conseguido encontrar ninguna migración reciente a una ojiva que esté a día de hoy en este mundo. ¡Pero, Ester, la memoria de Alice no coincide con la de Pablo! —repite.

—Lo sé, pero es que... ¿Puede Alice haber restringido recuerdos que compartió con Pablo?

La conversación vuelve a extenderse entre el sutil cambio de dinámica que ambas firman al haber dejado de lado la desconfianza con la que empezaron el día.

—Tú sabes que estamos pensando lo mismo, pero no quieres enfrentarte a esa idea y no entiendo por qué —afirma la anciana.

Hacia el año 2042, la eclosión de la migración humana daba lugar a una nueva deficiencia que apodaron «esquizofrenia paranoide cognitiva». Con ello, las ojivas afectadas fabricaban recuerdos que el huésped interpretaba como reales una vez reproducidos durante el sueño y a continuación registrados. Durante años se estudió el problema en profundidad, lo que incluía al huésped que permanecía en sueño inducido. Al final se determinó que era imposible resolverlo, con el agravante de que identificar estos casos no podía hacerse más que cotejando recuerdos con otros registros de cualquier otra fuente más fiable, por ejemplo, otras personas. Esta nueva premisa habría podido cambiar de nuevo aquel aberrante escenario, hasta el punto de que Pablo creyera haber vendido a su hija y que nunca hubiera sido así, pero Ester ya lo había descartado.

—No puede ser, no es él. Ninguno de sus recuerdos conmigo es diferente. Fue lo primero que pensé, porque no quería creer que un padre quisiera deshacerse de su hija. Por eso te he preguntado acerca de Alice, ¿puede ser cosa de su mente? —pregunta la matriarca.

—No puedo decirte que no, pero sabes tan bien como yo el tipo de cerebro que tiene esa mujer. Me parecería muy raro que con los continuos controles que ETech hace a su personal fuera ella quien presentase una diversificación de la realidad. Ester, sabes que aunque tus recuerdos coincidan con los de Pablo, él puede haber inventado otros que no tengan que ver contigo.

—Vale, pero... ¿De qué me va a servir la información que pueda darme entonces mi marido? Alice no me va a dejar volver a conectarme a ella. ¿Cómo voy a contrastar nada de lo que pueda decirme Pablo ahora? Todo lo que me diga puede formar parte de algo que un día imaginó.

—Sí, pero ahora tenemos esto.

Una luz de la misma intensidad y tonalidad que la que todas las ojivas desprenden a través de su ESing puede distinguirse incluso antes de salir por completo del bolsillo de Leire. En su mano, con su tembloroso pulso, descansa un dispositivo de memoria, cuya luminiscencia indica que su encriptación de código se encuentra desbloqueada. Según explica, por alguna razón que Leire desconoce, y muchos años después de la desaparición de Enzo, la conexión compartida que efectuaron unas pocas horas antes dio lugar a la activación del dispositivo que contenía el resto de la investigación del detective. Por lo que parece, y a pesar de la reticencia de Enzo Monzó en seguir publicando sus investigaciones, al final decidió continuar escribiendo, aunque codificó todos los archivos y se encargó de hacerlos llegar a su anciana amiga con motivo de sus últimas voluntades. De inmediato, Ester entiende que se trata de una nueva hornada de información clasificada, al ver las previsualizaciones holográficas que proyecta el artilugio electrónico que había llegado justo en el momento que debía hacerlo.

—¿Por qué no me dijiste que esto existía? —pregunta Ester.

—Porque yo no sabía nada acerca de su contenido. Se activó tras la conexión compartida que hicimos y no me permite visualizarlo sin tu código de conexión.

»Creo que todo aquello que Enzo descubrió no fue únicamente parte de una investigación que pudiera girar en torno a Marian, sino que incluso tú puedes ser un eslabón importante de esta historia —añade mientras se asegura de que Ester sostenga la memoria digital, al menos, con la misma intensidad con la que le duele desprenderse de algo que durante tantos años pensó que fue exclusivamente para ella.

CONSECUENCIAS

Lugar indeterminado,
10 de octubre de 2095

A la salida de casa de Leire y a la entrega de aquel USB le siguieron horas de discusiones en las que Pablo y Ester nunca llegaron a nada.

Y lo cierto es que, tras múltiples amenazas y reproches, no les quedó otra que abordar el problema desde el único prisma que aún ofrecía algún tipo de vínculo entre ellos: explorar el mundo virtual con la ayuda de los registros que Enzo Monzó les dejó. Pero esa conexión fue algo más. El diario secreto del detective no solo relataba la consecución de acontecimientos que daban forma a la mayoría de las motivaciones de los implicados, sino que escondía una verdadera genialidad. Durante años, el detective logró perfilar el trabajo de investigación más importante de la humanidad, un increíble despliegue de conexiones al que no hubiera podido llegar otra persona que no tuviera una capacidad como la suya.

Para todo esto, Enzo se sumergió en la naturaleza de cada individuo y, a diario, rellenó y rellenó documentos autobiográficos como si de sus propias vivencias tratara cada relato. Escribió acerca de cómo se sentían, de cómo llegaron a tomar cada una de las decisiones y, por supuesto, de cómo todo aquello cambió el curso de la historia. Profundizó hasta tal punto en sus vidas que en ocasiones terminó narrando etapas con las que parecía tratar de justificar hasta a sus enemigos, porque, según él entendía, aquel ejercicio no sería capaz de resolverlo sin experimentar hasta la última motivación de sus actos. El resultado fue una prolífica definición de la vida de cada individuo que, junto con sus conclusiones, resultaron en un intempestivo despertar de Ester tres semanas después. Puede que todo se basara en los delirios de un loco que encontró patrones donde nadie más que él se atrevía a mirar. Incluso es posible que Pablo y Ester se equivocaran asumiendo todo aquello como una absoluta realidad, pero lo cierto es que, al fin y al cabo, creer en Enzo o no ya no solo fue cosa de las personas que lo conocieron, sino de todos a los que pueda arrastrar con la lectura de su investigación.

Tres semanas después...

—Humanos... —repiten Pablo y Ester al unísono nada más despertar de una conexión compartida y asistida en todo momento por Leire.

Sin secuelas y gracias a los fármacos administrados, han sido capaces de estar días anclados al metaverso creado por ETech, donde una combinación de los diarios secretos de Enzo y los recuerdos más insondables de Pablo han desencadenado la reacción más incomprensible. Una enérgica explosión de Ester, que no hace más que ahondar en el contraste de la última mirada triste y cabizbaja que dedica a Leire, acaba con un ataque hacia la anciana que lleva a cabo a través de la asfixia que le produce con sus propias manos.

Pablo, sin embargo, se limita a observar la situación. Como si para él fuera aceptable cualquier reacción después de todo lo que Enzo compartió con ellos.

—¡ETech! —grita Ester.

GLYN TORRES, PARTE 1

A pesar de que los diarios originales contemplaban todas las vivencias de quienes llegaron a ser amigos íntimos del detective, finalmente, en el USB al que ahora Pablo y Ester se conectan, solo se transcribió la información más relevante de la guerra de tecnologías.

Estado de conexión: conectando...
Interfaz red de usuario código:
EP061036 Ester del Páramo/-PS025865 Pablo Sanders
Fecha: 11-11-2095. 11:00
Acceso a directorio privado/Archivos/Diario de Enzo/
REGISTRO 1 GLYN TORRES

Soy el anciano de casi noventa años que poco más puede hacer que compartir con el detective Monzó los detalles de mi truculenta vida, empezando por el más importante, el que me recuerda que nunca conseguí mi verdadero propósito. La verdad es que solo quise encapsular una emoción para poder llenar lo que quedaba de mi existencia, con la sensación que yo eligiera y no la que a diario me torturaba. Sin embargo, mi creación fue muy distinta. Si consideramos que el sentido de la vida como especie pudiera ser la continuidad y evolución del ser humano, puede que debiéramos entender ETech como una absoluta traición a los fundamentos de nuestra existencia. Pero todo eso ya no importa, porque el sentido de mi vida ha sido y fue seguir todos los puntitos que me dejaba preparado este mundo hasta que llegué a mi hija. Nada ha tenido un significado mayor que ella y ahora el problema es que apenas tengo fuerzas para recordar todo lo que me hizo sentir su vida, porque el cerebro me falla y me estoy quedando atrapado en lo que me hizo sentir su muerte.

Mi historia no es diferente a la de la mayoría de las personas del primer mundo. Crecí en un entorno donde la felicidad logró imponerse a la inestabilidad, todo ello procurado por la seguridad que me dieron mis padres. Pero todo fue distinto a partir del 15 de abril de 2025. La vida, tal y como la conocía, cambió tan rápido que además de todo el dolor que supuso perder a mi hija, en mi mente aún quedaba espacio para sentirme como un imbécil por haber creído hasta entonces que sabía bien lo que era el dolor. Desesperado, me aferré al primer salvavidas emocional que, por remoto o inverosímil que pareciera, tuviera la capacidad de llenar ese enorme vacío y, aun sin creer en él, seguí hacia delante y lo llamé ETech. Con ello, la promesa de poder agotar mis días reviviendo a mi pequeña hizo más soportable el paso del tiempo. Pero para mi sorpresa algo de mayor calado para la humanidad fue tomando forma, hasta que en el año 2034 logró convertirse en mi realidad y, al fin y al cabo, en la realidad de este nuevo mundo.

Fue cuando la vi. Una preciosa niña llamada Ester que me recordaba tanto a ella... Era todo lo que necesitaba para, al menos, mitigar mi dolor. Dado que el mundo entero fue testigo de lo que pasó a partir de ahí, no creo que sea necesario centrar mi historia en describir lo que hicimos por ella y por muchos otros, pero lo que nunca supo nadie hasta que mi relato acabó en manos del detective Monzó es lo que en realidad esa criatura hizo por mí. Reconozco que, un tiempo después de la primera migración, me precipité cediendo el puesto de CEO de ETech a mi nieto Ángel, ya que no era difícil distinguir las innumerables carencias e inseguridades que le impedían tomar cualquier determinación que la tecnología precisase. Pero yo no quería más que centrarme en lo positivo que Ester y Rose me aportaban y dejar todo lo anterior atrás.

Atemorizado por la amenaza hacia el nuevo equilibrio que por fin había encontrado, y mientras Ángel deambulaba cerrando capítulos personales, hice explotar la primera ojiva de la historia para defenderme, para defender a los míos. El tiempo pasó deprisa después de aquello. Hacia el año 2037, en nuestro país y en alguno más vivimos la edad de oro de la migración humana. Cada día que transcurría, cientos de nuevas ojivas nos hacían sentir como dioses que no reparaban en que la otra mitad del planeta esperaba la eclosión tecnológica de CrioTech. Hasta que a principios de 2040 todo aquel despliegue con el que nuestro competidor trató de evitar nuestra expansión culminó en el despertar de Marian y, para mi sorpresa, coincidió con la inesperada llegada de la tecnología de Lacer, hasta el momento pausada por las circunstancias.

En lo que respecta a CrioTech, la verdad, por aquel entonces yo no estaba interesado en ese circo entre tecnologías que otros vendían. Preferí centrarme en averiguar qué escondía lo que Lacer enterró con su muerte y de paso saber por qué abandonó también a aquel chaval que cambiaba de edad como quien se cambia de camisa. Aquel que unos días era un niño y otros un hombre pasó años buscando un filántropo que le ayudara con su problema y lo más sorprendente para mí fue que Maison lo rechazara. Sin más, lo interpreté como un error estratégico de mi competencia y puse a mi equipo de investigación, dirigido por Leire Aragó, a trabajar en este nuevo desafío que aquel pobre trajo a mi puerta. ¿Creían que al igual que Lacer yo también enterraría otro posible privilegio creado para la humanidad?, ¿que no lo intentaría arreglar? En fin, espero que este obstinado detective consiga algún día averiguar el motivo que empujó a Roger hasta ese horrible final, porque, en lo que a mí respecta, no quise hacer mucho más que reenfocar todos mis esfuerzos en terminar con CrioTech después de lo que sucedió con mi nieto Ángel algún tiempo más tarde.

ÁNGEL

Estado de conexión: conectando...
Interfaz red de usuario código:
-EP061036 Ester del Páramo/-PS025865 Pablo Sanders
Fecha: 11-11-2095. 23:00
Acceso a directorio privado/Archivos/Diario de Enzo/
REGISTRO 2 ÁNGEL HENRIC TORRES

Me gustaría poder decir que las cosas importantes de mi vida salieron como tenía planeado. Es más, si lo pienso, incluso me gustaría decir que de todo lo que pasó aprendí algo que más tarde utilicé, pero cuando pienso en el cómputo global, viene a mi mente ese cariñoso gesto con una media sonrisa con el que Leire replicaba cualquier juego entre nosotros mientras decía: «No sé yo». La verdad, no creo que nada haya salido como yo querría y, en perspectiva, poca gracia me hace, porque las mil torturas que pasé hasta poder estar con ella me han dirigido de nuevo a mi soledad, aunque ahora, además, cuestionado por todos los que me rodean.

Así pues, el 3 de enero del año 2035, después de ejercer más presión de la que debieron sobre los motivos del suicidio de Marian, tanto Enzo como Leire recibieron su castigo en forma de suicidio de un pobre chaval de diez años, que no supo enfrentarse a la situación en la que se vio envuelto. Aquel niño se llamaba Akash. Todo esto me benefició, ya que al menos Leire entendió que era el momento de disfrutar de las oportunidades que la vida le daba conmigo, en contrapartida a los quebraderos de cabeza que le ofrecían los continuos sudokus del detective.

En cuanto a Anna, simplemente desapareció de mi vida cuando necesité que lo hiciera. Lo que vivimos fue increíble, pero cuando aquella noche llegué a casa y vi a Leire empapada frente a la puerta de entrada de mi garaje, supe que más tarde o más temprano tendría que dar explicaciones a mi actual pareja. Pero Anna jamás regresó y, aparte de su traslado a otro país, nunca supe más de ella. En fin, siempre creí que sería cuestión de tiempo que coincidiéramos de nuevo dadas nuestras atribuciones profesionales, pero eso tampoco ocurrió.

Durante un largo tiempo, Leire y yo disfrutamos de nuestra vida. Incluso quisimos traer un hijo a este mundo. Hasta que alrededor del año 2040 todo empezó a torcerse. Nada de lo que hacíamos para intentar ser padres funcionaba y, como en un increíble cambio de tendencia en nuestro camino, todos nuestros antiguos fantasmas se dieron cita a la vez. CrioTech despertó a Marian y, después de sus innumerables consecuencias, solo fue cuestión de tiempo que también acabara nuestra relación. Creo que, en cierto modo, todas las conclusiones con las que Leire trataba de justificar que Marian no quisiera volver a vernos apuntaban a unos únicos culpables: nosotros mismos. Así que era lógico pensar que, en gran parte, Leire me culpara a mí por todo aquello que pasó con Rafter.

Estuve más de un año tratando de ser lo más profesional posible, centrándome en el proyecto que Glyn nos encargó. Y aunque aquel trabajo con Blakenburg consiguió llegar a importarme de verdad, no podía obviar que cada día la sentía más lejos de mí. Dios sabe que durante meses lo intenté, pero trabajar con la indiferencia que Leire guardaba..., en fin, era imposible. Ella se había encerrado en su mundo para tratar de acercarse a una amiga que, en mi opinión, hacía muchos años que perdió. Pero cada noticia que oíamos de ella, como su incorporación a CrioTech o su embarazo, nos hacía tanto daño que mandé todo a la mierda y lo pagué con esos inconscientes que a diario trataban de medirse conmigo o con la firma a la que representaba.

Todo comenzó a ser tan extraño que en ocasiones no me conocía ni yo mismo, pero es que no podía evitar pensar que, al final, si por mí hubiera sido nunca habría elegido la opción de ETech para mi familia, sino la propuesta de CrioTech. ¿Pero qué familia? Si ya lo había perdido todo.

Mi nuevo yo se estaba convirtiendo en un ser cada vez más cuestionado, que absorbía los miedos de todo aquel que quisiera empañar los propósitos de ETech y se los devolvía con la mayor y más desproporcionada respuesta. Así que de entre todos los que me molestaban emergió una pequeña rata que se unió a la fiesta del *antimarketing* contra ETech, Pablo Sanders, el hijo de Marian y al que no dudé ni un momento en destruir, aunque no cuando todos creyeron que lo haría. Para mediados del año 2042, rechacé en última instancia hacer el *speech* de presentación de nuestra compañía en una nueva feria de la tecnología, si bien eso no me impidió presentarme allí. Mi plan consistía en aprovechar un extraño intermedio con el que CrioTech creaba vida a partir de la pseudomuerte para interrumpir con la comprometedora información que Glyn había puesto a mi disposición. Un secreto de Pablo Sanders que ninguno de nosotros debíamos airear. Pero esa idea me llevó a cometer el mayor de mis errores, pues no me percaté de que ellos nunca me permitirían destruirlos.

Mientras observo la sangre que sale ahora de mi cuerpo, solo lamento haber tenido los suficientes segundos para ver como Hang Maison ha conseguido derribar lo poco que quedaba de entereza en mi abuelo, al no haber podido impedir que me clavara la daga por la que se me escapa la vida. Al menos, aunque soy consciente de que estos serán mis últimos segundos de vida, esa lágrima que Leire acaba de derramar sobre mi mejilla mientras me vuelve a decir que me quiere significa para mí todo aquello que necesitaba para poder descansar en paz. Por fin...

GLYN TORRES, PARTE 2

Estado de conexión: conectando...
Interfaz red de usuario código: **EP061036 Ester del Páramo/PS025865 Pablo Sanders**
Fecha: 12-11-2095. 13:05
Acceso a directorio privado/Archivos/Diario de Enzo/
REGISTRO 3 GLYN TORRES

El salto generacional era tan grande... Yo no sabía muy bien qué hacer, y después de su ruptura con Leire, mi nieto se transformó en una persona que no atendía a razones. Era ingobernable y sobre todo lo demás se había vuelto despiadado. La verdad era que nunca antes lo fue. «¡Cosas de muchachos —pensé—, ya no saben ni lo que es el amor!». Pero lo subestimé y no pude ver como la persona en la que se estaba convirtiendo utilizaría todas sus armas para luchar por lo que consideraba suyo.

En agosto del año 2042 perdí lo último que quedaba de mi hija en este mundo, mi nieto Ángel. Con ello, nada más importante que mis remordimientos llenaron los restantes años de mi vida porque, aunque me dijeran mil veces que no fue culpa mía, no era verdad. Ahora es cuando he comprendido que siempre hay algo más que podemos hacer si no queremos perder a alguien.

Estoy tan cansado. Ya han pasado unos quince años de todo aquello y lo único que espero es que en mis últimos segundos de vida no los dedique a pensar en ese condenado mundo de ETech, en el MCMH o en esa chiquilla que acabo de poner al mando de la estrategia de mi empresa. Solo quiero pensar en mi hija María y en Ángel... Y en todo lo bueno que compartí con ellos. ¿Pero quién soy yo para decirle a mi cerebro lo que debe tener en mente a estas alturas?

Archivo de Enzo Monzó:

Después de la muerte de su hija María, Glyn se sintió tan perdido que gastó toda su fortuna en la búsqueda de la fórmula de la felicidad. Aunque, en realidad, todo lo que encontró no fue más que paliativos en forma de una tecnología que revolucionó el mundo. Glyn murió en el año 2053, como una absoluta referencia en muchos campos, pero por encima de todo tendrá siempre mi máxima admiración por echar tanto de menos a una hija y seguir mirando hacia delante.

ROSE, PARTE I

Estado de conexión: conectando...
Interfaz red de usuario código:
EP061036 Ester del Páramo/PS025865 Pablo Sanders
Fecha: 12-11-2095. 21:40
Acceso a directorio privado/Archivos/Diario de Enzo/
REGISTRO 4 ROSE MORA

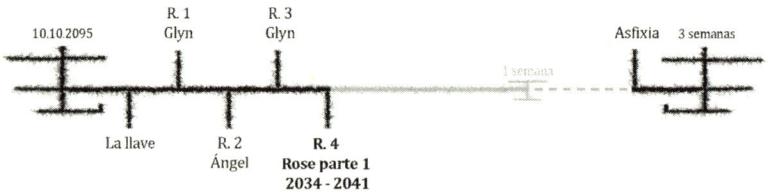

Si me viera obligada a explicar en una única palabra todo lo que ha relacionado las cosas más importantes de mi vida, no tendría ninguna duda de que ETech es todo aquello que la resume. Fue lo que me devolvió a mi hija y también lo que dio sentido a mi carrera profesional. No voy a negar que llegué a ser la política que todos conocen gracias a la oportunidad que me brindó Glyn Torres, pero no dudéis de mí cuando os digo que lo hubiera cambiado todo por una vida más simple, si con ello me hubiera evitado el dolor de los primeros cinco años de la vida de Ester. Podría decirse entonces que el origen de la tecnología de migración humana, junto con el simbólico renacer de mi hija, se solapó en el tiempo con el despertar de mi nueva carrera política. Unos a consecuencia de otros, pero sin duda todos ellos forman parte del inicio de un relato plagado de nacimientos a los que quitó protagonismo tanta muerte.

El 3 de enero del 2035, mientras casi nos aplastaba el cuerpo sin vida de un niño de diez años llamado Akash, también dejaba de respirar uno de los genios más reconocidos de la historia, Roger Lacer. En cuanto al primero, me vi obligada a mediar para que el detective Enzo Monzó no fuera pasto de la prensa sensacionalista y fusilado al amanecer, como aquel que dice. Y en cuanto al segundo, Alexander Massa, parece que no hubieron suficientes motivos para abrir una causa contra él, sin embargo, allá por donde fue siempre le recordaron que no hay lugar en este mundo al que pertenezca por no haber querido aclarar las causas de la muerte de Lacer.

A mediados del año 2041, meses después de la incorporación de Marian a la dirección de CrioTech, se presentaba al mundo su mayor baza contra el monopolio de Glyn Torres. Se trataba de una vacuna que, en teoría, garantizaría a cada individuo un nivel de criorreparación que únicamente afectaría al envejecimiento de sus células. Todo esto diseñado con el pretexto de dar tiempo a sintetizar en masa la fórmula de su producto estrella, que, según publicaron, se vio afectado por la escasez de materia prima. La particularidad más destacable era que nada de todo eso estaba sujeto a pruebas que pudieran ser demostrables, más allá del paso de los años sin signos de envejecimiento celular. Desde luego, era evidente que su modelo se basaría en tener a todo el mundo esperando mientras se dedicaban a enriquecerse con las personas más influyentes. Aun así, muchos se vacunaron y con ello dieron por válido el discurso de miedos e inculturas que las grandes alianzas instigan a través de la política y la religión. A pesar de todo esto, y mientras pasaban de un mercado casi inexistente a dejar a la mitad del planeta en *standby* ante la disyuntiva de criorreparación o migración humana, cometieron un error…

CONFIDENCIAL

Oficinas centrales de ETech,
diciembre de 2041

Estado de conexión: conectando...
Interfaz red de usuario código: **EP061036 Ester del**
Páramo/PS025865 Pablo Sanders
Fecha: 13-11-2095. 5:22
Acceso a directorio privado/Archivos/Diario de Enzo/
REGISTRO 5

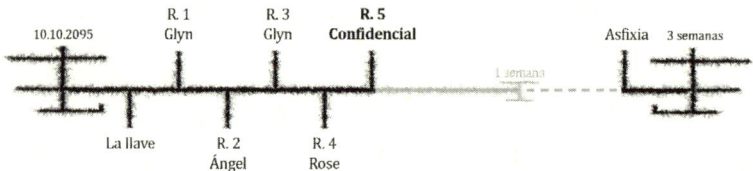

Durante los últimos años los investigadores han trabajado a caballo entre el perfeccionamiento de una tecnología ya desarrollada, ETech, y la frustrante tarea de comprender las ecuaciones que encierran la formulación que Lacer se llevó con él. Dentro del improvisado despacho que sin darse cuenta Glyn ha expropiado a algún pusilánime investigador, la conversación con su nieto no para de dar bandazos. El enfoque con el que Ángel le quiere hacer saber su intención de abandonar su puesto y el cinismo con el que su abuelo pretende señalar que su malestar es pasajero no dejan un segundo sin sonido.

—Apenas sé nada acerca del trabajo de laboratorio. ¿Cómo quieres que haga nada en fase de cálculo? No puedo hacer más que intentar que mi equipo tenga todo lo necesario —apunta Ángel.

—¿Y cuál es el problema? Se te da bien sacar lo mejor de las personas. Confían en ti y necesitan a alguien que sepa ver más allá de los intereses de ETech —responde Glyn.

—No estoy haciendo nada allí.

—¿De verdad crees que hace años no sirvió de nada que te llevaras a Leire a desconectar de todo cuando no veía salida con las migraciones? ¿Estás seguro de que fue ella sola quien solucionó aquel problema?

—No me estás escuchando. Cada vez que la veo...

—¡Todos vivimos con dolor! —interrumpe Glyn consumido por la intención de dejar las cosas como están para que no se vaya.

Al fin y al cabo, tener a Ángel cerca es lo poco bueno que le queda al anciano, aunque sus diferentes formas de afrontar los problemas los sitúe siempre en tan diferentes contextos.

—Perdón...

Por fin, alguien llama a la puerta y los interrumpe. Rose Mora provoca un cambio en la dinámica de forma tajante, segundos antes de tomarse la libertad de invitar al despacho a quien la acompaña.

—Pasa, Enzo, por favor.

—Joder. Está en todos los sitios —vocaliza Ángel para sus adentros y de espaldas.

Tras los oportunos, educados y, en algunos casos, violentos saludos, Enzo comienza la exposición de su documentada conjetura en una reunión que ninguno de los iniciales contertulios hubiera podido nunca predecir.

—Como podéis ver, estos son vuestros propios documentos de preinscripción para el primer ciclo de migración de Pablo Sanders Sanz.

—¿Quién es Pablo Sanders? —pregunta el mayor de los Torres.

—Ahí está el problema, Glyn. Es el hijo de Marian.

Al unísono, los «qués» y los «cómos» se entremezclan casi al mismo tiempo que Ángel comienza a revisar los documentos que Enzo ha compartido con ellos.

—¿Por qué?, ¿qué sentido tiene? Es su peor eslogan, ¿cómo podéis saber eso? —insiste Glyn.

—Tengo las pruebas de ADN de Marian de una aventura que Ángel, Leire y yo vivimos hace tiempo, un criotubo que abrimos, ¿recuerdas? Y las de Pablo las he conseguido de la preinscripción que forma parte del protocolo de ETech para la primera migración.

—Hace unas semanas, Marian perdió la custodia de ese pequeño contra el propio padre de Pablo —afirma Rose—. Lo más curioso de todo es que ni siquiera peleó por él. En unos años, por decisión del padre, el chico comenzará con los ciclos de migración y Marian no podrá hacer nada.

—¿Cómo puede ser? El crío no tendrá más que unos meses —pregunta en esta ocasión Ángel que ya parece estar dejando de lado su dinámica anterior.

—Estaba claro que sucedería. No puedes despertar de ese proceso al que la sometieron y decidir ser madre tan rápido —afirma Glyn.

—¿Y qué es el tercer documento? —insiste ahora Ángel.

—Una prueba de paternidad —responde Enzo.

Extrañados ante la magnitud de la noticia anterior, los anfitriones no conciben que la expresión de Rose y Enzo correspondan con las de alguien que todavía pretende confiar alguna que otra irregularidad en aquella historia.

—Es una prueba de ADN de Alexander Massa, quien en realidad parece ser el verdadero padre de Pablo.

Los siguientes minutos pasan entre acalorados intercambios acerca de la posibilidad de sacar tal noticia a la luz o no y sus implicaciones.

—Pero es absurdo. Tenemos que decirlo, ¿quién nos lo impide? Es decir, ¿por qué no íbamos a querer decirlo cuanto antes? —propone el más joven de los Torres.

—Porque hay algo más —responde el detective tratando de zanjar la propuesta de hacer público aquel valiosísimo secreto—.

Hay algo que hizo remover hasta los cimientos de CrioTech y que están intentando esconder por todos los medios. Hay algo en Xander que no es lo que parece, pero necesito más tiempo para averiguarlo.

—Además, decir la verdad sobre esto podría hacer al falso padre de Pablo cambiar de opinión y entonces no tendríamos nada. El chaval no será migrado y ahí acabaría el recorrido de nuestras acusaciones —explica Rose.

—La noticia podría volverse en nuestra contra, sí. Daríamos a entender que ETech no quiere migrar a ese niño por ser hijo de quien es —con la opinión de Glyn, todo indica que los demás están de acuerdo, excepto el de siempre.

De pronto, un sonido que procede del pasillo alerta lo suficiente a cada uno de los integrantes de la reunión, como para detenerla y plantearse las repercusiones de que esa noticia transcienda fuera de las paredes de aquel despacho.

—Perdón. ¡No he querido molestar! —explica el chiquillo vinculado a Lacer Industries que tanto cambiaba de edad.

Tras comprobarlo, desestiman tal amenaza al encontrarse lo que no es más que un niño aburrido, que poco más puede hacer que confiar en el altruismo de Glyn. Los restantes minutos de la reunión los pasan alineando sus posturas y llegando a conclusiones que se alejan una vez más del sobrecastigado ego de Ángel.

—Entonces, está decidido. Mantendremos esta información en secreto para utilizarla cuando sea necesario —explica Glyn al mismo tiempo que Ángel se marcha derrotado por duplicado, pues no ha podido convencer a nadie de nada.

ROSE, PARTE 2

Estado de conexión: conectando...
Interfaz red de usuario código:
EP061036 Ester del Páramo/PS025865 Pablo Sanders
Fecha: 14-11-2095. 23:33
Acceso a directorio privado/Archivos/Diario de Enzo/
REGISTRO 6 ROSE MORA

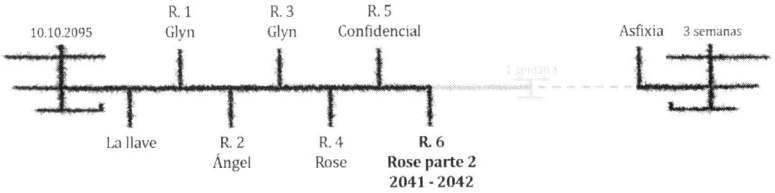

Tal y como nos confió Enzo, todo era mentira. Esa criatura a la que llamaron Pablo, y que en el año 2041 exhibieron como aval de las posibilidades que ofrecía la tecnología criorreparadora, no era más que algo que forzaron. Todo esto suponía que Alexander Massa tenía mucho más que decir con sus actos que sus escasas palabras al haber sido relacionado con la muerte del Da Vinci del siglo XXI, Roger Lacer. Aunque pronto todo eso no importó. Ni siquiera la implantación de la tecnología ETech en la democracia fue rival para lo sucedido con el nieto de Glyn. Todo lo que conseguí a pesar de haber sido boicoteada con ojivas diagnosticadas con esquizofrenia paranoide cognitiva, quedó ensombrecido, por lo menos, durante un tiempo.

En teoría, Ángel no debería haber estado en Ifema 2042 ese día. En cuanto lo vimos, parece que no solo fuimos Glyn y yo los que entendimos lo que pasaba por su cabeza. Su mirada estaba tan perdida y su actitud era tan diferente que de alguna forma lo supe, iba a por Pablo Sanders y eso que solo era un bebé. Su objetivo era sacar a la luz todas las mentiras acerca de esa pequeña criatura para exponer a CrioTech a la opinión pública por unas decisiones, cuando menos, cuestionables. Pero su actitud era errática, se cogía la cabeza como si le doliera una barbaridad y me atrevo a decir que casi se le veía desfigurado. Así que mientras la mayoría de nosotros nos quedamos congelados viendo cómo hablaba consigo mismo con la intención de destruirlo todo, Glyn quiso detenerlo, sin éxito. Segundos después, Hang Maison alcanzó al chico cuando apenas le faltaban unos pasos para llegar al escenario y se encargó de que aquel secreto nunca saliera a la luz: le clavó lentamente un cuchillo en el torso. Glyn ni siquiera fue al entierro de Ángel y me consta que dedicó los últimos diez años de su vida a tratar de averiguar qué era aquello que su competencia quiso esconder con aquel homicidio.

MABEL LEJEUNE

Ginebra, Suiza,
19 de septiembre de 2039

—Siempre hay otra forma de ver las cosas —apunta el gendarme francés que había ayudado al detective Monzó después de perder a su compañero en el bosque a manos de Akash.

«¿Y qué? —piensa Enzo—. ¿De verdad cree que debería ir corriendo a Leire y preguntarle si le apetece volver conmigo?». Y es que Enzo es consciente de que lo único que su colega pretende es hacerle ver que los desencuentros entre Leire y Ángel podrían ser consecuencia de algo más, no solo por aquello de no ser padres. Además, siempre que sale el tema se defiende con lo mismo. «Ni siquiera pudo mirarme a la cara cuando me dejó».

—Que tú le digas que continúas queriendo estar a su lado no puede causar ningún efecto negativo en nadie —ultima el francés en la conversación que anuncia su inevitable final con la llegada de un coche de donde sale la responsable del famoso laboratorio de partículas CERN.

—Es ella, vamos —afirma Enzo.

Este se convertirá en el primer momento en el que los caminos de Enzo y Mabel se crucen. Y no muchas veces más serán necesarias para que ella le entregue la muestra autobiográfica, que, en este caso, no necesitó ser escrita por el detective. Aquello que llamó «los diarios de Enzo» no eran otra cosa que eso, la trazabilidad de la vida e investigaciones de Glyn, Rose, Ángel y muchos más alineada con el trabajo que Mabel documentó y que un día le entregaría a cambio de salvar su vida.

Estado de conexión: conectando...
Interfaz red de usuario código:
EP061036 Ester del Páramo/PS025865 Pablo Sanders
Fecha: 15-11-2095. 00:42
Acceso a directorio privado/Archivos/Diario de Enzo/
REGISTRO 7 MABEL LEJEUNE

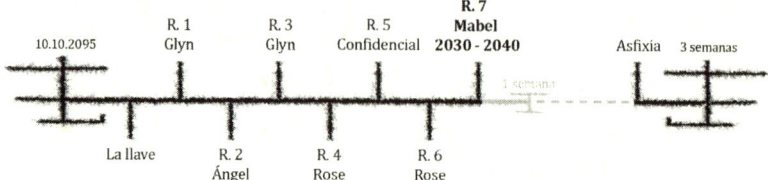

Del propio diario de la investigadora Lejeune seleccioné cuidadosamente los textos que, de una forma u otra, me llevaron a encontrar la verdad. El resto no son más que intimidades que nada tenían que ver con lo que perseguí durante años. Todo empezó justo después de la muerte de Drederick Jablonsky en aquella carretera.

—

Día 10 de junio de 2035

Me está resultando muy difícil soportar la presión con la que Anna Rafter está evaluándonos a todos y junto con el asunto de Jablonsky... No sé..., sé que lo he escrito muchas veces y que no lo voy a reconocer delante de ellos, pero me persigue la sensación de no haber sabido protegerlos. En cuanto al trabajo de Drederick, últimamente no puedo quitarme esas ecuaciones de la cabeza; ya son varios días los que sueño con la parte de ese trabajo que estoy segura de que Anna se quedó. Me ha sorprendido mucho el poder que tiene esa mujer, parece que sea la dueña de todo, y la cuestión es que no sé cuál es su objetivo, pero ninguna de las dos hemos vuelto a hablar de los documentos y de la falta de buena parte de ellos, que seguro que ella ha notado tanto como yo. Espero que en unos días todo se calme y podamos volver a la normalidad; no creo que lo que está pasando sea bueno para nadie. Tener a Rafter aquí solo empeora las cosas. ¿Es que no se va a ir nunca? Lleva meses aquí.

Día 20 de febrero de 2036

Hace unos meses dimití. Por una parte, no pude soportar la presión a la que la hija de puta de Anna me estaba sometiendo y, por otra, tiene el apoyo de todos y me da la sensación de que muchos de ellos me culpan a mí de lo sucedido. Hoy he hablado con Zimmer y, ¡vaya sorpresa!, le han dado mi puesto a ella. Debí habérmelo imaginado nada más supimos que se había mudado a SaintGenisPouilly. Por lo que se ve, han presentado a Rafter como la mejor opción según las credenciales de trabajos anteriores y no sé qué más, pero en fin, ni las sé ni las quiero saber. Ella no es más que otro motivo insignificante que me ha ayudado a alejarme de mi trabajo. El principal es este:

[En el diario se aprecia una foto pegada de una ecografía].

¡Por fin, lo hemos conseguido! Estoy tan contenta que nada de lo que haya pasado me importa. Todo esto me ha hecho darme cuenta de que la gente que tiene hijos no sabrá nunca lo que viven las que en algún momento creen que no lo conseguirán. ¡Voy a ser mamá!

Hace un tiempo supimos que será una niña, es tan obvio que la llamaremos Diana. Pero, bueno, lo más importante es que todo está bien y que tengo muchas ganas de conocerla, porque, respecto a lo demás, preferiría no darle mucha importancia. Me asusta un poco hasta escribirlo, pero es que hoy se ha convertido ya en algo flagrante. Todas esas veces que le dije a Diego que ese hombre me seguía han acabado con él mismo admitiendo que era verdad; lo ha comprobado de camino a la ecografía. Diego no se ha cortado y ha ido derecho a decirle que era mi marido, pero el tío ha desaparecido detrás de un coche que se cruzó en nuestro campo visual. Ni siquiera pasó un segundo. ¡Es increíble, la verdad! En fin, esperemos que no sea nada. Pronto Diana estará con nosotros y prefiero no darle importancia a este tipo de cosas.

Día 8 de septiembre de 2036

Es la primera vez en mi vida que lloro de felicidad. ¡Ya soy mamá!

Día 16 de enero de 2038

Hoy ha venido un detective francés a hablar con nosotros. Llevo un tiempo desconectada del diario, ¡lo siento!, es que lo de ser mamá se ha juntado con que nos entraron a robar en casa. Lo más curioso es que esos desgraciados no se llevaron nada, pero hasta la habitación de Diana la hicieron mierda.

A veces, no puedo evitar pensar que alguien pueda andar detrás de aquellos papeles que me quedé de la investigación de Jablonsky, aunque después caigo en la cuenta de que, quitando cosas raras como lo del oriental aquel que aparecía como si se teletransportara cuando andaba por la ciudad, ya hace tiempo que todo en mi vida fluye. En cualquier caso, este chico que ha venido ha sido mucho más simpático y atento que los oficiales que nos atendieron después del allanamiento de nuestra vivienda. Parecía que le interesaban todos los detalles, incluso los rasgos más característicos del chino que me perseguía y la verdad es que fue bastante inquietante que me enseñara un dibujo exacto de la cicatriz que tenía en un lado de la cabeza. ¿Acabará esa cicatriz sustituyendo mis clásicas pesadillas con la formulación de Jablonsky? Ja, ja. No sé cuál prefiero. Bueno, espero que no; me ha dado la sensación de que el detective le quitaba importancia, como si fuera el típico individuo inofensivo que se dedica a molestar o, mejor dicho, dedicaba, ya que después de que Diego fuera a pedirle explicaciones no se ha dejado ver nunca más.

Día 14 de septiembre de 2039

El detective que acaba de irse de nuestra casa me ha dicho que es el momento de conocer a Enzo. No sé quién es y tampoco sé muy bien lo que significa, pero espero que nos ayude porque ya son demasiadas coincidencias. La verdad es que no pude evitarlo. Hace unos días, después de que alguien entrara en casa, la pregunta de si podría tener que ver tanto revuelo con aquello que descubrió Jablonsky me superó y volví a casa de Zimmer. No hubo nada que me pareciera extraño, así que me marché de su casa confiada en que todo estaba bien y, por lo que veo, el resto de mi vida tendré que recordar cómo bromeaba acerca de que le mataran por el contenido de la carpeta con los documentos de Jablonsky que dejé en su casa.

No sé cómo ha podido pasar todo esto, pero él no tenía ninguna culpa, ni siquiera sabía cuál era el contenido de la carpeta que le di, y ahora está muerto.

Me han preguntado cuánto hace que no veo a Anna o a Thian (al parecer, es el nombre del chino aquel que me perseguía). Lo cierto es que hace mucho que no los veo, pero nunca he dejado de tener la sensación de que alguien me vigilaba.

Las fórmulas de Jablonsky vuelven a aparecer incesantemente en mis sueños, como si quisieran decirme algo y ahora que Diana ya es algo más mayor... Puede que todo esto esté pasando por algo. Joder... No voy a seguir haciendo como si nada hubiera pasado y con esa idea dando vueltas en mi cabeza. Es el momento de que continúe con el trabajo de Drederick.

Día 20 de septiembre de 2039

Las investigaciones de Jablonsky son una genialidad cuántica, en parte, no me extraña que abandonara su trabajo en el CERN. Empiezo a pensar que el CERN no es más que una tapadera para mantener a todos los físicos del mundo preocupados por las condiciones en las que estará el gato dentro de la caja y, así, evitar que caigamos en la cuenta de que nosotros mismos somos el gato.

Respecto a lo más «cotidiano», no sé si atreverme a decir en voz alta que todo ha vuelto a la normalidad. Por fin pude conocer al detective Enzo Monzó; lo último que me esperaba es que fuera guapo, pero lo compensaba a la baja con sus dotes sociales. Al igual que su compañero, restó importancia al tema de las apariciones de Thian. Sin embargo, dejó muy claro que le avisáramos de nuevo si volvíamos a cruzarnos con él. Nos explicó muchas cosas acerca de una red que la multinacional CrioTech tiene desplegada en varios países y que en cierto momento llegó a comandar mi «mejor amiga», Anna Rafter. Podría decir que el mundo es un pañuelo, pero la verdad es que en este caso no me sorprende nada que también se encontraran con esa... Lo dejaré en puntos suspensivos.

Quizás lo más preocupante fueron sus conclusiones sobre la muerte de Zimmer, ya que tras visitar su apartamento este hombre nos dio a entender que hay algo más detrás de todo esto. En pocas palabras, no me ha entusiasmado la frase que intercambió con su colega delante de mí, en la que decía que alguien andaba buscando... Sabrán que soy española, ¿verdad? Son detectives, joder. Por ahora voy a seguir con lo mío, porque a nadie más le importa lo que yo tenga de Jablonsky.

Día 8 de octubre de 2039

Ayer vi la cicatriz. Por algún extraño motivo, algo me hizo levantarme de la cama y mirar por la ventana. Es algo que nunca hago y me temo que nunca más lo haré después de ver sus ojos conectando con los míos con tal despliegue de confianza, sin mover ni un músculo de la cara y como si hubiera estado esperándome todas las noches desde hace años. Me sentí tan desprotegida que apenas pude moverme y continué devolviéndole esa conexión, que en mi caso seguro que reflejaba mucho más miedo que su fría e impávida expresión.

El mismo día vino a vernos Enzo, que no debería estar muy lejos, dada su inmediatez. Decidí contar la verdad acerca de la investigación de Jablonsky. También me ofrecí a dejar la investigación como estos últimos años había estado, enterrada, pero me ha recomendado que siga con ella para saber si lo que tengo entre manos puede ser el motivo de tanta muerte.

La verdad es que es la primera vez que temo por mi familia y, aunque no ha pasado nada, no puedo evitar coincidir con Enzo en que todo podía estar en calma porque desconocían el paradero del resto de la investigación, por lo que abandonarla en este momento no me va a reportar nada. Ahora que ya saben dónde está, siento que no estemos seguros y, aunque este detective no está muy bien de la cabeza, puedo ver en él que siempre va un paso por delante del resto. Sabía que yo tenía algo guardado desde el momento que visitó el apartamento de Zimmer, sabía que en pocos días le llamaríamos y por eso apenas tardó en venir, y sabía que le pediríamos que nos protegiera. Así que se adelantó y junto con los contactos que tiene en Francia nos prepararon una casa perdida en uno de los valles del parque natural de Morvan. Han sido muchos cambios en muy poco tiempo, pero hasta que todo esto pase este precioso sitio desde donde escribo hoy es la mejor opción para mi familia.

Día 6 de marzo de 2040

Este lugar es increíble, es imposible no sentirse inspirada... Aquí por fin he conseguido centrarme en la investigación de Jablonsky, sin reparar en miedos o distracciones. Aunque también estoy dejando este diario de lado y prácticamente escribo de año en año. Me sabe mal alejar a mi hija de una vida real, pero va a tener, al menos, quinientos años para ponerse al día con el resto del mundo. Hemos decido que cuando llegue el momento la migraremos a una ojiva.

Hoy, después de muchos meses, hemos recibido la visita de un desconocido. Enzo insistió en que no estableciéramos contacto con nadie, pero era un amable anciano que tendría más de cien años y se le veía tan espiritual... Es increíble cómo ha podido llegar hasta aquí un hombre de esa edad, por lo que le hemos invitado a comer y más tarde a descansar, pues estaba anocheciendo. Ha sido extraño ver a alguien por aquí y más al haberlo encontrado tan inmóvil junto al lago, mientras meditaba. Se le ve en una realidad tan distante... Lo que más parecía interesarle era mi vida como tecnóloga. Ha sido muy gracioso ver sus reacciones al hablarle de algo a lo que yo estoy tan habituada. Su nombre era Scai.

Día 8 de marzo de 2040

¡Que haga vida normal!, como si fuera tan fácil. Ahora es cuando se le ocurre contarme que hay algún tipo de extraña conexión entre Thian y otras dos personas. Sabían que ese oriental era mucho más peligroso de lo que parecía y me lo han estado ocultando. Todo lo bonito que era este sitio y toda su tranquilidad se han convertido en una mierda de la noche a la mañana. Quiero irme de aquí, pero por algún motivo esto es todo lo que me ha dicho que debo hacer, nada.

—

Valle de Morvan, Francia,
6 de marzo de 2040

Entre uno de esos anhelados amaneceres que trae consigo las heladas noches del valle de Morvan, un detalle altera el habitual paraje que adorna el lago que linda con el hogar de Mabel y su familia. Allí sentado, como siempre acostumbra a hacer en la meseta del Tíbet, el gran maestro Scai contempla un amanecer que no verá nunca, al menos, a través de los ojos que mantiene cerrados durante tantas prácticas. Unas sandalias, un mono de seda y un pequeño turbante configuran la indumentaria que, a pesar del frío, coincide a la perfección con aquella que a diario viste en el lugar del que procede.

La familia que le ha acogido no ha podido siquiera comenzar a descansar cuando él ya ha decidido hacer sus ejercicios de meditación y permanecer ahí hasta el mismo momento en que uno a uno, incluida la pequeña Diana, echen en falta a alguien al despertarse. Han compartido muy poco tiempo, pero aun sin haber llegado el momento, la despedida ya presenta las trazas de lo que se convertirá en un emotivo recuerdo.

—Puede que haya sido muy corto, Scai, pero te vamos a echar de menos —expone Mabel.

El octogenario, al que nunca habrían asociado con una actitud cariñosa, se acerca a la pequeña Diana para tratar de acariciarla como último guiño antes de su marcha. Pero en el más riguroso silencio, un involuntario gesto de la pequeña desplaza unos cuantos centímetros su turbante y deja al descubierto una imagen familiar que altera abruptamente el discurrir de la despedida. Con el mayor de los esfuerzos por no derramar las lágrimas que acumula en los ojos, Mabel se despide esta vez consternada por el miedo que representa haber alojado y compartido su vida con alguien que luce la misma cicatriz en el lado derecho de la cara que aquella que comienza a ser tan familiar para ella. Una cicatriz que desde el principio estuvo oculta tras aquel turbante.

—Humanos —vocaliza sin emitir sonido alguno el anciano octogenario minutos más tarde mientras se aleja de la familia—. Humanos...

CAPÍTULO 10

ESTRECHANDO EL CERCO

PERO ¿QUÉ...?

Valle de Morvan, Francia,
nuevo hogar de la familia Lejeune,
10 de marzo de 2040

Estado de conexión: conectando...
Interfaz red de usuario código:
EP061036 Ester del Páramo/PS025865 Pablo Sanders
Fecha: 18-11-2095. 15:50
Acceso a directorio privado/Archivos/Diario de Enzo/
REGISTRO 8

La noche en las colinas del valle francés ya asustan de por sí sin ayuda de ningún siniestro personaje que se aventure a irrumpir en hogar ajeno, y más todavía, si estamos hablando de Thian Matsuyama. Escondido, el detective Monzó espera paciente al enigmático individuo que tantos años lleva rastreando, cuando siente arder sus vísceras al confirmar la autenticidad detrás de una marca tan característica. Apenas quince minutos después, y tras haberse frustrado el intento de allanamiento del oriental sin saber ni cómo, el detective y Mabel se dirigen al borde de la explanada que no tiene visual desde su casa. Allí, donde el paraje delimita el borde del lago con el comienzo de la siguiente montaña, la conversación se activa.

—Pero, dime algo, no puedes despertarme así y no decirme nada, ¿dónde vamos? Me estás asustando, Enzo —explica Mabel.

—Ha estado a punto de entrar en tu casa y por alguna razón ha dado media vuelta y ha huido.

—¿Quién?, ¿el anciano? —añade a la batería de preguntas que formula mientras trata de seguir el ritmo del detective, aún sin haber acabado de vestirse.

—¡No! El otro.

—¡Joder! ¿Thian ha estado en mi casa?

—No escuchas. ¡No ha llegado a entrar! Algo en otro sitio llamó su atención.

—¡Coño! Te habrá visto —replica Mabel tratando de seguir a Enzo, pero ahora lo hace a través del hilo conductor de su lógica.

—Ni siquiera vosotros, que vivís aquí, me habéis visto a plena luz del día —suelta Enzo—. ¿Qué? No me mires así, ¿de verdad creías que os dejaría solos después de lo que nos contaste sobre aquel anciano?

—Vale, pero... ¿dónde me llevas ahora? —le interroga Mabel.

—¡A enseñarte esto! ¡Seiza!

—¿Qué es Seiza? —pregunta casi al mismo tiempo que frena en seco e incluso da unos pasos atrás alarmada por lo que casi arrolla, de no ser por la tibia sujeción que imprime en su brazo Enzo.

En el suelo y con aquella postura con la que acaban sus prácticas, esa misma que adopta el gran maestro para trascender, se presenta el escuálido cuerpo del oriental, ahora a escasos centímetros de ellos. Bajo un estado de abstracción donde ni siquiera el tocarle le perturba, Enzo y Mabel analizan el leve resplandor que sale de una cicatriz que ahora, en la oscuridad de la noche, les recuerda a algo más.

—No me jodas —declara la investigadora con su habitual lenguaje tabernario—. ¿Qué hace? ¿No se despierta?

—No lo sé. Por lo que he podido comprobar antes, está mucho más que dormido —responde Enzo al borde de la carcajada, mientras continúa dando vueltas sobre Thian, tratando de analizar hasta el último detalle.

—¿Has estado antes aquí?, pero ¿cuánto lleva así?

—No mucho y no sé cuánto más va a durar esto. Ya no sé qué esperar de esta gente. Mira la cicatriz, está iluminada, me recuerda a la ESing de ETech.

—¿Y qué cojones me importa eso a mí ahora, tío? ¿Y si se despierta? Detenlo o haz algo, ¿no?

—Es como si se la hubieran querido arrancar, pero esa gente no tiene la edad de esta tecnología —responde Enzo para sí mismo, sin prestar atención a las demandas de Mabel.

—Enzo, ¡que hagas algo! —increpa al detective zarandeándole para intentar distanciarlo de la fascinación por la que no atiende a la verdadera intensidad del momento.

—¿Qué quieres que haga? Ni siquiera sé si es de este del que debo preocuparme ahora. Algo me dice que deberíamos estar más pendientes de lo que están haciendo los que no están aquí —responde incrementando aún más su sonrisa e incomprensión.

Miles de kilómetros hacia oriente, un tren con destino a Nepal anuncia su llegada a la ciudad con tres estruendos ensordecedores. Segundos después de poner un pie en la estación, el gran maestro Scai se apresura a encontrar un lugar seguro tras haber dejado KO al amigo francés de Enzo, el cual insistió en perseguir al sospechoso. La velocidad de sus movimientos dista mucho de aquella con la que hacía ver a la familia de Mabel que llevaba a sus espaldas una ingente cantidad de años. Demuestra una precisión que las cámaras de seguridad de la estación dejarán grabadas para futuras pesquisas.

Al fin, un templo cercano a la estación es el escenario que el gran maestro escoge para albergar una práctica tan necesaria como la que su colega Thian precisa ahora al otro lado del mundo, como si la huida de la tropelía que acaba de llevar a cabo quedara en un segundo plano. Y, en efecto, el cierre de los ojos del anciano coincide con la inquietante luz azul que se percibe durante unas milésimas de segundo en las pupilas de Thian y que deja tan maravillados como congelados a Mabel y a Enzo.

Tanto es así que Mabel resbala por el sobresalto y provoca que el detective pierda unos cuantos segundos de vista al escurridizo oriental. Una vez más, frente a la presencia de todo aquel que podría haber sido testigo de ello, desaparece sin dejar rastro entre el vacío y la oscuridad que presenta un lugar con pocos sitios donde esconderse.

—¿Qué coño ha sido eso? —pregunta la joven.

—Esperaba que tú me lo explicaras.

—¿Yo? ¿Cómo voy a saber yo por qué ese tío ha desaparecido? —grita ante el estado de nervios que acompaña la situación junto con el inminente amanecer.

Sujetándola de los hombros y mirándola de frente, las enormes manos del detective ahora aportan todo un sinfín de contrastes que Mabel no puede más que admitir. Rindiéndose a la demanda con la que el detective le sugiere calma, le hace ver que todo aquello que necesita es algo que ella ya sabe, pero que todavía no ha aceptado.

—Creo que esa investigación que tienes en tu poder es la clave para comprender todo esto. ¿Por qué si no iban a matar a tanta gente para encontrarla?

—¿Cómo va a explicar la investigación de Jablonsky nada acerca de gente que desaparece? Gente que desaparece en el tiempo... Estaban en el mismo lugar..., pero en tiempos diferentes... —comienza a murmurar para ella misma, ante la atenta mirada del inspector, que no puede hacer más que esperar alguna milagrosa conexión—. Acabas de decir que deberían preocuparnos más los que no estaban aquí —concluye acercándose cada vez más a algo que en el fondo ya sabe—. El tiempo y la materia. No converge porque la materia necesita el tiempo. El tiempo es la respuesta.

¡EL TIEMPO! ¡Corre! Tenemos que volver, lo mataron por esto y ahora irán a por mi familia.

Desesperada, corre hacia el provisional hogar que días atrás le recomendaron, mucho más que atemorizada por la posibilidad de que aquello que más quería ya no estuviera como lo había dejado minutos antes. Los gritos y lágrimas que acompañan a la joven que corre a toda velocidad no responden solo a la necesidad de advertir a su marido, sino que constatan su mal presentimiento con el adelantamiento en carrera de Enzo. Sin embargo, todo lo que han luchado por llegar cuanto antes se ve interrumpido por el violento alarido de su marido.

—¡Diana! —se escucha a través de un increíble grito por parte del padre de la pequeña—. ¡Dianaaaaa! —grita de nuevo confirmando la desaparición de la pequeña a una madre que, arrodillada a pocos metros de la casa, apenas puede ver más que el interminable vaivén de Enzo entre las lágrimas que cubren sus ojos.

ENTRE TANTO SUEÑO

Residencia de Leire, Valencia,
17 de octubre de 2095

—¿Dónde está? —pregunta Josh Díaz, el actual CEO y presidente de la compañía ETech, cuya virtud más destacable es la de pasar desapercibido.

—¿Quién? —responde Leire.

—Sabes a quién he venido a buscar y también sabes cómo sé que está aquí. ¿Qué se supone que debo decir a la junta? ¡Ester!, ¡Ester! —repite alzando la voz.

—No está aquí, ¡vete!

—¿En serio? Entonces creo que por fin podré convencer al resto de los miembros de la junta de que es el momento de forzar su expulsión del consejo. No debe desaparecer sin más, tú lo sabes. Alice se pondrá muy contenta —murmura y se da media vuelta encarado de nuevo hacia su vehículo y consciente de que ese pequeño detalle es el punto débil de la anciana.

—¡No puedes hacer eso! Ester es ETech, ella es la tecnología y tú no eres nadie, Díaz —responde abriendo más la puerta para reforzar el efecto de sus palabras.

—¿Sabes? Estoy deseando perderla de vista —susurra a su oído una vez se ha acercado lo suficiente como para buscar esa respuesta que acaba de confirmar tras irrumpir en el salón.

Encerrados en unos enormes tubos idénticos a aquellos que mantienen en periodo de suspensión a cada huésped de cada ojiva del planeta, Josh ve a los humanoides que utilizan Ester y Pablo. Con temperaturas corporales no tan bajas como las de los huéspedes, el sueño inducido se extiende algo más de una semana bajo la atenta supervisión y cuidados de Leire.

—¿Qué has hecho? No serán sus...

—¿Huéspedes? No soy tan retorcida como tú, Díaz.

—¡Uhm! Creí que el rencor en los ancianos se iría mitigando con los años —insulta a Leire a la vez que inspecciona los equipos con los que la tecnóloga casi ha convertido su salón en un laboratorio—. Recuerdo que las ojivas no respondían a ser migradas o, al menos, eso nos dijiste a todos.

—Sigues siendo un ignorante con poder y eso es mucho más peligroso de lo que creen todos esos que están a tu lado. Lárgate o contactaré con emergencias y haré que se te borre esa estúpida sonrisa.

—Ja... —resopla Díaz mientras arremete una vez más sobre lo que pasó años atrás para provocarla—. Nunca llegué a entender por qué para ti solo fui yo el responsable de que te apartaran. Te recuerdo que la junta entera votó y esa preciosa ojiva que tienes metida dentro de este tubo fue quien más claro lo tenía.

—¡La pusiste en mi contra!

—Querías contarle lo de su código, Leire —explica sonriente como si le hablara a una idiota—. Esa chica no puede saber que todo el sistema se sustenta a partir de su código genético, por mucho que todos estén conectados a ella o por muy culpable que te sientas.

»Tú mejor que nadie sabes lo que ocurriría si decidiera que no está de acuerdo en que la cadena de ojivas que montaste cuelgue de un único huésped. ¡Todo se vendría abajo!

—¡Pero tiene derecho a saberlo! La engañé a ella y a toda su familia con el pretexto de que sería algo puntual. Glyn me prometió que continuaríamos con las investigaciones hasta que los huéspedes sobrevivieran sin estar conectados al huésped de Ester. ¡Y cuando él murió tú lo cancelaste todo! —grita en la medida que una anciana de su edad puede hacerlo—. Me quitaste la oportunidad de enmendar mi error y la única posibilidad que me quedó fue decir la verdad.

»¿Y sabes? Soy consciente de que, si algún día Ester lo descubriera, no podría escudarme en el contrato de confidencialidad ni en la pérdida de crédito que sufriría mi carrera, pero a ti tampoco te va a venir bien. Además, si por alguna razón CrioTech consiguiera de una vez por todas acceder al ETech Storage descubrirá ese secreto que no quieres que el mundo sepa y entonces las consecuencias no se centrarían solo en mí. Llamarle "la madre de todas las ojivas" ya no es *marketing*, es una terrible mentira que hemos ocultado al mundo.

—Como te dije, me sigue preocupando que pases el resto de tu vida obsesionada con lo que piensan los demás —insulta de nuevo a la neurocientífica con un argumento cargado de condescendencia—. Deberías disfrutar de tus éxitos y olvidar lo que ni siquiera depende de ti. Además, el motivo de tu expulsión del consejo tuvo más que ver con tu negativa a la activación del protocolo de la campaña «Hijos de ojivas», ¿recuerdas? Los Capacity eran demasiado para ti.

—Todavía no habíamos resuelto lo de Ester. No sabemos cómo le puede afectar.

—¿Y qué más da eso? Al final ella acabó teniendo a la pequeña Alba y haciendo todo lo que tú no querías que hiciéramos. La evolución de las ojivas era un derecho que le corresponde a ETech.

—Tampoco te correspondía a ti tomar esa decisión, para eso hay un consejo. ¡Vete!, no te lo volveré a repetir.

—Lo que tú digas, Leire, pero fue su decisión, no la mía. Ella quería ser madre —replica de espaldas a la anciana mientras se dirige a la salida, hasta alcanzar la puerta donde mira una foto con el difunto Glyn Torres y añade—: Es una pena que en esta ocasión sí que os hayáis adelantado con esto que tienes montado aquí en tu salón, porque si esa que tienes en el bote piensa de verdad que su querida Alba fue la primera hija de ojivas... —apunta riendo a carcajadas y abriendo la ventana de la traición, incluso al consejo, al haber sugerido la existencia de algún otro Capacity por el mundo, más allá del infructuoso caso de la hija de Ester—. Casi me alegro de que, en su caso, la migración haya salido mal. No conseguiste nada con tu marcha, Leire —grita desde fuera de la casa con la puerta de entrada metafóricamente palpitando.

CONTRA LAS CUERDAS, PARTE 1

Lugar indeterminado,
13 de marzo de 2040

Estado de conexión: conectando...
Interfaz red de usuario código:
EP061036 Ester del Páramo/PS025865 Pablo Sanders
Fecha: 18-11-2095. 14:23
Acceso a directorio privado/Archivos/Diario de Enzo/
REGISTRO 9

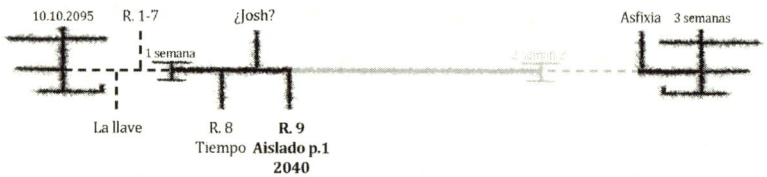

—Desde el principio —indica el detective Enzo Monzó en plena atmósfera oscura y con claros indicios de estar haciendo lo que no debe.

El amoratado color de las manos de Xander, resultado de permanecer como rehén atado a una silla, da lugar al característico gesto con el que el detective entiende que no tiene más que esa baza a su favor para sonsacarle información. Horas antes y a la desesperada, Enzo había conseguido llamar la atención de Alexander Massa con otra inesperada visita a Anna Rafter, lo que provocó su captura.

—Desde el principio —repite, en clara alusión a que puede empezar a detallar todo lo que juegue en favor del inspector.

—Detective Monzó, usted sabe que esto no es necesario. He venido por mi propio pie y le aseguro que del mismo modo me iré si no quiere que vengan a por usted.

—¿Crees que todo esto es para hacerte daño a ti? —Sonríe Enzo—. ¿Sabes? Durante todos estos años he estado preguntándome qué puede haber detrás de esa apatía, de ese espíritu tan poco colaborativo. Y he notado como vas de un sitio a otro sin creer en aquello que haces y eso ha hecho que, por fin, te vea como el prisionero que eres.

Los silencios entre frases que Enzo utiliza para apurar el cigarrillo que acompaña a la exposición de sus últimos años de investigación, por ahora, no reciben más que la habitual indiferencia de su rehén.

—Incluso sabía antes que tú que ese comportamiento tuyo te haría seguirme hasta aquí sin protección. Estoy deseando ver si es Anna quien viene a buscarte cuando los días pasen y sigas atado a esa silla. Mientras tanto, permíteme una pregunta: ¿no crees que ya es hora de que el mundo sepa qué sucedió en realidad con aquel matemático que todos pensaron que se suicidó y que dejó una preciosa viuda llamada Alice? Creo que se llamaba Xavier Aguilar.

»Si la memoria no me falla, Alice estaba a punto de dar a luz, ¿no? Y de todo esto hay algo que de verdad me tiene desconcertado, dime, ¿tú crees que acabaré demostrando que es también tu hija o no? —remata mostrándole una foto de Alexander de otra época, donde su aspecto no contemplaba tal excedente de cabello, ni barba, ni corpulencia.

—Cuidado, detective, ese don no le ha traído más que problemas y la gente que me procuró esta nueva identidad se está cansando de usted.

—Bueno, al menos he conseguido que reacciones. Aunque sea para amenazarme —susurra Enzo con cierto grado de mofa.

—Ella no es mi hija —afirma tras más de un minuto en el que el silencio había pasado a ser lo más llamativo del encuentro.

—Pero Marian nunca se suicidó, ¿verdad? Como tampoco lo hiciste tú, Alexander Massa, o debería llamarte Xavier Aguilar. Desde el principio, por favor...

ALEXANDER MASSA

Estado de conexión: conectando...
Interfaz red de usuario código:
EP061036 Ester del Páramo/PS025865 Pablo Sanders
Fecha: 19112095. 20:05
Acceso a directorio privado/Archivos/Diario de Enzo/
REGISTRO 10 ALEXANDER MASSA

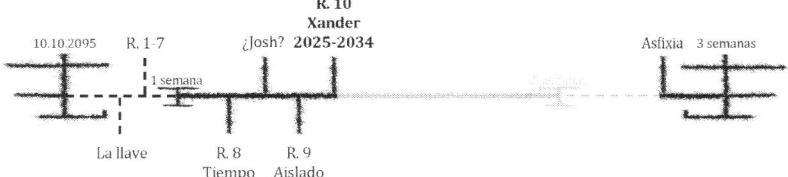

Desde pequeño, me sorprendió el poder de esa sensación que solo tiene la gente que carga a su espalda con una infancia de mierda. Ese eco en mi cerebro que, una y otra vez, me induce a sentir la extraña impresión de que quizá haya más de una vida donde podamos tener una segunda oportunidad. Lo sé, parece una locura, pero, si lo piensas, es normal. Podría decirse que para todo en la vida hay segundas oportunidades, ¿no? En cualquier caso, cuando profundizaba en la reflexión, siempre me daba cuenta de lo poco realista que era esa idea de reescribir mi inocencia sin miedos, sin preocupaciones. No sé... Es difícil de explicar, porque antes o después hay cosas a las que debemos enfrentarnos. Sí..., es verdad, lo reconozco, pero no cuando somos niños. Ahora veo tan lejos a aquel pequeño que se refugiaba en su propia obsesión para evitar pasar miedo que apenas puedo creer que seamos la misma persona.

Xander con cinco años:

$6 + 6 + 6 + 4 / 2 \times 3 = 36...$

Por mucho que intente que sean otros, mis primeros recuerdos siempre son los de aquel niño que repetía sin parar operaciones matemáticas con las que sabía que podría estar más cerca de ese mundo brutalmente justo, mientras se alejaba de aquel donde quien debía cuidar de él no hacía más que aportar dolor. Tras ese conglomerado de experiencias conocí a Alice Matters. Tenía siete años más que yo, pero con mis recién cumplidos diecinueve sentí tanta distancia entre nuestros mundos que creía que el destino nunca nos situaría en el mismo plano. Y la verdad era que desde el primer momento lo había hecho sin darme cuenta. De todo lo que aprendí con ella, nunca he querido olvidar cómo dio la vuelta a aquellas palabras que desde pequeño mis padres grabaron en mí.

—¡Solo te deseo que de mayor tengas un hijo como tú, para que te enteres de la clase de persona que eres! —me grita papá.

Cuando lo cierto era que, muchos años después, Alice me hizo comprender lo que nadie debería olvidar de sí mismo:

—Tener tu propio hijo no hará más que darte la posibilidad de apreciar lo bonito que en realidad eres por dentro, y ojalá algún día lo puedas comprobar.

Aquella conversación con Alice marcó el resto de mi vida; de nuevo dio alas a todas mis inquietudes, en especial a las dos más importantes que enterré en lo más profundo de mi subconsciente, el álgebra y las ciencias. Las que siempre utilicé como vía de escape ante cualquiera que me asustara y también las que nunca me atreví a explotar por miedo a destacar en un mundo en el que prefería no participar. Nada más desbloquear aquel don, los números tomaron formas inimaginables. Las ecuaciones eran el patio de recreo de mi mente, en la cual había escondido una pequeña puerta que metafóricamente custodiaba Alice, a través de la confianza que me inspiraba. En su interior, almacené todas mis frustraciones y con ellas un carácter retraído, que fue el resultado de no haber aceptado quien yo era.

Y es que he querido a esa mujer desde el primer momento que la vi; por esa razón, no compartiré con nadie lo que esconde alguien tan excepcional. Pero lo cierto es que incluso llegué al punto de dejarme llevar por mi absoluta ingenuidad y de fantasear con la idea de formar una familia junto con la niña que ya llevaba en su vientre cuando la conocí. Así que un día, sin explicación alguna, esa misma persona que me había salvado de quien construí en mi mente para esconderme del mundo, me animó a embarcarme en la vida del único modo que yo no quería, sin ella. ¿Cómo se supone que debía llenar esos espacios que Alice jamás completaría? ¿Con mis éxitos como matemático o físico teórico? Por Dios, yo nunca pedí todo eso y de alguna forma sabía que ella también me quería. ¿Qué estaba pasando? Me fui sin mirar atrás, consciente de que todos mis miedos me encontrarían y esta vez lo harían con muchísima más fuerza y determinación que antes. En ese preciso momento, empecé a temer el desenlace que con toda probabilidad yo escogería, pues me di cuenta de que hasta en mis periodos más optimistas no podía evadirme de lo que juntos convertimos en un credo.

—Alexander, esa segunda vida, esa segunda oportunidad con la que muchos soñamos, es una realidad. Podrás borrar tu infancia... Los dos podremos disfrutar de nuestra relación y dejar de lado para siempre todos esos miedos —me dice Alice.

Solo, desamparado y fiel a esas convicciones que venían avaladas por la fe en Alice y por ese maldito estudio cuántico que corroboraba una posible realidad alternativa, traté de poner en práctica aquel dogma. Me colgué de la viga más alta de mi particular cárcel, pero ellos me encontraron primero. Sus nombres eran Thian, o quizás era Akash, o tal vez fuera Scai. No sé. Puede que fueran la misma persona o puede que, como en muchas otras ocasiones, yo tampoco llegara a entender qué eran y cómo podían hacer lo que hacían. Pero lo que sí puedo asegurar es que jamás me habrían convencido de que el acceso a esa segunda vida estaba lleno de condicionantes dictados por ellos, si su propuesta no hubiera venido acompañada por las lágrimas con las que Alice regresó, aunque escoltada por esa gente. Antes de irse otra vez con ellos, me lo prometió.

—Encontraremos esa nueva vida los tres. Te lo prometo —susurra Alice ante la impávida guardia de Thian.

De inmediato lo entendí, Alice me había estado animando con la progresión de esos cálculos desde el principio, porque era tan prisionera como yo, con la salvedad de que sus carceleros eran unos individuos que escondían mucha más irracionalidad en su naturaleza. Y puede que algunos penséis que me utilizó, que me indujo a justificar con cálculos una teoría con la que ella podría salir de la situación en la que se encontraba, pero yo veía que me quería con cada gesto, con cada palabra... En cualquier caso, el potencial de aquel estudio cuántico era fascinante y, por lo que parece, solo Jablonsky se acercó mínimamente a la conjetura final, así que nunca me arrepentiré de haber trabajado en él. Al final, claudiqué, convencido de que ese despliegue de pequeñas proezas de los individuos que cercaron a Alice, junto a la irrefutable certeza de mis cálculos, nos garantizarían una alternativa. Una nueva vida que podría compartir con Alice sin los recuerdos de mi devastadora infancia a cambio de salvaguardar sus intereses.

CONTRA LAS CUERDAS, PARTE 2

Estado de conexión: conectando...
Interfaz red de usuario código: **EP061036 Ester del Páramo/PS025865 Pablo Sanders**
Fecha: 20-11-2095. 04:14
Acceso a directorio privado/Archivos/Diario de Enzo/
REGISTRO 11

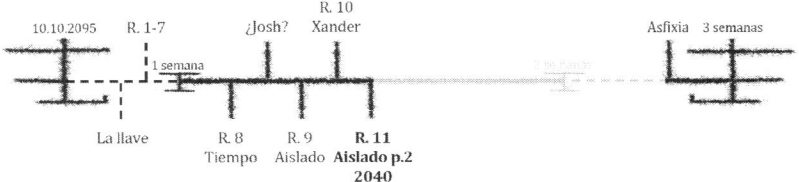

—Espera, espera, espera. ¡Me estás hablando de una secta! —afirma Enzo—. ¿Una secta que convence a la gente de que se suicide con la promesa de una nueva vida?, ¿eso es todo lo que hay detrás de esta historia?

—No, esa gente no tiene nada que ver con una secta. Piense, detective Monzó. Personas que desaparecen ante sus ojos, tecnologías que prometen quintuplicar la esperanza de vida, embarazos que duran décadas... Le quedan muchos cabos por atar.

—Un momento, ¿qué?, ¿embarazos? ¿Te refieres a Alice?

—No puedo negar que tiene usted un don, pero debe ampliar la cronología de sus investigaciones y abrirse a posibilidades que se alejen de su habitual ámbito de realidad. No comprenderá nada si basa su lógica en las leyes físicas con las que hasta ahora ha estado familiarizado.

—Te refieres al trabajo de Jablonsky —afirma pensativo.

El suspiro del prisionero pone en contexto al detective incluso antes de la respuesta, lo que evidencia que el matemático que fue tenía mucho más potencial que el autor por el que ahora pregunta.

—¡Por favor! Las leyes de la física ya estaban ahí antes de que ese tipo tan raro formulara su propia teoría, detective.

—¿Por eso lo eliminasteis?, ¿porque descubrió cómo relacionar las bases de la física newtoniana con la física cuántica?

La sonrisa de Xander no solo hace ver al inspector que ha hecho un gran trabajo estudiando aquellos documentos de Jablonsky, sino que en lo que concierne a su campo de estudio es donde las conversaciones se vuelven interesantes y buena muestra de ello es que comienza a tutearlo.

—Enzo, mi coche fue lo más rápido posible hacia el lado contrario de lo que pasó con Jablonsky, ¿cuál creías que era mi objetivo? Nunca he provocado la muerte de nadie. Nunca cambiaría mis objetivos por el sufrimiento de otra persona, sino todo lo contrario. Intento ayudar. ¿Qué crees que estoy haciendo aquí?, ¿de verdad crees que me has capturado? Piénsalo, ¿dónde estaba yo cuando Akash asesinó a aquel gendarme?

—Vale. Vamos a suponer por un momento que te creo. Más tarde o más temprano, descubriré hasta qué punto es real lo que dices.

Pero, si quieres que confíe en ti, lo primero que debes hacer es darme a la niña.

—Tienes que esconder mejor a esa familia...

AUBERGE MARCO LENGLEN

Estado de conexión: conectando...
Interfaz red de usuario código: **EP061036 Ester del Páramo/PS025865 Pablo Sanders**
Fecha: 20112095. 21:46
Acceso a directorio privado/Archivos/Diario de Enzo/
REGISTRO 12

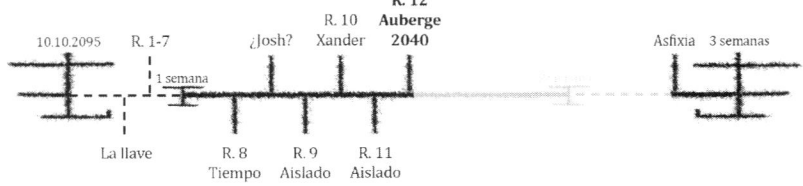

CERN, Suiza,
15 de marzo de 2040

—No deberíais seguir hablando de la familia de Mabel Lejeune. No volverán a ser un problema —sugiere Maison, que entra dando por comenzada una reunión entre Alexander Massa, Anna Rafter y Thian Matsuyama.

—¿Qué habéis hecho? —pregunta Rafter dirigiéndose con claridad hacia Thian y Maison—. Tengo a Enzo otra vez pegado a mi culo.

A pesar de la inmediata reacción de Anna, Maison consigue ver en la fracción de segundo que dedica a Xander cómo el gesto con el que este cubre su cara podría significar miles de cosas, entre ellas, su desaprobación a los métodos que emplean en los que ni siquiera respetan a los niños.

—Hang, ¡que tengo a Enzo molestando otra vez!

—Perfecto, es su trabajo —responde Maison a la insistencia de Rafter.

—¿Ha venido Enzo a hablar contigo, Anna? —pregunta Alexander.

—Sí, pero no tengo muy claro qué quería de mí, así que casi es mejor no saber nada de lo que estéis haciendo con la familia Lejeune. ¿Podéis hacer algo con Enzo también?

De nuevo, los gestos de Xander vuelven a mostrar su desaprobación, aunque en esta ocasión se debe a las habituales e insensibles propuestas de Anna Rafter.

—No será necesario —indica el afroamericano.

—Vale, entonces has venido para no hacer nada —responde Anna con cierta sorna a modo de conclusión.

—He venido para recordaros cuál es nuestra misión. Cosa que debéis de haber olvidado, porque desde Lacer todo han sido Teslas, Van Goghs, Newtons... No sé si tengo que explicaros la relación.

—¿Qué quieres que hagamos? No tenemos a Akash y tú estás demasiado ocupado con ETech. Necesitamos otro Akash. Es difícil convencer a nadie sin todo lo que aquel chico aportaba —insiste Anna.

—Necesitas otro niño para hacer tu trabajo mejor. Por favor, no me hagas recordarte lo que te estás jugando, he venido en persona para que no se os olvide ni a Alexander ni a ti. —Ante la única vez que Maison ha mostrado la dureza que puede adoptar en sus negociaciones, ninguno de los presentes se atreve ahora a apoderarse del hilo conductor de la conversación.

Pasadas varias horas repasando fechas, ubicaciones y diversos nombres de personas a quienes localizar, el infructuoso pulso con el que Anna tentó a quien manda se diluye hasta su despedida. La percepción del tiempo entre los otros dos asistentes a la reunión que Hang dio por acabada tras marcharse de aquel despacho junto con Thian resulta del todo dispar, a juzgar por la expresión con la que Anna mira de reojo al inmóvil Xander, preguntándose...

—¿Qué haces en mi despacho todavía?

No contento por este habitual proceder, que amplía más si cabe la enorme colección de impávidas puestas en escena de su colega, de pronto, salta como un resorte con el objetivo de alcanzar a Maison ante su inminente marcha de las instalaciones tecnológicas.

—Hang, por favor, dime algo de Alice. ¿Cómo están?

—Amigo... el amor... —se burla el mandamás mientras Thian le corresponde con una tímida sonrisa.

Una vez más, la respuesta de Alexander es la inmovilización de todas las partes de su cuerpo y de su mente, aunque esta vez algo es diferente. Alice, la burla de Maison, el secuestro de la hija de Mabel... Quizás demasiados motivos han forzado su pasivo carácter a seguir a escondidas el coche de Thian y Maison. El lugar hasta al que ha ido tras ellos, y en el que esperará hasta la noche para averiguar qué es lo que esconde Maison allí, se llama Auberge Marco Lenglen.

Auberge Marco Lenglen,
6 horas después

No ha sido nada difícil para Xander deshacerse de la cerradura de la puerta del albergue. Después de las conversaciones con Enzo y de estar cansado de mirar hacia otro lado, a cambio de promesas que ahora parecen tan efímeras como increíbles, ha decidido averiguar hasta dónde llega la madriguera de conejo que Maison ha puesto a su alcance. A diferencia de la rotunda imagen baldía que el exterior del lugar presenta, en el interior se respira una atmósfera conciliadora que no solo responde a los cuidados de los clérigos que llenan de oración el sagrado lugar, sino que los diferentes aposentos también los llenan de vida todo tipo de jóvenes que, en algunos casos, incluso conectan su mirada con la del asaltante.

De pronto, como en muchas otras ocasiones ocurre, lo entiende. Algo le ha llevado hasta allí sin saber por qué y sin saber cómo, pero sabe que debe hacerlo porque es lo que hay que hacer. La velocidad en el registro de cada una de esas dependencias se incrementa tanto que cualquiera que lo viera podría pensar que sabe de antemano que alguna catástrofe acecha al lugar, incluso antes de que suceda. Hasta que se detiene. Ha encontrado justo

lo que hasta hacía un minuto no sabía que buscaba. A la hija de
Mabel Lejeune, Diana.

CONMOCIÓN

Valle de Morvan, Francia,
15 de marzo de 2040

Estado de conexión: conectando...
Interfaz red de usuario código:
EP061036 Ester del Páramo/PS025865 Pablo Sanders
Fecha: 21112095. 23:45
Acceso a directorio privado/Archivos/Diario de Enzo/
REGISTRO 13

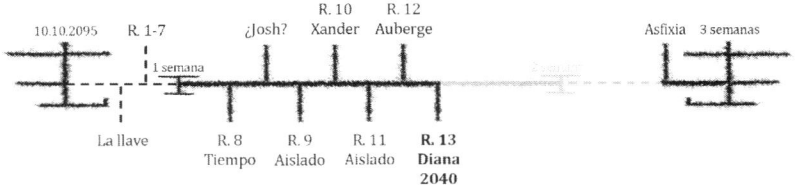

El improvisado hogar que ha resguardado a la familia de Mabel
durante estos últimos años no ha tardado en convertirse en una
cárcel. Con el sol casi en su vertical, los exhaustos padres ya no
pueden hacer más que fingir estar vivos a través del debilitado
pulso que el exceso de fármacos ha provocado. Agotada, sin
poder abrir más de la mitad del recorrido de sus ojos, Mabel no
pierde de vista esa colina en la que tantas veces vio jugar a Diana,
pero ahora no distingue más que esas curiosas ondas de calor
con las que juega la refracción de la luz debido a la temperatura.

De repente, el siguiente latido del corazón de Mabel coge tanta fuerza que provoca una sensación de absoluto temor al confirmar que algo sucede en el borroso horizonte. Los segundos hacen que aumente aún más la fuerza de cada latido al volverse más nítida la imagen y al escuchar los ladridos de su viejo pastor alsaciano, Jack.

Alguien, que por su forma de andar no puede ser otro que Enzo, viene acompañado de una pequeña criatura que podría ser cualquiera, coincidiendo con el momento en que Mabel pide a Dios morir si quien se aproxima no es su hija. Pero para cuando trata de dar un paso al frente y acercarse a comprobar lo que su marido ya confirma con una enorme sonrisa, las piernas le fallan lo suficiente para romper a llorar y jurar que nunca más dedicará ni un solo minuto al trabajo de Jablonsky si ese es el precio que podría pagar.

Cincuenta y cinco años después, sin saber qué ha sucedido, Leire se apresura a comprobar el estado de Ester. Desde el criosueño y aún con el ceño fruncido, algo que debe haberle recordado a lo que siente por su hija le ha hecho estremecerse tanto como para provocar una enorme vibración dentro del tubo en el que se encuentra.

—Tengo que volver a esconderos —comunica Enzo a Mabel una vez la correspondiente euforia del rencuentro ha sido aplacada por el paso de las horas.

—Solo queremos la vida de antes. Yo no quiero esta mierda, díselo a ellos —indica Mabel ofreciendo al detective toda la investigación de Jablonsky, junto con lo que ella había podido completar hasta el momento y con su diario personal.

—No es tan sencillo. Saben que la tienes y que eres capaz de desarrollar el resto a partir de lo que te llevaste y de lo que conseguiste ver antes de que dejaras a Anna sola en aquel despacho.

—Y, entonces, ¿qué coño vamos a hacer ahora?

—No escucha, tu mujer nunca escucha —le dice el inspector al marido de Mabel tratando de quitar hierro al asunto, pero sin conseguirlo—. Tengo un sitio para vosotros. Me darás lo que resta de la investigación y yo se lo daré a ellos. En cuanto a lo que tú desarrollaste, lo quemarás delante de mí. Eso sí, antes tengo que saber todo lo que has averiguado.

—Pues vas a necesitar tiempo y paciencia para entenderlo, Enzo.

—No me esperan en ningún sitio.

ESTADOS NO NEWTONIANOS

Lugar indeterminado,
20 de marzo de 2040

Estado de conexión: conectando…
Interfaz red de usuario código:
EP061036 Ester del Páramo/PS025865 Pablo Sanders
Fecha: 22112095. 05:13
Acceso a directorio privado/Archivos/Diario de Enzo/
REGISTRO 14

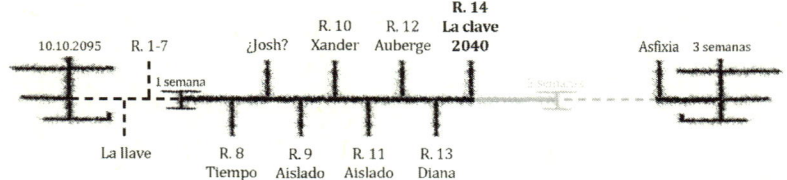

Con la sensación de haber recorrido medio mundo y completadas centenares de tareas, Mabel y Enzo vuelven a encontrarse, esta vez, en una de las muchas propiedades inmobiliarias que Glyn Torres tiene perdidas en medio de los típicos núcleos urbanos de diferentes países y donde seguro pasarán desapercibidos. Más allá de considerarse como un gesto puramente altruista, el creador de ETech ha cedido la vivienda a la familia Lejeune, a cambio de la contribución que una doctora en física de la talla de la asustada madre puede aportar al desarrollo del departamento de I+D+i de su compañía. En dos días, Enzo no solo ha negociado las bases del acuerdo para este nuevo hogar, sino que también ha acompañado a sus inquilinos hasta allí, después de haber devuelto a Xander la parte del trabajo que la facción CrioTech había extraviado durante estos últimos años. Con el ánimo de llegar a entender hasta la última parte de las numerosas implicaciones que derivaron del trabajo de Jablonsky, la doctora Lejeune se encierra con el inspector en una de las habitaciones de la casa para tratar el mayor de los secretos que encierra la más diminuta parte de la física que nos rodea.

—Mecánica cuántica, Enzo, ¿estás preparado? —advierte con cierto grado de guasa—. ¡Vas a necesitar estar concentrado para entenderlo! —insiste—. Verás, toda esta nueva corriente de pensamiento es tan antigua como el propio estudio de la física. La humanidad ha pasado siglos tratando de comprender cómo funciona todo aquello que nos rodea, desde los objetos más grandes del universo hasta los más minúsculos átomos...

416

»Hasta que en el siglo XXI el padre de la física Isaac Newton postuló las bases de la mecánica clásica, posibilitando la predicción del comportamiento del mundo macroscópico. Con ello podemos explicar todo lo que ves, como el movimiento de los planetas, el calor que emiten las estrellas e incluso el funcionamiento de un coche.

»Sin embargo, a principios del siglo XX notamos que algo sucedía a escala subatómica, ya que las leyes que tan lejos nos habían llevado eran inútiles en esta parte de la física miniaturizada. No tardamos demasiado en redefinir los principios en los que debía basarse la naturaleza cuántica y con los años encontramos nuevas ecuaciones con las que rellenamos los siguientes cien años de estudio.

»Todo parecía encajar. Las ecuaciones no eran perfectas, aun así, consiguieron desarrollar diferentes tecnologías con base en teoremas, y respaldados por sus cálculos, que les permitía predecir el estado o la posición de una partícula subatómica.

»Ordenadores y telecomunicaciones se servían de estas ecuaciones para dar respuestas tan precisas como rápidas en el mundo macroscópico al que, como entenderás, poco le importaba que el resultado no fuera todo lo exacto que debiera a escala subatómica. Es decir, a nosotros nos sirve para todo lo que hacemos.

»¿Qué importaba que la millonésima parte del número entero en el que se basaba su tecnología no fuera correcto? Los dispositivos funcionaban igual y era una herramienta de *marketing* poderosísima.

»Pero todo físico teórico sabía que algo seguiría fallando, siempre y cuando no se explicara por qué esas ecuaciones no podían ser todo lo precisas que requerían los modelos experimentales. Además, tampoco eran capaces de cumplir las tres leyes que mentes tan brillantes como las de Einstein, madame Curie, Schrödinger o Heisenberg acordaron en una reunión llamada "la interpretación de Copenhague".

»En consecuencia, durante décadas, los físicos se convirtieron en filósofos que postulaban teorías sobre las que más tarde desarrollaban sus cálculos; intentaban completar el binomio en el que la física se había desdoblado, en otras palabras, unificarlo en una teoría que diera sentido tanto a la mecánica newtoniana como a la cuántica. ¿Conoces el experimento de las dos rendijas? —pregunta Mabel al atentísimo detective que, por primera vez, ve su oportunidad para meterse en la conversación.

—Sí. Escuché como Jablonsky se lo contaba a la supuesta mejor amiga de Leire Aragó, Marian Sanz.

—No quiero saber ni cómo lo hicisteis, pero, en fin, es un ejemplo perfecto para lo que intento explicarte; sobre todo porque es la base que utilizó Drederick para postular su conjetura.

»Los físicos justificaron el resultado de este experimento apoyándose en la teoría de la dualidad ondapartícula. En ella, explicaban que a nivel subatómico una partícula podía comportarse como único elemento y como una onda al mismo tiempo, obteniendo una variabilidad en su comportamiento en función de si la medíamos o no.

»Ese fue el punto en el que la física se convirtió en filosofía y donde grandes e importantes físicos teóricos de la talla de Lee Smolin postularon que la teoría no podía estar completa, siempre y cuando todo lo anterior no quedara demostrado.

»No quiero aburrirte explicándote los numerosos experimentos, como, por ejemplo, los que se llevan a cabo en el CERN para detectar nuevas partículas subatómicas a partir de nuevas teorías como el bosón de Higgs, la supersimetría, etcétera.

»Lo que sí te diré es que, con estas interminables búsquedas de los elementos más pequeños del universo, perdimos el norte creyendo que cada nuevo descubrimiento nos acercaría más a la solución. Hasta que no sé de qué forma Jablonsky dio con esta ecuación.

Los interminables papeles de Mabel esconden una ingente cantidad de transcripciones, en las que se puede ver la misma ecuación con todo tipo de formas, colores y tamaños, pero siempre con los mismos símbolos.

—Era el tiempo, no era más que el tiempo, Enzo. Se trata de la magnitud física con la que más interactúa la humanidad y que no hemos conseguido entender nunca. ¿Cómo íbamos a comprender el funcionamiento de la materia a escala subatómica aplicando la misma escala temporal? Estábamos intentando cerrar una ecuación buscando respuestas en el lugar equivocado. Joder, ¿no te das cuenta? Por eso cuando Thian se despertó y desapareció te dije que era el tiempo —añade Mabel, a todas luces emocionada.

—¿Me estás diciendo que son capaces de controlarlo? —pregunta el detective.

—No. Eso es imposible. Lo que intento decirte es que las posibilidades de estas ecuaciones son infinitas. Y si ellos son capaces de sacar provecho de esto, no puedo decirte dónde está su límite. Y, para ser sincera, no creo que pueda decírtelo nunca, porque entendí esto en el mismo momento que secuestraron a mi hija y no tengo muchas más ganas de trabajar en algo que ellos no quieren que se sepa.

»Todo aquel que ha seguido con esto ha acabado como Drederick. No voy a exponer a mi familia otra vez, por muy atractiva que sea la relación del comportamiento de esa partícula subatómica con el tiempo.

—Pero no lo entiendo, Mabel, ¿por qué es tan importante esa relación?

—Porque la premisa de Jablonsky lo cambia todo. El problema en el experimento de las dos rendijas era que cada vez que medían esa maldita partícula esta cambiaba su conducta, y con ello el resultado de su posición, ¿verdad?

»Pues, según postuló Drederick, esto no sucede porque esa partícula puede comportarse como una onda o como un elemento aislado, simplemente es que no puede estar condicionada a la medición de instrumentos que basen su tecnología en la física newtoniana, es decir, a nuestros equipos de medida que se basan en el tiempo tal y como lo conocemos nosotros.

»Esos instrumentos están desarrollados para captar magnitudes que se encuentran en el espacio temporal que tú, yo y todos nosotros percibimos. ¿Cómo podíamos pensar que sería efectivo medir en un universo miniaturizado donde ni siquiera el tiempo o la gravedad se comporta como estamos acostumbrados? A esa escala, los electrones están separados a una distancia equivalente a campos de fútbol. La materia que ves y que tocas está prácticamente vacía, por mucho que nos cueste creerlo.

»Así que no, no se trataba de que una partícula fuera capaz de comportarse como una onda; la respuesta era que la partícula trazaba la media entre las dos rendijas, porque recorre los dos caminos en un tiempo adimensional y ella misma encuentra la solución óptima.

—Bufff —replica Enzo en clara alusión a que la emoción y los pasos agigantados a los que ha llevado ahora su propuesta son muy difíciles de seguir.

—Perdona, me he emocionado. ¿Te acuerdas? Si lanzamos la partícula por un recorrido donde hay dos cajas y la hacemos chocar con una pizarra, impactará delante de la abertura de cada recorrido, pero cuando abrimos las dos cajas, la partícula traza una media entre las dos aberturas siempre que no lo midamos.

—¿Qué pasaba cuando lo medías? —pregunta mientras empieza a recordar todo aquello que su colega francés grabó.

—Que mágicamente la partícula chocaba de nuevo en las inmediaciones de una de las aberturas. Los fotones decían que era lo que afectaba... ¡y una mierda! Drederick demostró con una ecuación tan simple y elegante como esta que, si sometías la prueba a una medición basada en el tiempo, tal como tú y yo lo conocemos, no podía hacer otra cosa que comportarse como lo harían las cosas que percibimos hoy en día.

—¿Pero qué más le da a la partícula la medición?

—¡A la partícula nada! Pero la estás sometiendo al tiempo y el tiempo lo cambia todo. Sé que es difícil de entender, pero mira...

—¿Y si hacemos el experimento esperando el mismo tiempo con medición y sin medición? El resultado será el mismo, ¿no? —interrumpe.

—No. Mira, es como el gato de Schrödinger. Esa teoría postula que el animalito puede estar vivo y muerto al mismo tiempo si no lo compruebas, ¿verdad? Es ahí cuando Drederick descubrió que todos los físicos tenían razón, pero les faltaba el elemento diferenciador.

»Cuando mides una partícula o compruebas el estado de un gato, le aplicas tiempo. Digamos que lo sometes a las condiciones de nuestro mundo macroscópico, por lo que con el experimento de las dos rendijas es como si pudiéramos saber el estado del gato dentro de la caja sin abrirla, por el olor, por ejemplo.

»Hemos visto que la partícula traza una trayectoria hasta el centro de los dos agujeros, pero no sabemos cómo ha llegado hasta ahí, ¿no? Ese experimento es una anomalía, porque vemos el resultado en nuestro mundo macroscópico sin poder medir qué hace la partícula a nivel cuántico. Por eso he dicho que es como si supieras cómo está el gato dentro de la caja antes de abrirla.

—Y si no podemos medir la partícula, ¿qué deberíamos hacer para saber qué es lo que hace ahí dentro? —pregunta el detective.

—Muy sencillo. Desarrollar equipos que basen su funcionamiento en ecuaciones del mundo cuántico, porque todos los que usamos nosotros se basan en fórmulas desarrolladas a partir de las escalas temporales que el efecto de la gravedad nos proporciona.

—Si lo llevamos al extremo, ¿puede ser algo como… si no hay gravedad, no hay tiempo? —intenta concluir el inspector.

—Exacto, ante un tiempo adimensional, el gato, la partícula o como lo quieras llamar recorrerá todas las posibilidades por una sencilla razón: no le afecta el tiempo; así que trazará la media más lógica de los caminos disponibles.

»No se trataba de encontrar las partículas más pequeñas del universo, sino de entender el tiempo. De ahí, que cada vez me plantee de forma más seria lo que en realidad estamos haciendo en el CERN. ¿Es posible que Maison y sus colegas nos estén haciendo perder el tiempo deliberadamente?

—Vale, pero ¿qué tiene que ver todo esto con CrioTech? —inquiere tratando de llevar la conversación a donde a él le interesa.

—¿Qué crees que podrían llegar a hacer ciertos individuos que desde hace siglos no solo comprenden la relación que guarda la física a cualquier escala, sino que la han relacionado con la comprensión del tiempo?

»Estoy convencida de que el final del trabajo de Jablonsky es el principio de una enorme colección de formulación newtoniana que debemos adaptar a la nueva concepción del tiempo.

»Un nuevo escenario donde las fórmulas respetarán el resultado que hasta ahora habíamos dado como bueno, y que en cierta forma lo era, aunque por una simple casualidad producida por encontrarnos en un entorno temporal tan estable y una escala enorme.

—Ya te entiendo —interviene el detective—. Lo que quieres decir es que las fórmulas con las que calculamos cualquier cosa cotidiana solo están bien para la escala de tiempo que conocemos y que la formulación de Drederick permite corregir tanto estas fórmulas como las de cualquier otro mundo delimitado por escalas temporales diferentes.

—¡Exacto!

—Pero, entonces, ¿me estás diciendo que aplicando ese coeficiente a las fórmulas que conocemos podríamos hacer cosas increíbles con la materia?

—Es imposible que la materia que nosotros percibimos haga cosas que vayan en contra de las leyes de nuestra propia escala temporal. Pero en el momento que vi a Thian meditando aquella noche entendí por qué la teoría de Drederick también estaba llena de los cálculos de las reacciones químicas más minúsculas e incomprendidas que el universo ha puesto más cerca de nosotros —explica apoyando las palmas de las manos en cada uno de los lados de la cabeza de Enzo.

»Las reacciones químicas de nuestro órgano más incomprendido, sujetas a las posibilidades de las ecuaciones del tiempo, el cual tampoco comprendemos. ¿Te imaginas? El cerebro de las personas mapeado, reproducido y ahora alterado hasta estados infinitesimales. Tío, en un mundo en el que ya hemos conseguido migrar nuestra mente a organismos artificiales, ¿dónde crees que está el límite?

—¿Qué crees que hacía Thian cuando pensábamos que meditaba?

No mucho más de la primera letra de la réplica, con la que el detective se disponía a negar tal postulado, llena los siguientes segundos de silencio. El frustrado fonema deja paso a miles de conexiones con los que Enzo comienza a encajar todos esos movimientos increíbles que coincidían en el tiempo con la meditación de otros individuos. Desmayos durante el pilotaje de un helicóptero, persecuciones increíbles, desapariciones inexplicables, asesinatos y mucho más concluyen en una única hipótesis.

—¿Crees que están conectados entre sí y solo uno de ellos controla a todos? —pregunta murmurando el detective—. ¿Por eso hacen cosas increíbles? —insiste ahora de forma más explícita.

—Mira, esto no es más que una absurda teoría, pero si combinas todo esto con la tecnología de migración, tienes a unos tipos que de algún modo podrían conectarse entre ellos, ¿verdad?

—Así es.

—Vale, pero ¿y si además el tiempo no les afectara como a nosotros? No me preguntes cómo...

Ahora, el inspector apenas mueve una pestaña tratando de seguir a Mabel.

—Serían tres personas o más con todo el tiempo del mundo aplicando su concentración sobre la misma parte neuronal del huésped despierto en ese momento. Sabes qué significa eso, ¿no?

El silencio del detective ahora hace pensar algo diferente. De algún modo, esa locura que Mabel le acaba de contar le ha llevado a conectar numerosos escenarios sin explicación y, dado que el señor detective Enzo Monzó no está acostumbrado a que se le escapen conexiones cuyo fundamento se base en la parte newtoniana de este mundo, parece que va a optar por creerse la explicación.

—Tú lo que dices es que estos tíos se conectan entre sí al cerebro del que está despierto y que, aunque no sabes cómo les afecta su conocimiento sobre la física cuántica, parece que además tengan todo el tiempo del mundo para hacer cosas increíbles. Es decir, es como si fueran tres personas y sin límite de tiempo para actuar ante cualquier situación —explica Enzo casi repitiendo la intervención de su amiga.

»Pero ¿cómo? La tecnología de migración no existía cuando esta gente nació. Y acerca de la formulación cuántica de Jablosnki, ¿por qué estás tan segura de que es tan relevante con respecto a todo lo que hacen?

—No lo sé. Son cosas que no puedo explicar. Aunque lo de Drederick... Sí que te puedo asegurar que esas cosas increíbles que me has contado no tienen que ver con que si una, dos o tres personas están conectadas, sino con lo poco que tardan en reaccionar.

»¡Imposible ser tan rápido! Es evidente que tiene que ver con la magnitud del tiempo, porque Thian no pudo desaparecer frente a nosotros en aquel valle, Enzo. Utilizó ese instante en el que yo me tropecé y tú desviaste la mirada para encontrar la mejor opción para desvanecerse.

»Seguro que todos esos casos en los que dices que hicieron cosas increíbles estaban condicionados por el mismo factor, el tiempo de reacción.

La conversación se detiene ahora para ambos y da la sensación de que para comprender bien todo aquello necesitaría mucho más que los escasos segundos con los que Mabel interrumpe. Además, no puede evitar pensar en aquella maniobra con la que Akash lo dejó inconsciente o aquella huida en la que Thian llegó a meterse por la ventanilla de un coche en marcha.

—Vale, pero… no me creas —se mofa ahora la investigadora—. Tío, no tengo ni idea de lo que pasa con estos tipos. Que se conecten entre ellos no me sorprende viendo lo que hace ETech—. Sea lo que sea que hagan, lo dominan desde hace tanto tiempo que no les interesa que nosotros sepamos hacerlo también, eso está claro. Pero, Enzo, todo esto es para esconder algo mucho más grande que el control de sus funciones corporales. ¡Están matando gente!

—Tienes toda la razón, esconden algo mucho más grande detrás de todo esto, pero este es un paso clave, Mabel, y lo primero que debo saber es quién de ellos es el que controla a los demás. Ahora que el chico de diez años no está quedan dos, Hang y Thian.

—No voy a ser yo quien te diga como debes hacer tu trabajo, Enzo, y tampoco he conocido al resto, pero, créeme, la persona que buscas es Scai. Supe que había algo muy diferente en él nada más verlo.

—¡El octogenario! —reacciona con un sobresalto a la propuesta de Mabel—. Mierda, hice que mi colega francés siguiera al peor de todos —se lamenta levantándose y admitiendo como una posibilidad muy real la conjetura de la doctora en física.

Los siguientes minutos en los que Mabel aprovecha para recoger su trabajo, junto con su diario personal, para acabar entregándolo al detective constituyen el preámbulo de las extensas deliberaciones personales que cambiarán la sensación de estar luchando por una causa relacionada únicamente con sus intereses hacia Leire Aragó.

—¿Crees que Xavier Aguilar podría haber desarrollado estos cálculos también?

—¿Aguilar? ¿El matemático que se suicidó? Creo que debería haber tenido algún tipo de ayuda, al menos, para llegar hasta las premisas teóricas. Lo que pasa es que estoy convencida de que esa gente sabe esto desde hace siglos. Aguilar podría haber demostrado esa teoría sin ninguna duda, pero solo para mostrar su potencial, porque a ese hombre no le interesaba nada, ni el dinero ni la fama. Era un alma rota. ¿Por qué lo preguntas?

—No es nada, un amigo me ha sugerido que no debo delimitar mis investigaciones a condicionantes temporales, igual que tú, y me ha recordado mucho a las conclusiones de tu trabajo.

—¿Y te habló de Aguilar?

—No. Es una cosa mía, quería saber tu opinión con respecto al potencial de aquel hombre, nada más.

—¡Otro genio más que se fue antes de tiempo!

CRIOREPARACIÓN

Ático de la familia Sanders,
25 de noviembre de 2095

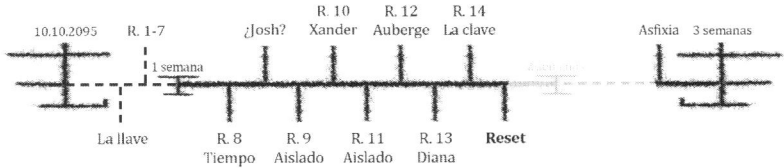

Tras la enésima sacudida mioclónica con la que Marian ha llamado la atención de su marido mientras duerme, debería poder decirse que el nivel de preocupación del anciano se ha estabilizado. Sin embargo, la realidad es muy diferente. Apartado de cualquier tecnología o tratamiento que le ayudara a equilibrar el enorme diferencial que su aspecto presenta contra el de su esposa Marian, el teórico padre de Pablo ha cuidado durante más de cincuenta años de quien para él nunca encontró lo que todavía continúa buscando.

En los días como hoy, esos en los que toca nanotransfusión criónica, está tan asustado que no es capaz de separarse ni un minuto de ella, pues es testigo del sufrimiento que en realidad le provoca un tratamiento del que mañana apenas recordará nada.

—Aguanta, pequeña, puedes hacerlo.

La preocupación por el evidente dolor físico con el que ve a su esposa retorcerse no es capaz de atenuarse ni con los más increíbles destellos azules que proyectan las células artificiales que renuevan su cuerpo. Al final, resultó que la persona que eligieron para desviar la atención sobre el verdadero padre de Pablo ha acabado siendo quien mejor ha cuidado de ella.

El rápido movimiento de las pupilas de Marian tras sus párpados esconden una fase REM en la que comienza a ver el vehículo negro de su padre descansando sobre uno de sus laterales, todavía con alguna de las ruedas en movimiento. En el interior, el asiento en el que su madre debería haber perdido la vida se encuentra tan vacío que incluso se percibe una inapropiada indemnidad que no comulga con las circunstancias del accidente. Marian corre de un lado para otro tan asustada como en el fondo lo estará el resto de su vida, pero allí no hay más que muerte. Con el cuerpo de una niña de cinco años, sueña haber podido despedirse de su padre y lloran juntos al comprender cuánto echarán de menos todo aquello que nunca podrán vivir. En el suelo se ve a ella misma rodeada del equipo de emergencias, pero, como todas las veces que ha soñado esto, no es algo que llame su atención y, desesperada, corre en busca de su madre sin desperdiciar ni una sola vez la oportunidad de despedirse de su padre. Sin embargo, nunca consigue ganarle la partida a la vida real, donde los nanorrobots de una de las probetas ya están acabando de introducirse en el interior de su cuerpo, mientras que los que tenía dentro ya llenan casi por completo la probeta contigua. Entre las continuas incongruencias que su sueño le hace recordar cada seis meses, en los que debe repetir el tratamiento, tan solo una de ellas la acompaña día a día frustrando cualquier oportunidad de volver a ser feliz, la incomprensible imagen del asiento vacío donde en realidad debería estar su madre.

—¡Aguanta, pequeña! Puedes hacerlo. Ya no falta nada.

CAPÍTULO 11
DE OTRO MUNDO

RAFTER

Estado de conexión: conectando...
Interfaz red de usuario código:
EP061036 Ester del Páramo/PS025865 Pablo Sanders
Fecha: 24112095. 11:01
Acceso a directorio privado/Archivos/Diario de Enzo/
REGISTRO 15 ANNA RAFTER

Han pasado unas cuantas semanas desde que mi colaborador francés desapareció y, aunque mi parte más visceral desea con todas las fuerzas recorrer sus pasos hasta dar con él y con Scai, mi experiencia me dice que quizás no deba ir tan rápido. La investigación ha dado varios vuelcos en los últimos días. Las conversaciones como la que tuve con Mabel o incluso con Alexander Massa han traído consigo una necesidad que debí acometer mucho tiempo atrás, ¿quién es en realidad Anna Rafter? Ahora tengo claro que ¡esa mujer está absolutamente sola! Y lo peor de todo es que no parece importarle. Nunca he visto nada parecido, es como el diablo de las relaciones, y a medida que profundizaba más en sus movimientos estaba más seguro de ello.

«Exigente, meticulosa, inconformista, distante», apuntaban como descripción más indulgente las pocas personas que la conocían con anterioridad a la etapa de CrioTech. Eso sí, siempre segundos antes de mostrar su incomodidad hacia la conversación, al darme a entender que no querían conflictos y que los intereses de Rafter siempre fueron otros. ¿Pero qué era lo que buscaba?, ¿quién era? Ninguna de mis preguntas obtenía respuesta, por lo que no me quedó otra que exponerme.

Decidí hablar con la única persona de su familia que accedió a darme información acerca del momento en el que Anna Rafter cambió tanto. Porque, podéis creerme, nadie nace siendo así, os lo aseguro, y aunque para encontrar mi respuesta tuve que sacrificar mi posición, la información que su «desterrada hermana» me aportó mereció la pena. Si pudierais verme la cara, no os imagináis a quien me encontré detrás de su complicada personalidad. Ese precioso envoltorio que disfrazaba tan interesado carácter llevaba consigo una copia idéntica de mi perspicacia. «¡Pero qué coño! —pensé—. No, no, no. No puede ser», concluí durante los primeros instantes, hasta que me di cuenta de que con toda probabilidad había estado haciendo lo mismo que aquellos con los que antes hablé sobre ella. ¡Subestimarla!

Toulouse, Francia,
15 de abril de 2040

—Te aseguro que sí, Enzo. ¿Que yo supiera quién eras tú nada más abrir la puerta no te dice nada? Se pasó toda su infancia estudiando tus casos y queriendo ser como tú —explica la hermana de Anna invitando al detective a tomar asiento, mientras este no pierde detalle de las fotos y recuerdos que adornan la pared de su salón—, pero nadie le dio nunca el crédito que merecía. Cuando tenía veinticinco años, ya había dado las claves de muchos crímenes pendientes de resolver en Francia. Aunque los méritos de sus aportaciones se los apuntaban los mismos que la ignoraron durante años.

—También ha sido brillante borrando todo su pasado. Solo tú has accedido a contarme quién era —responde el detective.

—Porque quiero que sepas quién es en realidad. Anna no es la persona que vemos ahora. Ni siquiera es culpa suya que todos la veamos así.

—¿Y eso? —pregunta con suficiente incredulidad como para que la hermana de Anna no tarde en justificarse.

—Era un poco diferente, lo reconozco, pero fue una niña tan abierta y dulce que era imposible que pasara desapercibida. A la mayoría de las personas con las que se cruzaba les resultaba muy difícil aceptar que ese renacuajo pudiera ir siempre por delante. Para colmo, más tarde se hizo una mujer preciosa y eso tampoco la ayudó.

—No parece que eso lo lleve mal ahora —afirma el detective queriendo quitar veracidad al argumento, pero sin entrar en conflictos.

—Nunca la oí quejarse de algo así, pero tú sabes tan bien como yo que un hombre no hubiera tenido que luchar ni la mitad de lo que tuvo que hacerlo ella en ese campo que tanto os gusta a los dos, ¿verdad?

—La verdad es que no me la imagino discutiendo con mi comisario y con veinte años —admite el inspector.

—Pues eso. Cada vez que lo intentaba a nivel profesional se encontraba una pared; y en casa, lamento admitir, no fue muy diferente.

—¿Qué quieres decir?

—Verás, es la pequeña de cuatro hermanas. Y, como es normal, nunca le prestas atención al más pequeño, al fin y al cabo, la mayoría de lo que aprende lo hace después que tú. Sin embargo, en su caso era diferente, desde muy pequeña tenía destellos que nos hacía preguntarnos cómo podía llegar a esas conclusiones.

»Si a todo eso le sumas una madre que nos educó bajo un conflicto continuo que creaba una constante competitividad entre nosotras, el resultado es obvio, todas nos atrincheramos quitando importancia a su capacidad.

—¿Y por qué os sentíais así?

—Porque sabía antes que cualquiera de nosotras cuáles eran nuestras mejores cartas, pero se trataba de nuestra vida, ¿sabes? A veces te quieres equivocar por ti misma.

—Mientras vuestras decisiones no repercutieran en su vida...

—En muchas cosas, evidentemente, no, pero en otras... —reconoce la anfitriona—. Para cuando algunas de nosotras nos dimos cuenta de que restar importancia a sus logros no hacía más que poner en evidencia nuestras limitaciones, ya era demasiado tarde.

—¿Y vuestro padre no hacía nada? —pregunta el detective.

—Bueno, nuestro padre... simplemente estaba demasiado enamorado de mi madre como para hacer algo con lo que diera a entender que «sus hijas primero». No sé si me entiendes.

—¿Tan importante crees que era todo eso para tu hermana?

—No es una cosa excepcional de mi hermana, Enzo. Creo que para todo el mundo debe haber un número limitado de veces en las que se constate que no hay nadie que tenga fe en ti, antes de entender que de una forma u otra no perteneces a ningún sitio. Es una característica habitual de la gente brillante y eso no soy yo la primera a la que se lo habrás oído.

—¿Sabes cuál fue el detonante de ese cambio en su forma de ser?

—Por supuesto. El asesinato de mi hermana mediana fue el momento en el que todo cambió para Anna. Incluso ella misma lo pronosticó con evidencias que más tarde ayudaron a encarcelar a ese desgraciado.

»Cuando le quisimos hacer caso, ya llegábamos tarde. Recuerdo que incluso mi madre llegó a desatender sus explicaciones y hacer sentir a Anna que ella era tan culpable como nosotras por no habernos preocupado lo suficiente.

—Encima de que lo advirtió —concluye el detective recibiendo una mueca como respuesta con la que entiende que eso es así y que es mejor aceptarlo que razonarlo—. ¿Pero qué culpa podíais tener vosotras?

—Ninguna, pero es cierto que siempre se puede hacer algo más. Mi hermana, la que murió, al final pidió ayuda, probablemente cuando ya era demasiado tarde. Entre que unas no sabíamos qué hacer y que a Anna no le había hecho caso nadie… En fin, todas comenzamos a tirarnos la culpa, y las responsabilidades se diluyeron con el tiempo.

»Después del asesinato me intenté acercar a Anna porque me imaginé que, si a mí me dolía, más debía dolerle a la persona que se pasó tanto tiempo advirtiéndolo, aunque de poco sirvió —continúa Melissa—. Anna ya había conocido a Maison. Cuando aquel tipo apareció en su vida… Incluso dejó todo su trabajo de golpe.

—Un momento, ¿ella llegó a él?, ¿o él llegó a ella?

—Ella llegó a él sin ninguna duda, pero ese hombre no tenía nada que ver con lo que mi hermana estaba investigando.

—¿Por qué no?

—Bueno, no es que yo sepa mucho. La relación no daba para más, pero su investigación se centraba en algo que ocurrió hace siglos. Yo creí que tanta frustración a nivel profesional le hizo tomar caminos que se acercaban más al trabajo de un historiador que a otra cosa, o que simplemente había perdido el juicio.

—¿Por qué?

—Porque hablaba de coincidencias tipo el color de pelo de María Magdalena, la Gioconda y algunos otros personajes históricos.

—¿En serio? ¿Qué fue lo primero de todo?

—Primero comenzó a distanciarse de nosotras, más tarde ya solo la veía quien la visitaba. Hasta la aparición de Hang Maison, que como te he dicho se solapó con la muerte de nuestra hermana. Después de aquello encontré toda su investigación en la chimenea y nunca más apareció por allí. Le escribo al móvil, pero nunca me responde. ¿Tú lo entiendes? —pregunta a Enzo de forma retórica.

—No, no lo entiendo. Veo una reacción desproporcionada eso de alejarse de cuanto quieres por el ansia de tener razón —simplifica de manera conclusiva un detective que destaca en todo excepto en las relaciones personales.

—Me da miedo pensar que alguien que acertaba la mayoría de los desenlaces de cada camino que elegíamos haya llegado a la conclusión de que merece la pena seguir su camino sin nosotras.

—¿Pero la queríais? —pregunta Enzo alarmado por el significado de semejantes alegaciones.

—Por supuesto que la queríamos, pero aceptar lo que te he contado... es muy duro. Date cuenta de que soy la única de mi familia que reconoce que podría haberlo hecho mejor, el resto sigue pensando que Anna es como es. Tengo claro que no voy a destruir mi vida con remordimientos, pero yo soy así. Perdí a dos hermanas de golpe y he de reconocer que me gustaría haber actuado de otra forma. Me imagino que es muy doloroso entender que nadie tiene fe en ti —ultima la hermana de Anna.

—Puede que todo esto no signifique que piense que no la quieres. Puede que Hang Maison le ofreciera algo mejor, ¿no crees? —conjetura en medio de una conversación que el detective ha plagado de preguntas.

—No lo sé... —admite con la mirada perdida en el vacío de la habitación—. Al menos no voy a quedarme sin hacer nada a la espera de que el tiempo lo arregle todo, eso no sirve para nada. Lo más difícil fue reconocerlo, ahora iré a ella las veces que haga falta.

»Por eso debes saber que, aunque ignoro tus pretensiones, voy a aprovechar para escribirle acerca de tu visita. Me lo has puesto en bandeja y seguro que de una forma u otra le interesa —comenta de manera hilarante algo que ambos sabían desde el principio.

—¿Cómo sabes que quemó toda su investigación?

—Porque sabíamos con el nombre de quien empezaba.

—¿Y cómo empezaba?

La respuesta con la que Melissa acaba la conversación y da pie a que el inspector entienda que es hora de irse, porque ya se dispone a informar a Anna, no es un hasta luego, ni siquiera un encantada de haberte conocido. En su lugar, una onomatopeya en forma de burla indica que la fama que precede al detective puede no estar a la altura de Anna Rafter, si después de todo debe detenerse a explicar el significado del trozo de papel quemado que preserva el cuadro enmarcado frente a ellos. En el papel, destaca una transcripción que, sin duda, es el título del primer capítulo de su última investigación al que rodean numerosas repeticiones de la frase Yahvé Joshua y dibujos del santo cáliz. Con la indudable caligrafía de Anna Rafter y en el centro de todo aquel lío de letras puede leerse: «ALATHEIA».

DESPIERTA

Varios lugares,
1 de mayo de 2040

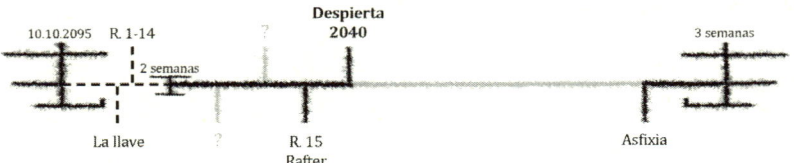

La soledad volvió a encontrar a Enzo. Después de algunos años en los que se hizo cargo de una vida casi tan social como la que tiene la mayoría de las personas, no le quedó otra que volver a encerrarse en sí mismo tras perder al último amigo que le quedaba. Había pasado más de un mes y continuaba sin saber nada de su contacto Francés, aquel que fue tras Scai. En consecuencia, y habida cuenta de que la otra gran parte de su vida transcurrió a través del desarraigo vinculado a su carácter, no quedaba ninguna otra razón que le impidiera ir tras las últimas pistas que dejó su amigo. Pero en realidad, para la mente de Enzo, aquello era como un juego con el que se ilusionan los niños en Navidad. Lo entendía como otro ejemplo de esos majestuosos cierres que, a menudo, ofrecen las infinitas posibilidades del libre albedrío y que incitan a pensar que el mundo te está mandando un mensaje. Era inevitable que para un friki como Enzo no significara algo más el hecho de que la necesidad de desaparecer en busca de su colega coincidiera con su mejor opción, tras haber intercambiado impresiones con quien no debía, Melissa Rafter.

En un tren de camino hacia al este de Europa, observa la infinidad de símbolos que rellenan el trabajo de Mabel Lejeune y piensa en que quizás nunca llegue a entender nada de todo lo que explica aquel trabajo; pero lejos de sentirse vencido, sonríe al convencerse de que haber cerrado el capítulo de Mabel es un indicativo más de que la dirección que ha tomado es la adecuada. Sin embargo, de entre todas aquellas simultaneidades, puede que la más sorprendente fuera la que se le había escapado a uno de los mejores identificadores de patrones de la historia. El reencuentro de Mabel con su hija coincidió también con el abandono de la idea de llegar a ser madre por parte de su examante, Leire Aragó.

Por su parte, no pasó mucho tiempo hasta que todo el mundo se enteró de que, tras casi cuatro años intentándolo, Leire había decidido interrumpir todo tratamiento de fertilidad. Y a pesar de que para todos los demás guardara sonrisas, para sus adentros no podía tener más que reproches. Que sí, que todos tenían razón al decirle que no era culpa suya, pero no podía dejar de pensar en esas cosas que tiene este mundo. Cosas como que puedes ser la neurocientífica capaz de haber participado en la creación de una nueva forma de vida y no ser capaz de completar la razón biológica para la que en realidad fuimos creados, pensaba. Se sentía tan incompleta durante tanto tiempo... Además, la opinión pública a la que de una forma u otra debía respetar por ser la pareja de quien era no ayudaba. Así que poco a poco fue encerrándose en sí misma. A menudo, las habladurías se adelantaban incluso a sus propias decisiones y le mostraban las diferentes posibilidades que podría aguardar su futuro con Ángel. Aunque fuera solo por llevarle la contraria a la gente, Leire siguió a su lado consciente de que cuando te escondes de tu marido para llorar es porque poco queda del compromiso original de esa relación. Hasta que un día...

Centro de investigaciones de CrioTech,
Registro despertar de Marian,
2 de diciembre de 2040

Mucho antes de que se proyectara ninguna imagen, los sonidos dan forma a una declaración sobre el propio fondo oscuro de una pantalla de televisión. Hang Maison, Leire Aragó y Ángel Torres esperan en silencio hasta la aparición de las primeras imágenes.

[Inicio de reproducción de vídeo].

—Sus constantes son normales. Responde bien a todos los estímulos y sus análisis se encuentran dentro de la normalidad —se escucha justo antes de la aparición de la primera imagen, la cual protagoniza un médico desconocido.

El visionado suscita tan poca profesionalidad en la grabación que es inevitable desestimar la sensación de realismo y veracidad. En cada silencio, incluso puede percibirse ese característico sonido que avala la poca importancia en las formas del registro del testimonio, ante el significado que ya de por sí representa el histórico momento.

—¿Sientes algo diferente dentro de ti? —pregunta Maison.

La respuesta viene en forma de un gesto de negación con la mirada perdida en la ventana del centro hospitalario. Su cuerpo presenta un elevado número de magulladuras que, según explica CrioTech, tiene que ver con la vuelta a su parecido físico original desde temperaturas extremas.

—Pero... No entiendo nada —responde Marian.

—Tu mente va a tardar en aceptar lo que ha pasado —explica el médico.

Marian mira atenta al médico a la espera de oír aquello que en el fondo ya sabe.

—Te suicidaste. ¿Recuerdas? —alega el facultativo—. ¿Recuerdas por qué lo hiciste? —pregunta el afroamericano después de una larga pausa en la que Marian aprovecha para aceptar la realidad.

—Recuerdo sentirme muy sola. Supongo que quise dejar de sentirme así, pero lo último que hubiera querido es esto. Puede que por ahora no entienda cosas, pero estoy segura de quién soy y, si decidí terminar con mi vida, no fue para acabar de nuevo en una camilla y convertirme en el centro de atención de nadie.

—Alguien te debe más de una explicación —interviene el médico.

—Hemos estado cuidando de ti los últimos seis años y ahora vamos a seguir haciéndolo —dice Maison.

—A ti sí que te recuerdo. Eres Hang Maison, cerramos el trato de Horizon la noche anterior. ¿Fuiste tú quien me hizo esto?

[Fin de la reproducción de vídeo].

Sin que ninguno de los invitados por Maison se haya dado cuenta, el fondo oscuro de la pantalla ha continuado siendo el objetivo que no pierden de vista mientras tratan de aceptar la realidad.

—¿Qué esperaban que pasara? —pregunta Hang—. Devolvieron la vida a alguien que desde que perdió a sus padres solo quería morir. Y todo porque nunca creyeron que su suicidio fuera real. Es inevitable pensar que lo que hicieron no fue por ella, sino por ustedes e incluso por ETech.

—¿Pero cómo podéis ser tan...? Fue Rafter la que nos convenció de que todo sería perfecto —maldice Ángel.

—Necesito hablar con ella, por favor. No puede pasarme esto ahora, por favor, ahora no —murmura la neurocientífica.

—Me temo, señorita Aragó, que ella prefiere no volver a verla por ahora.

»Si me disculpan, he hecho por ustedes todo lo que he podido. Como sabrán, ahora está con nosotros por su propia voluntad y ha pedido expresamente no volver a verlos.

El camino hasta la salida del centro de investigación, a ojos de Ángel y Leire, se convierte en una tortura. Con cada paso recuerdan la ingente cantidad de errores que cometieron y que con toda seguridad ahora Marian interpretaría como una traición hacia ella. Sin embargo, algo interrumpe aquel deambular inconsciente y teledirigido hacia la salida. En el pasillo, la mirada perdida de Leire despierta ante la burda propuesta con la que Thian trata de disimular que no ha querido ser descubierto girando por un pasillo opuesto a la salida.

—¿Estás loca? ¿Es que no has tenido bastante?, ¿tú sabes lo que nos puede hacer ese tío? —pregunta Ángel alterado viendo la iniciativa de su pareja por seguirlo.

—Yo ya no tengo nada más que perder. ¡Tú haz lo que quieras!

—Vámonos de aquí —ruega susurrando mientras ve cómo se aleja.

El siguiente pasillo en dirección a Thian, que esta vez descubre la neurocientífica sin Ángel, de inmediato confirma la inicial presunción de Leire, el oriental está esperándola. De una forma u otra, le está haciendo entender que quiere que le sigan mientras entra en uno de los despachos. Como si fuera un interruptor, el cierre de la puerta no solo ha descubierto un lugar tan oscuro como para que en su interior ni se distinga la silueta de quien perseguía, sino que los pasillos de donde ambos venían, incluido aquel en el que se encuentra Ángel, han quedado sumidos de inmediato en la más absoluta oscuridad.

—¿Hola? —simultanean marido y mujer en diferentes sitios del centro de investigación.

En respuesta a tal pregunta, ambos perciben la sensación de un pinchazo en distintas partes de su cuerpo, aunque con una intensidad insuficiente como para considerarlo algo más significativo que el resto de las preocupaciones a las que ya se enfrentan. En el caso de Leire, la cicatriz de Thian se convierte en una distracción capaz de obviar todo lo anterior, del mismo modo que le ocurrió a Enzo y a Mabel al observar ese color azul que desprende la marca y recuerda a la insignia de ETech. Consciente de la imposibilidad temporal a la que se enfrenta con una posible ojiva de mucha más edad que la primera que ella misma diseñó, cierra los ojos unos segundos y respira en busca de cualquier otro tipo de explicación tras su reapertura. En cuanto a Ángel, inmerso en una extraña sensación de oscuridad y vacío, ha decidido cerrar también los ojos al oír susurros de diferentes mujeres que lo invitan a adentrarse en la tecnología CrioTech. Y de nuevo ambos simultanean un último gesto con la simple apertura de sus ojos, que en el caso de Ángel descubre un color brillante y azulado en sus pupilas durante los primeros segundos.

Los pasillos han recuperado cierta parte de la luz que de repente había desaparecido. Sin embargo, hay un silencio impropio del lugar en el que se supone que están. Aunque nada de eso importa ya, después de ver al final del pasillo a una mujer embarazada con el pelo rojizo que, de forma mucho más descarada que Thian, hace gestos para que vaya tras ella. Así, Ángel la sigue hasta el interior de otro despacho donde el cierre de su puerta precipita el cambio de la iluminación inicial de los pasillos. Por otro lado, en el habitáculo donde se encuentran Leire y el oriental cierto grado de conversación comienza a fluir.

—¿Qué hago aquí?, ¿qué quieres de mí? —pregunta Leire.

—Busca en A-33, Leire Aragó. ¡Encuentra la que te falta!

Sin más y mientras la neurocientífica descubre que se trata de las indicaciones que debe seguir para saber en cuál de todos esos archivadores debe consultar, el oriental se escabulle por una puerta opuesta a la que ambos accedieron. Las luces del salón donde Ángel se ha adentrado impregnan cada rincón de color rojo, contraste suficientemente intenso como para percibir un minúsculo punto azul en el centro de su pupila.

—Oye, ¿dónde estás? —pregunta en medio del escenario surrealista que en pocos minutos ha trascendido entre aquellas paredes y con el ánimo de entender qué pasa—. ¿Por qué se había ido la luz? ¿Dónde está todo el mundo?

—Enzo ha ido tras su amigo francés —le susurra alguien al oído mientras siente cómo le abrazan por detrás y fuerzan sus manos hacia lo que, sin duda, se trata del estómago de una mujer embarazada.

Un leve mareo de Ángel del que se deshace negando con rapidez con la cabeza, como quien evita caer en un sueño, lo lleva a girarse y preguntarle:

—¿Quién eres?

—Tú lo sabes. —Sonríe—. Soy CrioTech —añade a la vez que coloca las manos de Ángel sobre la enorme barriga de una gestación que ya da sus últimos coletazos.

—¿Quieres decir que CrioTech te ha ayudado a quedarte embarazada?

La pregunta que no solo buscaba una explicación lógica al argumento de la chica, sino que también traía consigo una connotación de esperanza para poder ser padre junto a Leire, recibe como respuesta un nuevo mareo del muchacho, pero con mucha más intensidad que el anterior. Afectado, se gira con todo dándole vueltas y recobra el sentido en un nuevo lugar del enorme salón que combina diferentes escenografías. La embarazada ha desaparecido.

—¿Hola? —pregunta—. ¿Me dices cómo salgo de aquí?

—No querrás irte tan pronto, Leire todavía no ha terminado —escucha desde el lado opuesto donde buscaba todavía la respuesta de su última conversación.

—Glyn, ¿qué haces aquí?

En efecto, empieza a ser evidente que el pinchazo que sintió no ha sido un reflejo involuntario tal y como había pensado. Ahora ve a su abuelo donde seguro no está. De nuevo, otro mareo que acompaña esta vez a un enorme dolor de cabeza provoca en él unos cuantos giros sobre sí mismo dentro del habitáculo donde se encuentra.

—¡No! —grita Ángel.

Por fin, ha encontrado de nuevo a la chica embarazada, aunque no puede creer lo que ve. Está sonriendo mientras se despide de alguien que frente a ella ha decidido ahorcarse.

—Pero ¿qué hacéis? ¡Detenlo! —grita hacia la que nunca antes tuvo el placer de conocer, pero que sin duda se trata de la madre de la futura estratega de ETech.

Los esfuerzos de Ángel son inútiles. Por mucho que quiere, y como sucede en los sueños, intenta por todos los medios correr hacia ellos para evitar que lo haga, pero cada paso le cuesta tanto como si estuviera sumergido en el agua. Con cada metro que se acerca lo ve más claro, aquel que intenta acabar con su propia vida es Alexander Massa y, en parte, lo entiende; después de todo lo que ha pasado ese pobre desgraciado, es normal que no quiera vivir. «¿Pero por qué esa chica embarazada se despide sonriente?», piensa el CEO de ETech. Ahora, con la cara de los dos enamorados a la misma altura,

Ángel constata que no llegará a tiempo y que las tardías maniobras de Thian, que aparece como por arte de magia para intentar sostenerlo en altura, y así evitar su muerte, tampoco servirán de nada.

—¡Ayúdame! —grita Thian al indolente espectador.

Agotado, ha llegado frente a ellos para comprobar que, en efecto, ya es demasiado tarde. Su esfuerzo solo ha servido para ver con detalle una lágrima que Alice combina con una sonrisa y que acompaña a un montón de susurros llevados a los oídos de Xander durante todo el proceso. Ahora los susurros se han centrado también en los oídos de Ángel.

—Aaron Swish —repiten una y otra vez esas voces.

Además de ser consciente del suicidio de Aaron, es capaz de identificar los nombres que Alice pronuncia junto al oído de Xander, a excepción de uno.

—Nikola Tesla, Roger Lacer, Aaron Swish, Stephan Oldried... Yahvé Joshua, Alexander Massa.

—Stephan Oldried —susurra para sí mismo Ángel, confirmando que de todos es el único individuo que desconoce entre los nombres que Alice repite sin cesar.

No puede creer lo que ve ni lo que oye, aunque de poco le va a servir recordar esos nombres, ya que de nuevo el dolor de cabeza ha venido para instaurase más tiempo. Hasta que todo se detiene de nuevo frente a lo que parece un encuentro entre Leire y Enzo. Ángel los observa sin intervenir, mientras repite para sí mismo una y otra vez el nombre de Stephan Oldried de la anterior visión;

por nada del mundo querría olvidarlo, aunque lo que ve ante él le invite a hacerlo. Mezclados entre la muchedumbre que disfruta de las bebidas de una especie de local oriental, puede ver como su mujer, Leire, enseña ciertos documentos médicos a su expareja. Pero nada más que una conversación ocurre, aunque de algún modo que no sabría explicar tiene la sensación de que nada de esto corresponde a un suceso del pasado ni del presente, sino de algo que pertenece al futuro. Esta vez, sin mareos ni dolor de cabeza ni nada que distraiga su atención, todo vuelve a cambiar.

—¿Glyn?, ¿dónde estabas?, ¿cómo encuentro la salida? —grita desesperado.

De pronto, esa inequívoca silueta que pertenecía a Glyn se ha transformado en Hang Maison.

—Amigo... tendrás que decirme cómo encuentro a los huéspedes.

—¡No! —exclama Ángel apartándose de él.

—¿Dónde están los huéspedes, Ángel? —Le ataca la embarazada por el costado izquierdo.

—Aún me lo debes, Ángel. Dame a los huéspedes —exige Rafter por el derecho.

—¡No! —grita otra vez atravesando una puerta donde todo vuelve al color y al estado original que el centro de investigación presentaba a su llegada.

—¿Dónde estabas, tío? Llevo horas buscándote —escucha a lo lejos a la vez que el pequeño punto azul del centro de la pupila se diluye entre las luces habituales de un lugar dotado de una iluminación mucho más común que del que acaba de salir.

«¿Horas?», se pregunta para sí mismo, sin reparar en que entre el tiempo que Leire tardó en localizar aquellos documentos y las idas y venidas al coche tratando de localizar a su marido, en efecto, había pasado todo ese tiempo.

Minutos después, ya en el coche, Ángel no responde a los habituales reproches con los que siguen como pueden hacia delante en su relación. De hecho, para Leire es muy extraño que su marido ni siquiera se haya interesado en el desenlace de la persecución de Thian. Algo sucede, aunque Leire no puede recriminar más que su estado contemplativo ante la infinidad de información que parece no interesarle lo más mínimo.

—¿Quieres decir que Thian ahora está con nosotros? —pregunta Ángel mostrando más educación que interés.

—¡No estoy diciendo eso! Lo que digo es que me ha indicado dónde debía buscar esto.

—¿Y qué es eso?

—Son escáneres cerebrales de Marian. Son muchos, casi se ve la evolución de su cerebro desde pequeña y me ha dicho que busque el que me falta —indica mientras los revisa.

—¿Y qué significa? —pregunta mientras encaja la posible pieza de la reciente y cuestionable visión de su mujer con Enzo, incluso puede que con aquellos mismos documentos.

—Todavía no lo sé. ¿Y tú dónde te habías metido?

—Stephan Oldried —murmura junto con otras muchas evasivas que consiguen agotar el interés de la conversación hasta alcanzar el silencio.

OLDRIED

Lago Michigan,
17 de noviembre de 2034

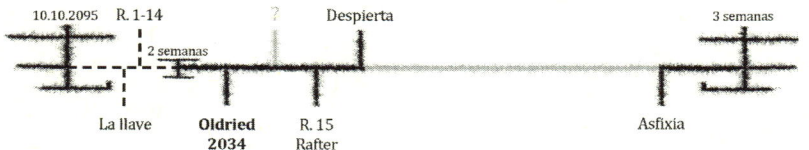

En forma de nieve, el frío comienza a dejar más huellas alrededor de Hang Maison y Roger Lacer que el simple vaho que desprendían con su aliento en aquella conversación donde se conocieron.

—¿Qué pasará con todo mi trabajo? —pregunta el inventor rellenando los quince minutos que le bastaron para acabar de cerrar un trato que hizo que confiaran lo suficiente el uno en el otro como para que Lacer se quitara la vida meses después.

—¡Amigo! Se irá con usted. Aquí no se puede quedar. —Sonríe y abre también los brazos para remarcar la evidencia que, aun a sabiendas, el doctor se ha atrevido a verbalizar—. Es uno de los motivos por los que le hacemos esta oferta, ¿comprende?

—¿Y Blackenburg? No puedo dejarlo así. En su estado, el descontrol hormonal podría hacerle cosas que ni entenderíamos.

—Creí que tenía usted su formulación lista para la comercialización en humanos.

—Sí, pero lo que lleva Víctor dentro es el futuro de la tecnología. Si consiguiéramos estabilizar su producción hormonal, podría estar a nuestro alcance la fuente de la juventud eterna, y todo ello en nuestros cuerpos originales.

»¿Es que no es eso lo que defiende CrioTech? El cristianismo ya se hace eco de estar del lado de la tecnología de criorreparación por ese motivo.

—¡La Iglesia ya no puede controlar lo que se está erigiendo aquí, profesor!

—¡Pero vosotros sí! A día de hoy, con las tres tecnologías combinadas, podríais ser inmortales. Es cuestión de tiempo que podamos controlar a Blackenburg y, una vez lo consigamos, no haría falta más —defiende deseoso.

Como réplica, Maison no hace más que dirigir hacia él una sonriente mirada que le lleva hasta la misma reflexión que nadie más que Lacer hubiera expresado mejor.

—Pero no es eso lo que buscáis... ¡No voy a abandonar a Víctor! —insiste tras unos segundos de pausa.

—Esas son las clásicas perogrulladas que trae consigo el altruismo y que al final consiguen que quien no se lo merece lo pierda todo —explica Maison con una frase un tanto grandilocuente, que con toda seguridad no es la primera vez que utiliza. Al mismo tiempo, deja al alcance de la percepción del doctor un dispositivo capaz de grabar vídeo—. ¡No le debe usted nada a nadie! Aun así, debe de haber alguien a quien pueda confiar que haremos lo correcto con Víctor.

—¿Y qué fuerza puede tener esa persona que usted propone contra el poder de CrioTech?

—Esta conversación se está grabando —admite Maison señalando el dispositivo que segundos antes había dejado entre ellos—. Su contacto publicará su contenido en tanto en cuanto Víctor Blackenburg muera antes que quien usted designe. Eso destruiría desde los cimientos la tecnología de criorreparación humana. Así que piense muy bien quién será esa persona y no nos lo diga. Tan solo tendrá que activar su protocolo en caso de fallo.

—Stephan Oldried —vocaliza el doctor sin ninguna posibilidad de que llegue a oídos de Hang, entre claros signos de estar computando la viabilidad de la propuesta.

Sin duda, en el año 2034 e introducido por Lacer a partir de la necesidad de proteger el futuro de Blackenburg, esta es la primera aparición de Oldried en el intrincado camino que más tarde llevará al detective Monzó hasta la verdad.

IGNORADO

Lugar indeterminado,
30 de junio de 2041

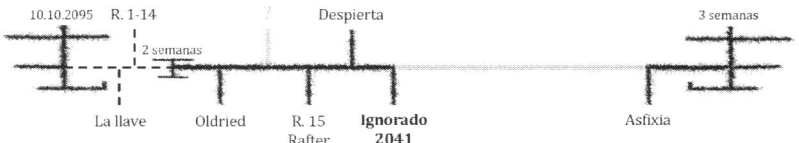

La enorme magnitud de la onda expansiva generada tras el despertar de Marian ha llegado a todos los sitios del planeta acompañada de un sinfín de reacciones, entre las que destaca la deficiente estrategia adoptada por los más altos representantes del cristianismo.

—No sabíamos nada acerca de esa nueva vacuna —admite Ralph DeVoss en una conversación telefónica—. No, señor, no sabemos si es una estrategia para ganar tiempo o es real.

La cara de circunstancias de su ayudante, aquel que le presentó a Maison, es algo que Ralph no puede obviar dado el monumental enfado que se está erigiendo hacia él.

—Sí, señor, por supuesto. Así lo haremos —responde el mandatario en forma de despedida.

»Ahora resulta que no solo han despertado a una chica que decidió suicidarse, sino que sacan una vacuna que alarga la vida sin considerar nuestra opinión —explica cabreado a su ayudante como exigiendo cierto tipo de responsabilidad—. ¿Cómo se atrevieron a pedir la colaboración de la Iglesia? Nos utilizaron solo para frenar la expansión de ETech.

—Yo puedo ayudar, señor, pero, exceptuando lo de Maison, usted no me ha considerado para ninguna decisión. Necesitamos tener reuniones, pactos, estrategias... Si seguimos posponiendo decisiones, todo el mundo nos apartará y, créame, ahora mismo, no todo está perdido. Déjeme presentarle a la persona de la que le hablé.

—¿Oldried? Ese hombre no es nadie —sentencia DeVoss—. Roger Lacer se aseguró de que su imperio acabara tras su muerte. Mis informadores me dicen que no es más que un pusilánime que intenta mantener vivo un sueño que ha quedado en la ruina.

—Señor DeVoss, es usted una de las personas más brillantes que conozco y sé que tiene más cartas en su mano además de la que yo podría jugar. ¿Cree que alguien como Lacer no tendría un plan? ¿Dejaría usted escapar un imperio por aburrirse de este mundo? Le aseguro que ese hombre pensó en su legado, pero para poder continuarlo nos necesita a nosotros.

El ayudante acaba de ver una nueva oportunidad para convertirse en alguien relevante en la historia que se está escribiendo en cuanto a la guerra entre tecnologías se refiere.

—Intentó reunirse con usted, ¿recuerda? Yo mismo traté de presentárselo, pero por aquel entonces usted solo daba crédito a la opción de Maison y CrioTech.

Ralph responde con el típico gesto de incredulidad al no recordar tal suceso o simplemente no querer hacerlo.

—Usted sabe que yo lo intenté...

AKASH

Recinto ferial de Ifema, Madrid,
3 de enero de 2035

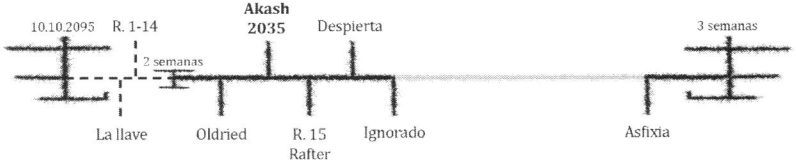

Hasta ahora, unas pocas invenciones que acompañaban a la eterna promesa de la IA no habían sido suficientes para que el certamen se convirtiera en el espectáculo que debiera. Ahora, entre ETech y Lacer Industries Corporation podría afirmarse que incluso sobraba el *marketing*. Algunos de los más afamados tecnólogos ya comparten estancias con los pocos trabajadores que ultiman los *stands*, cuando es evidente que algo sucede. A medida que alguien avanza, los taladros y las conversaciones tienden a ser sustituidos por todo tipo de murmullos. Sin ser consciente de nada, Ralph DeVoss, quien tiene el privilegio de ojear algunas de las propuestas antes de la apertura del evento, ha sido conducido por su ayudante a la trayectoria que está trazando Roger Lacer junto al ingeniero que siempre está a su lado. Nadie se atrevería a predecir el resultado de semejante encuentro «fortuito», a excepción de quien lo ha procurado, los ayudantes de tan ilustres personalidades.

El ritmo cardiaco de quien siempre acompaña a DeVoss se acelera conforme la distancia entre ambos se reduce, al fin y al cabo, representan la rivalidad más abyecta, pero también la erudición más desmedida. Iglesia contra ciencia. Sin embargo, en el último momento parece que todo va a torcerse. Lacer, sin percatarse de la presencia de quienes caminan en dirección a él, ha cambiado radicalmente su rumbo y deja frente a Ralph al ingeniero que siempre acompaña al popular inventor, Stephan Oldried. Para el todopoderoso representante del cristianismo aquello es un golpe muy bajo. El plan, que consistía en hacer llegar de forma desinteresada la tecnología de los biorritmos a la Iglesia, se había torcido en tan solo segundos. Y más todavía si el motivo por el que DeVoss se ha quedado allí plantado tiene que ver con la conversación con la que Lacer sonríe junto a los archienemigos de la Iglesia, Glyn Torres y Rose Mora.

Minutos después...

Sus caras de decepción lo dicen todo. En el caso de Oldried, no solo por haber perdido la oportunidad que tenían con respecto a DeVoss, sino porque el haber visto a Glyn y a Rose le ha colocado muy cerca del amor frustrado que le hizo tanto daño como para cruzar el Atlántico. Años atrás, Stephan y Leire Aragó cursaron juntos los mismos estudios universitarios, lo que dio como resultado unas prometedoras carreras profesionales y algún que otro desencuentro amoroso.

—Lo siento, Stephan, ya te advertí que no me tiene muy en cuenta —insiste el acólito de DeVoss mientras se aleja.

Descartada cualquier posibilidad de que Oldried haya prestado atención a la despedida de su colega, la situación a la que el ayudante del doctor Lacer afronta con la mirada detenida en el vacío empieza a convertirse en algo un tanto metafísico. Sin mirar, el ingeniero escucha a lo lejos lo que parece ser la música que acompañaría a cualquier títere de circo. «¡No puede ser! ¡Serán ridículos!», piensa para sí mismo, con la sonrisa que le ha sacado de su momentáneo estado de catarsis al suponer que alguien ha querido exhibir un avance tecnológico con un pésimo gusto musical. A lo lejos, entre la infinidad de *stands* que intentan vender el futuro a todo el que se preste, hay un pequeño puesto que, aun guardando la geometría de cualquier quiosco urbano, podría estar pseudo-decorado como un circo.

—No puede ser —repite esta vez en voz alta, mientras constata que a nadie parece importarle su existencia. Es como si nadie más que él pudiera verlo.

Sin darse cuenta, Stephan no ha podido evitar tomar la dirección del vacío lugar donde las luces han preferido focalizarse, al haber contrastado que la música de circo proviene de allí. La expresión del único al que ha conseguido llamar la atención todo aquello se tuerce hasta alcanzar su máximo. Sin saber cómo ha podido ocurrir, ha traspasado una especie de barrera invisible que logra cambiar hasta el contenido de lo que ve a su alrededor. Todo lo que ve ahora le resulta familiar, unas plantas y un restaurante en una noche de verano que hasta casi puede oler. Es el mismo sitio donde escuchó una extraña historia que Marian Sanz relató a la persona de la que se pasó enamorado casi toda su carrera universitaria, Leire Aragó.

—¿Pero qué es esto? —pregunta en voz alta, consciente de que él no cree en ningún tipo de experiencia similar a la que sin duda está viviendo.

Tras darse la vuelta, confirma que a su espalda aún puede ver ese mundo del que viene, donde todas las personas que no percibían la presencia del *stand* en el que Stephan ha entrado han quedado paralizadas.

—Un mundo nuevo para afrontar la eternidad. Un mundo nuevo para afrontar la eternidad. Un mundo nuevo para afrontar la eternidad —repite Akash una y otra vez como un mantra que acompaña su práctica de meditación.

—¿Quién eres? —pregunta el ayudante de Lacer.

—Stephan. ¿Por qué haces preguntas que ya sabes?

—¿Qué haces aquí? —incide con rapidez con el objetivo de encontrar una explicación cuanto antes.

—Si no fuera aquí, nunca creerías lo que quiero enseñarte —explica el chico desde el suelo sin levantarse siquiera.

—¿Aquí?, ¿a qué te refieres?, ¿dónde estoy?

—En realidad, no te has movido, soy yo quien ha entrado donde no debería —responde mostrando a Stephan como a lo lejos aún puede llegar a ver su inmóvil figura donde había estado dialogando con el ayudante de Ralph.

—¿No me he movido?, ¿y los payasos?

—Me pareció... divertido —explica tras una pausa en la que mira al cielo sonriente—. ¿Cómo si no hubiera llamado tu atención?

Después de una enorme pausa en la que Stephan se dedica a observar cada uno de los rincones que puede ver de aquel detenido espacio, Akash continúa:

—Este es un recuerdo bonito, me gusta que lo hayas elegido. Debe ser porque Leire fue importante para ti y por lo cerca que la vuelves a sentir ahora, ¿verdad?

—Estás en mi cabeza —concluye—. ¿Me has drogado?

—No —responde con una sonrisa que le hace aparentar ser el niño más normal del mundo.

—¿Y quién eres?, ¿cómo me has hecho esto?

—Digamos que, de los cuatro que somos, solo yo puedo hacer esto. Soy el segundo más poderoso de todos, ¿sabes? —argumenta el chico orgulloso—. Entrar en el subconsciente de los demás no es nada fácil, te lo aseguro.

—Pero ¿por qué iba a querer nadie entrar en mi mente? Y menos un niño de diez años —replica con soberbia e incrédulo.

—Tú mejor que nadie deberías saber que existen tecnologías para que alguien más antiguo que la historia del ser humano parezca un niño, ¿no crees?

—¿Quieres decir que eres como Blackenburg?

—¡No! Solo era un ejemplo —exclama de nuevo sonriente.

—¿Un ejemplo para qué?

—Para abrir tu mente. Puede que no sea el mejor momento para descartar propuestas solo porque se alejen de lo que siempre habías interpretado como lo «normal». Nosotros somos muy diferentes.

—¿Vosotros? Has dicho que erais cuatro, ¿verdad?

—Sí, Oldried. Somos cuatro, pero estamos gobernados por la mente del más poderoso de nosotros, la del gran maestro. Sin él no seríamos más que simples personas con un talento des-medido en nuestro campo. El mío, por ejemplo, sería la psico-logía y por eso estamos teniendo esta conversación dentro de tu subconsciente.

—¿Quieres que me crea que te has metido en mi cabeza porque se te da muy bien analizar a la gente? Es imposible. Hace falta algo más para que estés aquí dentro.

—¿Algo como la hipnosis? Mírate a lo lejos —señala de nuevo para hacerle entender que tras varios minutos aún no se ha movido ni él ni nadie—. Todavía no has conseguido desviar la mirada a otro sitio que no sean mis ojos.

—Pero… ¿y el tiempo?

—Olvídate del tiempo —interrumpe sonriente—. Mi colega Thian, por ejemplo, es un atleta en potencia, el tiempo funciona en su cabeza mucho más lento que para el resto. ¿Nunca te has preguntado cómo un deportista de élite consigue acertar el momento exacto en el que debe interactuar con cualquiera que sea su deporte? ¡Obtiene el mejor resultado porque vive y analiza mejor cada instante! —asegura el chico—. Ese malnacido de Matsuyama consigue incluso hacerte creer que ha desaparecido si se lo propone. Pero, para eso, como te he dicho, nuestro protector y el resto de nosotros debemos estar plenamente concentrados.

—¿Eso qué quiere decir? —pregunta Oldried.

—Que mientras yo estoy aquí, mis hermanos permanecerán inactivos. Necesito que el gran maestro se concentre en solo uno de nosotros para convertir lo imposible en realidad. De lo contrario, Thian sería uno de los mejores atletas de la historia, pero nada más. En cuanto a mí, bueno, en mi caso me costaría mucho más convencerte de todo esto.

—Pero… No entiendo… ¿Cómo puedes pretender que simplemente te crea?

—Porque ahora yo también sé que este fue el momento al que te aferraste para creer que perdiste tu oportunidad con Leire —responde señalando el recuerdo en el que están teniendo la conversación y que representa el escenario de un incidente del pasado donde, fruto de la causalidad, Oldried aparentó ser un crápula capaz de espiar incluso a sus amigas—. Y lo más curioso de todo es que los dos sabemos que no es real. Que te autoconvences creyendo que, si tu amiga no hubiera pensado que las escuchaste a escondidas, todo hubiera sido diferente, pero tú sabes que eso no es así. Sabes que nunca te hubiera correspondido, ¿verdad?

»Has preferido torturarte por algo fruto de la casualidad con tal de no afrontar la realidad. Además, ¿qué pregunta es esa?, ¿es que no ves dónde estamos hablando?

—Sí —asume Oldried cabizbajo.

—¡Eh! ¡Oye! —exclama al mismo tiempo que chasquea los dedos, al ver que la escenografía donde se han conocido comienza a desaparecer—. Concéntrate, Stephan, no pierdas este recuerdo o me darás acceso a cosas que no quiero ni saber. Además, ya te he dicho que es un recuerdo bonito, te hace sentir y esa es la única forma de saber que sigues vivo, aunque lo que sientas no te guste.

—¿Qué quieres de mí? —responde recompuesto tras considerar que de algún modo todo podría ser verdad.

—Quiero que me ayudes a crear algo mucho más grande de lo que hayas podido imaginar. Si estoy en tu mente es porque eres único. Quiero darte la oportunidad de ser como nosotros y dejar atrás todo ese sufrimiento. Mira...

Los siguientes minutos se convierten en horas para Oldried. Apoyado en el mismo sitio, puede percibir cómo ha encontrado lo más parecido a un *backup* de su existencia. Algo como lo que Alice Matters prometió a Xander. El nivel de seguridad que le ha dado esa posibilidad de una nueva vida es inexplicable para él. Es como si se hubieran concentrado desde el primer hasta el último dolor experimentado en algo tan insignificante como la lágrima que le hace despertar y que no duda en barrer de su cara. Siente como si por primera vez en su vida pudiera entender aquello que otros llaman salvación, Dios o incluso Valhalla. Hace unos minutos no creía en nada de todo eso y ahora parece que ha encontrado todo lo que nunca se hubiera planteado buscar.

—Oldried. ¿Estás bien? —Sonríe el pequeño Akash enfrente de la persona con la que acaba de regresar de un sitio que nunca le permitirá volver a ser el mismo.

Después de todo, parece que es indudable que el poder de convicción de Akash siempre estuvo muy por encima del de Rafter o Thian, y por lo que Maison les llamó la atención hace mucho tiempo en el CERN.

—Vuelve conmigo, Stephan —añade mientras lo coge de la mano antes de dar media vuelta y marcharse sonriente.

—Sí, pequeño, sí. ¡Espera! —grita Stephan en medio de aquel vestíbulo abarrotado, sin temor a reconocer que ahora será él quien estará más interesado en que esa relación prolifere—. ¿Qué tengo que hacer para irme contigo?

—¡Maison vendrá a buscarte! Hasta entonces, no podrás hablar de esto con nadie. Tú sabes que yo lo sabría, ¿verdad?

—¡Akash! ¿Qué significa lo que decías antes?

—¿A qué te refieres? —pregunta el chico.

—Lo de un mundo nuevo para afrontar la eternidad.

—¡Ah, sí! —exclama dando a entender que de olvidarlo se hubiera convertido en un error imperdonable—. Eso, amigo mío, será tu puerta de entrada a nuestro mundo. Piensa en la respuesta. ¡Maison solo te dará una oportunidad! Si fallas, te quedarás fuera...

ENFERMIZO

Lugar indeterminado,
25 de mayo de 2042

Estado de conexión: conectando...
Interfaz red de usuario código:
EP061036 Ester del Páramo/PS025865 Pablo Sanders
Fecha: 28112095. 12:34
Acceso a directorio privado/Archivos/Diario de Enzo/
REGISTRO 16

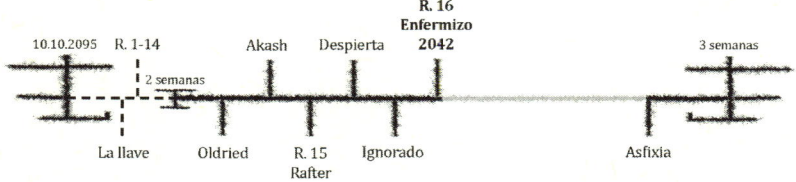

Ha pasado más de un año sin que nadie supiera nada acerca del paradero del amigo francés del detective Monzó y el resto del mundo celebra la primera efeméride del despertar de Marian. La verdad era que, después de tanto tiempo, lo que Enzo comenzó como un viaje esperanzador se estaba convirtiendo en una tortura irresoluble. Todas las señales indicaban que era lo correcto, que era lo que debía hacer. Aun así, su desesperación iba sumando enteros al no encontrar nada. El mundo era demasiado grande y sin ayuda solo podía llamar de vez en cuando a la familia del desaparecido para comprobar que, en efecto, todavía no había regresado; y en cierto modo esas llamadas empeoraban más la cosas. Pero no se llega a ser el mejor en ninguna disciplina sin tener algo de suerte justo en el momento en el que la necesitas, y eso es lo que acaba de recibir en forma de carta certificada el detective Monzó, quien ha podido ver su contenido a muchos kilómetros de su casa. De inmediato, los diversos enseres de Enzo han comenzado a volar de un sitio a otro de la habitación del hotel donde reside. Incluso por delante de la pantalla del ordenador donde, todavía sin cerrar, pueden leerse las fotos que su casero no ha dudado en tomar de su reciente correspondencia. Aparte de las direcciones, membretes y detalles sin importancia, el recorte de papel que transportaba aquel sobre reza: «Tu amigo francés, por Leire».

Días más tarde...

El viaje de vuelta desde donde Enzo partió tras recibir aquella carta apenas se ha extendido más de cuarenta y ocho horas. Ahora, por fin, se encuentra de pie frente a la dirección que definía el remitente, convencido de no tener ningunas ganas de intercambiar impresiones con quien sabe que ya le espera dentro. Instantes después, Ángel puede ver el mismo trozo de papel resquebrajado del que días atrás se despidió planeando hasta depositarse en la mesa en la que apura su infusión.

—Ya empezaba a echarte de menos —afirma Ángel.

Sin necesidad de girarse tiene la absoluta certeza de que quien se ha detenido tras él no puede ser otro que Enzo Monzó. Molesto por interpretar que esta vez Ángel pudiera ir un paso por delante, la respuesta a tan cuestionable saludo llega en forma de mirada hacia otro lado y de un claro rechinar de dientes que sustituye a cualquier palabra.

—Has perdido a tu amigo, ¿verdad?

—¿Cómo lo sabes? —responde Enzo con otra pregunta.

Mientras Ángel deja patente que ahora será él quien intercambiará silencio por respuestas, el detective no puede dejar de percibir su lamentable aspecto. Sin duda, parece enfermo. Su color de piel es tan blanco que incluso se intuyen tonalidades azuladas que combinan a la perfección con unas ojeras que rozan la escala de grises. A todo esto, le acompaña una postura displicente con la que aún no se ha dignado a corresponder la mirada del detective y cientos de gotas de sudor que se distribuyen por su cara por los sitios habituales.

—¡Vale! —Sonríe el detective poniéndose a la altura de esa expresión corporal que sobreentiende como desafiante—. ¿Qué significa esto? —pregunta tras tomar asiento frente a él, haciendo alusión a las tres únicas palabras escritas en el papel que recibió por correo.

—Que no sabes dónde buscarlo y que me necesitas.

—Algo es distinto. ¿Qué te ha pasado? ¿Qué es lo que ha cambiado? —le interroga dando por hecho lo mal que le había tratado el paso del tiempo y sin saber que aquel cambio en su estado tan solo fecha de unos meses atrás.

—¿A qué te refieres?

—Estás raro, demasiada seguridad en ti mismo a pesar de... —«tu aspecto», piensa.

El lugar desprende colores vivos desde cada uno de los rincones. Tanto es así que Ángel solo ha necesitado devolver de una vez por todas su mirada a Enzo para que este último descubra, entre los diferentes reflejos rojos, esos pequeños puntos azules que lo acompañan desde hace meses.

—¡Joder! ¿Qué es eso?

—La prueba de que no me queda mucho tiempo. —Sonríe el enfermizo joven.

—¿Cómo lo sabes?

—Me has preguntado qué ha cambiado y aquí tienes tu respuesta, ¡no hay nada que no haya cambiado! Han envenenado mi mente, Enzo. No soy capaz de controlar ni lo que pienso, ni lo que siento, ni lo que soy. Todos los días lucho contra mis recuerdos y contra mis propios principios y, ¿sabes qué?, nada de lo que pienso tiene sentido. Excepto un único detalle que nadie podrá cambiar jamás. ¡Leire!

—¿Ella también cree que te han podido envenenar?

—Ella ya no me quiere, Enzo. Ya no está enamorada de mí y no puedo evitar que se aleje con cada paso que doy. Por eso necesito tu ayuda.

—Si me estás pidiendo ayuda para que ella vuelva a confiar en ti, voy a empezar a creer que es verdad eso de que no piensas con claridad.

Y lo cierto es que, a partir de esa estúpida burla y de su correspondiente reacción, Enzo empieza a creer de verdad que algo diferente pasa en su cabeza. La expresión tranquila de la cara de Ángel se ha convertido en un instante en toda una explosión de odio y descontrol que ha acabado con la infusión de té rojo desparramada por el pasillo. Ahora, mientras presiente que la camarera le manda un ultimátum, Ángel se aprieta fuerte la sien con una de sus manos dejando libre la otra para disculparse, ante un fascinado detective que sabe que quien tiene delante no es aquella persona que conocía.

—¡No me estás escuchando! Yo ya la he perdido, pero sigue siendo lo único que dará sentido a mi vida cuando ya no esté y no podemos dejar que le pase nada, ¿entiendes? A cambio, he pensado que te gustaría saber cómo encontrar a tu amigo.

—Pero espera un momento. Espera, espera, espera... —repite tratando de asumir que toda esa fachada que Ángel había estado presentando no era consecuencia del estado de su relación con Leire, sino de una bajada de brazos por su inminente muerte—. ¿Cómo puedes estar tan seguro de todo lo que dices? ¿Es que no hay nadie que pueda ayudarte en ETech?

—Nadie en ETech sabe qué es lo que me inyectaron y tampoco entienden lo que me pasa ni por qué me comporto como lo hago. En cuanto a Leire, bueno, ella no es capaz ni de mirarme a la cara. Ya sabes —reconoce una vez recompuesto y de vuelta a su expresión indolente, sarcástica y, por encima de todo, enfermiza.

»He estado pensando mucho tiempo en esto y, después de todo, creo que lo que me han metido dentro es capaz de alterar mi voluntad a su favor, revolverme contra mis propios ideales o dinamitar hasta las relaciones que más me importan, pero, a cambio, creo que recuerdo cosas que ellos preferirían que hubiera olvidado.

—¿Quieres decir que es CrioTech quien te ha hecho esto? —El silencio deja ahora que cada cual otorgue su verdad en este asunto—. Pero, si es así, algo podrás hacer. Por Dios, fuiste pareja de Anna Rafter, no puedes aceptarlo sin más.

—Enzo, yo ya no le importo nada a nadie, aunque todavía me queda algo por hacer y necesito que me ayudes. ¡Leire! —repite una vez más, si bien en esta ocasión aprovecha para enseñarle una foto de su mujer y Thian alejándose por el pasillo de CrioTech, camino de aquel despacho donde encontró las radiografías.

—¿Y cómo voy a hacerlo? No sé por dónde continuar. Ella no me escuchará —explica el inspector.

—¿Sabes en lo que he estado pensando mientras te esperaba? En que nuestra rivalidad acabó en el mismo momento en el que Leire dejó de quererme. ¿Por qué iba yo a odiarte entonces?

»Cuenta conmigo para lo que necesites, pero solo quiero pedirte dos cosas... —Ahora el enfermizo joven se pone de pie para marcharse y continúa con esa particular voz de ultratumba—. Esta vez no tengas en cuenta cómo te trate o cómo me dirija hacia ti, puede que simplemente no sea yo.

—¿Y la otra? —pregunta Enzo girándose aún sentado al ver que Ángel ya se dirige hacia la salida.

—No le hagas más daño a tu amiga contando nada de lo que averigües sobre lo que me está pasando.

—No me has dicho cuál crees que debería ser mi siguiente movimiento —responde avanzando en la conversación, al ver que pronto desaparecerá de aquel cafébar.

—Mira en la mesa, amigo. Estoy convencido de que tu próximo paso debería ser en la dirección de esta persona.

Grabado en la mesa, como si hubiera dedicado horas a profundizar en las hendiduras que probablemente ha hecho con una llave, puede leerse con la indudable caligrafía de Ángel «Stephan Oldried».

—¿Cuánto tiempo llevaba aquí? —pregunta Enzo a la camarera, alertado de que esa inscripción no puede haberse hecho rascando fuerte contra la mesa una o dos veces, sino que es más propio de haber sido repasadas con paciencia las mismas letras, una y otra vez.

—Lleva aquí esperando al menos tres días, señor.

LOS PADRES DE MARIAN

Barrio del Carmen, Valencia,
8 de septiembre de 2042

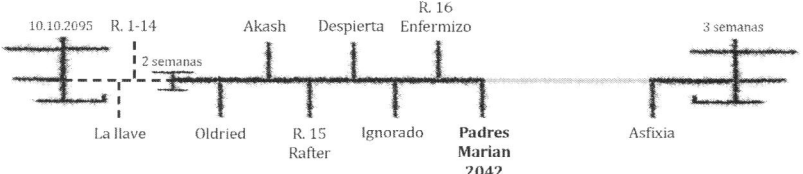

Desesperada por encontrar respuestas que la llevaran hasta Marian, el tiempo pasó tan rápido para Leire que apenas reparó en que dejó de lado a su marido. Ahora Ángel está muerto y no es de extrañar que, tras la incesante carrera de frustraciones de la neurocientífica, ella también haya llegado a la misma idea que a muchos antes se les pasó por la cabeza. No ha tenido más que ir donde años atrás empezó todo. La puerta del portal de la antigua casa de Marian permanece abierta. La sensación que le transmite el lugar no ayuda nada y, al igual que ese tipo de cosas que le suceden a Enzo, todo parece indicar que su decisión es la acertada al empujar la puerta de entrada y abrir sin ningún tipo de resistencia. Quince minutos después todo está preparado. De espaldas a la entrada solo restan unos cuantos movimientos para sentir la sensación del millar de filamentos que compone la soga y que oprimirán su cuello hasta encontrar también la muerte.

—¿Qué haces? Baja de ahí, cariño —pide la voz de un extraño.

Tan avergonzada como inmóvil, Leire siente como ese extraño se apresura a deshacer el nudo de la soga, a la vez que la ayuda a sentarse en el suelo, segundos antes de ir a cerrar la puerta y atenderla.

—Dime, preciosa, ¿qué tiene tanta importancia como para que quieras acabar con todo de esta forma?

Está claro que se trata de un hombre mayor por su forma de hablar, pero la neurocientífica se encuentra tan descolocada que todavía no se ha atrevido ni a devolverle la mirada.

—Es complicado.

—No ha llegado tu momento, Leire Aragó —responde aquel extraño, que toca su espalda con tan solo el dedo pulgar y el meñique.

Además de por el calor que de pronto recorre su cuerpo, el hecho de que aquel hombre también haya pronunciado su nombre hace que la joven reaccione incorporando su torso y abriendo los ojos lo máximo posible. La posición arqueada de la espalda invita a pensar que el contacto a través de los dedos del anciano le ha provocado una convulsión que incluso pueda haber parado sus funciones corporales. No obstante, la realidad es que después de mucho tiempo, sea lo que sea aquello que le ha hecho el hombre al que todavía no le ha visto ni la cara ha provocado en ella una sensación de paz que le lleva a una consecución de recuerdos y visiones entre los que predomina uno en concreto.

A medio camino entre el enfado y la preocupación, Leire sale del bar donde simplemente tomaba algo con los amigos de la facultad minutos después de que Marian se marchara, ante la estupefacción de más de uno que no logra entender del todo su comportamiento.

—¿De qué vas, tía? —pregunta la futura neurocientífica acercándose a Marian y con el reconocible enfoque de estar más que molesta.

La falta de respuesta mientras encuentra sitio sentada a su lado exige un nuevo intento, aunque quizás más calmada.

—Sé que tú no eres así y no quiero estar viendo cómo te aburres en todos los sitios a los que vienes conmigo.

—No se me dan muy bien los grupos de gente, ¿sabes? Nunca encuentro mi lugar —explica Marian.

—Pero no hace falta que lo encuentres. Créeme, he estado con grupos nuevos de gente en los que parecía que no les interesaba nada que viniera de fuera, y mis amigos no son así.

»Te están hablando e interesándose por ti, pero da la sensación de que no quieres compartir nada tuyo con ellos y, si haces eso, se cansarán y pasarán de ti. Tía, ¿es que no has visto a Stephan? A ese le interesas mucho más que por el hecho de ser mi amiga —explica dándole un golpecito con el que trata de sacarle una sonrisa.

—Es un poco rarito, ¿no? —Sonríe Marian provocando así la carcajada de su amiga, ante la controvertida situación que ella más que nadie ha generado—. Además, creo que eres tú la que le gusta. No flipes.

—Oldri va a llegar muy lejos, tía, pero ni la mitad que tú si dejas ver al mundo quién eres.

—De eso se trata. Sigo sin tener claro quién soy —murmura consciente de que seguro que la ha entendido, pero a la expectativa de ver la dirección e intensidad del interés de su amiga para seguir explicándose o no.

—¿A qué te refieres? Puedes contarme lo que sea.

—No puedes contárselo a nadie.

Descolocada por el nuevo contexto, Leire no puede más que asentir al haber encontrado una posible propuesta interesante que justifique tal comportamiento. Sin reparar en la presencia de Stephan Oldried, el cual ha acabado al otro lado de las plantas tras haber salido a buscarlas sin intención de entrometerse, Marian continúa:

—De hecho, es bastante posible que no me creas, pero... siempre he sentido que yo no soy quien se supone que debo ser.

—¿Quieres decir que es como si te sintieras hombre o algo así?

—Sí, aunque en realidad hablo de otra mujer. No me siento como si fuera Marian Sanz, nunca he sentido que fuera mi vida y me hace sentir fatal, porque en parte es como si siempre hubiera echado de menos a mis padres. Pero, por otro lado, nunca llegué a sentir nada tan fuerte como debería al haberlos perdido en aquel accidente. No sé si me entiendes.

—Eras muy pequeña, es normal que estés confusa y también que no sepas cómo te sientes. Yo tampoco sabría, pero tienes que seguir hacia delante. Claro que eres Marian, ¿quién vas a ser si no?

—Alguien que tiene algunos recuerdos de otra vida y otros padres, que nada tienen que ver con quien se supone que perdí en aquel accidente.

—Tía, eras muy pequeña y me imagino que sería un trauma enorme. Eso son pesadillas, yo también las tendría —asevera Leire incrédula por la propuesta de su amiga.

—¿Y cómo sabía entonces que te conocería? ¿Cómo sabía incluso la carrera y especialidad que escogerías?

—Te estás quedando conmigo, ¿verdad? ¿Qué intentas decirme, que puedes ver el futuro? —pregunta sonriendo convencida de que, aunque su amiga no ha dado ni una mínima señal de estar inventándose todo aquello, en algún momento saldrá a la luz que se trata de una broma.

—No puedo ver nada del futuro, solo son cosas que sé y sensaciones que tengo.

—¿Pero cómo puedes estar segura de que eran cosas que ya sabías? Quiero decir, nunca antes me habías dicho que sabías eso de mí. A ver, dime, ¿qué es lo próximo que pasará en mi vida?

—lanza desafiante a la espera de la clásica respuesta inconcreta que encajaría con cualquier titulado en neurociencia cognitiva.

—Sé que te convertirás en la neurocientífica que será capaz de desarrollar una tecnología que migrará la mente de las personas a cuerpos artificiales. Alguien llamará a todo eso «ojivas» y los niños ya nunca más serán niños. ¡También sé que tenía mucho miedo!

Un sonido entre las plantas revela que Stephan ha acabado enterándose de algo sin haber sido su intención.

Muchos años después, durante los instantes previos a que Leire recupere la consciencia tras su intento de suicidio, la neurocientífica volverá en sí justo recordando que salió corriendo tras Oldried para convencerle de que toda esa increíble historia nunca llegara a los oídos de otra persona.

Al despertar del *flashback,* Leire está en el suelo del apartamento de Marian. Aquel al que nunca vio la cara y que Leire interpretó como un conserje de elevada edad y probablemente oriental ha desaparecido. Su lugar lo ha ocupado otro oriental mucho más joven que asegura que es la misma persona que antes evitó que se suicidara, aquel que le indicó meses atrás dónde debía buscar la próxima pista que le llevaría a poder hablar con Marian. La imagen del mismísimo Thian Matsuyama ha provocado en Leire un vuelco al corazón que de inmediato la ha llevado al otro extremo del salón, donde aún arrodillada siente que le faltan metros cuadrados a esa vivienda para poder alejarse todo lo que le gustaría de él.

—¿Cuál es la que te falta?

—¿Qué? No lo sé —responde Leire desubicada.

—¿Qué es lo que ni siquiera Marian creería que has aceptado como una realidad, Leire?

—Que... ¿no es Marian? —admite tras unos segundos asimilando el *flashback* que acaba de rememorar.

—¿Y cómo vas a demostrarle que crees en todo aquello que te contó?

—Encontrando la que me falta.

—¿Y cuál es la que te falta? —grita el oriental dando a entender que lleva repitiendo lo mismo desde que le dijo dónde encontrar aquellos escáneres—. ¿Cómo podrías demostrarlo, Leire Aragó?

Los meses han pasado y la desesperación de no hallar un modo de acercarse a su amiga, junto con otras tantas calamidades, han dado forma al intento de autodestrucción que ha provocado que llegue a donde Thian quiso conducirla desde el principio.

—Con el escáner que me falta. Uno del cerebro de Marian antes del accidente —responde con la mirada perdida, a la que le ha forzado su absoluta concentración.

De pronto, aunque tiene presente que todos los problemas que tenía siguen estando en el mismo lugar donde los dejó veinte minutos atrás, las piezas vuelven a encajar. Después de tanto tiempo vuelve a tener un motivo en su vida del que sacar fuerzas, al menos, hasta encontrar algo que, al fin y al cabo, de existir no tiene que ser tan difícil siendo Leire la neurocientífica más cotizada del mercado.

—¡Espera! —grita al ver que Thian ya encara la puerta para marcharse—. ¿Quién eres?, ¿por qué me ayudas ahora?

—Llevo ayudándote desde el principio. Tienes que venir conmigo.

Durante todo el recorrido, las preguntas acerca de lo que pasó años atrás y que Thian trata de responder de forma precisa son tantas que, sin haber caído en la cuenta, ya se han adentrado en la recepción del centro ambulatorio donde el oriental la ha conducido.

—¿Por qué me da la sensación de que ahora luchas contra CrioTech? —Sentados en el *hall,* a la espera de ser atendidos, la respuesta por parte de alguien que encierra semejante cantidad de secretos no se hace esperar.

Tras buscar en sus bolsillos y a través del móvil, le muestra el registro de una de las cámaras de vigilancia del centro de investigación de CrioTech, donde se ve justo el momento en el que Xander se quitó la vida. En la grabación, Leire puede ver a Ángel haciendo de todo menos ayudar, en contra de lo que Thian le reclamó.

—Ahora también se han llevado a mi amigo —responde con frialdad, como alguien que apenas siente lo sucedido, o impertérrito, como la actitud que manifiestan muchos orientales.

Pasado un tiempo prudencial, Leire decide abandonar aquel lugar sin ser atendida y convencida de que nada de lo sucedido trascenderá más allá de ellos dos.

ACABADO

Ciudad de las Artes y las Ciencias, Valencia,
13 de octubre de 2042

Estado de conexión: conectando...
Interfaz red de usuario código:
EP061036 Ester del Páramo/PS025865 Pablo Sanders
Fecha: 30112095. 13:11
Acceso a directorio privado/Archivos/Diario de Enzo/
REGISTRO 17

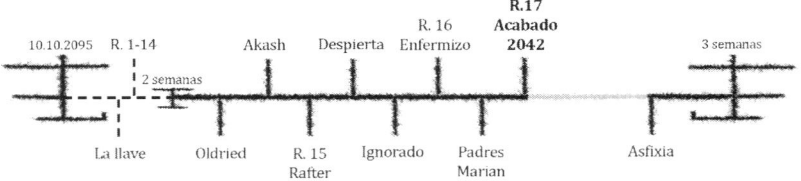

—¿Por qué me has enviado a hablar con ese loco? —pregunta Leire en forma de saludo, después del reciente intento de suicidio del que solo dos personas en el mundo están al tanto.

Sentado en el borde del respaldo del banquito de un parque, el detective Enzo Monzó responde a la que un día fue su amante.

—¿Qué quieres decir?

—Mira, sé perfectamente cómo eres y entiendo que tu mente trabaje con infinidad de variables al mismo tiempo, pero nada de esto tiene sentido. Ese hombre ya no piensa con claridad, Enzo.

Me has enviado a hablar con un antiguo amigo de la facultad y solo he conseguido hacer más daño. Es imposible que Ángel fuera el precursor de esta idea, ¿por qué lo has hecho? ¿Qué iba a querer que encontraras en un tío que no sabe ni quién es?

Después del entierro del pequeño de los Torres, Leire volcó toda su frustración en Enzo con el pretexto de que la colaboración que ambos emprendieron sería suficiente como para que el detective cuidara de él. Si bien la realidad era muy diferente, pues la única persona con la que ella podía estar enfadada no era otra que consigo misma, al haberse permitido perder a alguien más, confiando en que otros que vinieran lo cuidaran. A pesar de que Enzo sabía que estaba siendo castigado por algo que no fue culpa suya, prefirió mirar hacia delante y pedir la colaboración de Leire en el asunto que Ángel le había sugerido con respecto a Stephan Oldried. Aprovechando su antigua conexión con ella, Enzo supuso que el científico que se cerró en banda con él podría decirle más a una antigua amiga que a alguien a quien no paró de repetirle: «Siento no poder ayudarle, detective Monzó, pero usted no es más que un extraño para mí».

—¡Leire! —exclama el detective pensativo—. No estaba tan mal cuando fui a verle. Tenía sus momentos de lucidez.

—¿Como cuáles? —pregunta ahora la neurocientífica.

—No sé, ya sabes, cosas.

—Enzo —insiste Leire.

—Vale, vale... La verdad es que parecía atascado en una cosa que pasó entre Marian y tú. De hecho, creo que era lo único con sentido que conseguí captar, y ni aun así entendí nada. Según parece, tu amiga un día insinuó que nunca se sintió como quien debía ser..., que creía que ella misma era otra persona. Incluso pronosticó el futuro acerca de los ETech. ¿Tú sabes de lo que hablaba? —pregunta el detective.

—Eso es una cosa que debería haber quedado solo entre ella y yo —alega sorprendida ante la capacidad que tiene el inspector de enterarse de todo.

—Bueno, vosotras veréis. Yo solo puedo decir que se le veía un tío muy preocupado y con ganas de ayudar, pero no conseguí que confiara en mí.

—Pues eso no es lo que me he encontrado. Está loco, de hecho, su familia lo internará en los próximos días. Dice y hace cosas sin sentido.

—¿Como qué?

—Grabé la conversación aquí —indica mientras le pasa un audio a través de una aplicación de mensajería de móvil.

—¡Espera! —exclama de nuevo y la sostiene de la mano al ver que la conversación ya ha terminado para ella y simplemente se marcha.

—¿Qué...? —responde con los ojos anegados en lágrimas—. Se supone que tenías que protegerlo. Yo sabía que estabais haciendo algo y tú no has dado a nadie por perdido en toda tu vida. ¡Era una buena persona! ¡No! —grita enfurecida y apartando de ella ese conato de abrazo con el que Enzo iba a tratar de explicarle que Ángel ya estaba perdido cuando llegó hasta él.

—¿Y en qué andabas metida tú, Leire? —la cuestionable pregunta con la que, sílaba a sílaba, se va dando cuenta de que la ha cagado se ha convertido en el último insulto que Leire está dispuesta a soportar de nadie—. ¡Espera, no he querido decir eso! No te vayas —pide el inspector.

—¿Sabes? Tienes razón, la culpa de todo siempre la he tenido yo. Porque una vez más todo ha pasado mientras buscaba una razón con la que sentarme delante de mi amiga y decirle que tratarme como una mierda es lo justo, porque veo que no hay nadie que no lo haga.

—Pero, dime, ¿qué buscabas? —grita al constatar que es imposible impedir que se marche.

—Una puta prueba con la que sentarme frente a ella y decirle que la creo. Que en realidad era de ella de quien estaba enamorada y todos los que habéis venido detrás... —responde desesperada entre gritos que se mezclan con las gotas de lluvia que comienzan a empeorar más el momento si cabe—. Que siento no haber creído en ella durante tantos años, pero que por fin he encontrado el momento exacto en el que dejó de ser Marian y se convirtió en otra persona. —Arrodillada, adecúa el volumen de su voz a la proximidad que reduce Enzo con cada segundo; por fin rompe a llorar y da salida a todas esas frustraciones que año tras año ha ido acumulando—. Ha muerto por mi culpa, Enzo.

—No, no, no, no —repite con rotundidad, a la vez que la ayuda a levantarse del suelo—. Te prometo que voy a resolverlo todo, ¿vale?

La lluvia, que ha abandonado en gran medida su propuesta sosegada para dar paso a un escenario donde cualquier otro echaría a correr, se ha encargado de formar enormes charcos que ni siquiera sortean de camino hasta el coche de Leire. Ninguno de los dos se atreve a decir nada ahora. Y aunque ya no hay dudas de que ambos hubieran querido secarse entre sábanas, la conversación no puede más que fluir hacia la parte más racional del detective.

—¿Qué es lo que encontraste? —pregunta tras golpear la ventana del copiloto, instantes después de que ella haya encendido el motor.

—Otro patrón estructural del cerebro de Marian Sanz antes del accidente que tuvo a los cinco años. Como si fuera el de otra persona.

—¿Puede distinguirse eso con una radiografía del cerebro?

Grabación de Leire a Stephan Oldried,
días antes...

—Oldri. Soy Leire, ¿cómo estás? —pregunta Leire a la entrada de la habitación del científico.

Algunos de los miembros de su familia más directa esperan encaramados a la puerta de entrada para supervisar la conversación, después de explicarle a Leire que no saben qué es lo que le ha podido suceder para que un cambio tan drástico haya convertido a todo un científico en un paria.

—Yaveh Joshua, Yaveh Joshua, Yaveh Joshua, Leire —pronuncia Stephan sin cesar.

—Hola. Hola, Oldri, cariño. ¡Te acuerdas de mí! —exclama ante la complicada imagen que se había configurado después de las advertencias de los familiares—. Oye, Oldri. ¿Tú sabes quién es Ángel Torres?

—Muerto como todos, todos muertos, todos muertos. No somos más que los no seleccionados. Todos muertos —afirma Oldried.

—¿A qué te refieres, cariño? Ángel sí que está muerto, pero nosotros estamos aquí. No nos vamos a ningún sitio.

—Su mundo y su eternidad era una trampa, Yaveh Joshua era una trampa.

Leire se acerca ahora con cautela hasta la posición del científico, confirmando con su familia tras un par de miradas que parece tener la situación bajo control. Sin embargo, las sensaciones son muy distintas desde la puerta. El histórico de los últimos meses, añadido a la repetición continua de la frase «Yaveh Joshua», indica que es una bomba a punto de estallar.

—Se lo pregunté a Jablonsky porque siempre lo sabe todo, pero el niño me descubrió. Era una trampa, Yaveh Joshua era una trampa. Hang Maison me engañó y ahora no me dejan ir.

—¿Quién te descubrió?

—El cielo, todos juntos son el cielo. Ellos son el puente. Yaveh Joshua.

—¿Te refieres a Maison?, ¿qué es lo que descubrió Maison, cielo? —pregunta acercándose hasta por fin alcanzar su posición.

—¡Escúchame! —grita cogiéndola del cuello de la camisa al mismo tiempo que su hermano acude en ayuda de la joven—. ¡Su hija ocupará otro cuerpo para que su madre destruya lo que tú sola te has buscado, Leire Aragó! —dicta entre susurros que se mezclan con el forcejeo necesario para separarlo de ella—. ¡No somos más que los no seleccionados! —vuelve a gritar mientras su hermano se lo lleva a otra habitación y su mujer se preocupa por el estado en el que Leire se ha quedado tras la agresión.

—Por favor, discúlpanos. Creíamos que todo iba bien. Es la vez que más ha hablado en dos meses. Se está encerrando en sus propios pensamientos y no sabemos ni cuáles son —admite el hermano de Stephan, devastado por la situación.

—¿Qué te ha pasado? Tú no eras así... ¿Quién te ha hecho esto? —grita la mujer de Oldried perdiendo los nervios.

EL ÚLTIMO SUEÑO

Oficinas centrales de CrioTech, Valencia,
29 de noviembre de 2095

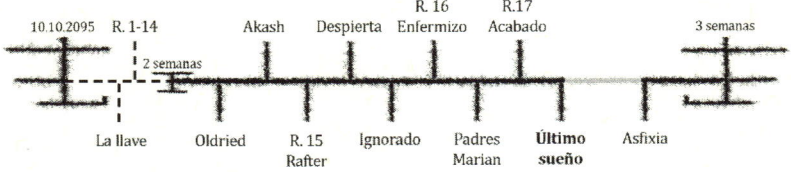

—¿Qué estás haciendo, imbécil? ¡Te dije que las dejaras en paz! —increpa Marian Sanz, la máxima responsable de CrioTech, sin haber dado tiempo al presidente del consejo de ETech, Josh Díaz, a cruzar del todo la línea que delimita su despacho con el del pasillo custodiado por Thian.

—¡Oye! Que solo me preocupaba por nuestra matriarca —responde sonriente, desafiante y con el más amplio grado de insultante ironía.

—Te metiste hasta su salón y así no haces más que poner en riesgo nuestros acuerdos.

Tal y como acostumbraba, Josh Díaz toma asiento sin haber sido invitado y hace gala de esa gran resiliencia ante los típicos insultos que soporta al dar por hecho que es una condición vinculada a los vaivenes que dicta la política oportunista de las alianzas. Con las piernas cruzadas y cogido de los reposabrazos de la silla, mira hacia un lado y hacia otro, con claros signos de que dirigirá la conversación hasta sus intereses.

—¿De qué acuerdos hablas? Hasta la fecha, sigo esperando a que te decidas. Aunque ya me dirás tú a qué.

—Mis condiciones son innegociables, ya lo sabes —indica Marian—. Primero, enséñame el ETech Storage y luego seguimos hablando. Algo me dice que hoy tu empresa vale mucho más de lo que valdrá mañana.

—Marian, Marian, Marian —repite Díaz con sorna mientras mueve la cabeza de un lado a otro de forma exagerada, haciendo ver que tal reacción no es más que una parodia a las clásicas réplicas televisivas—. ¿Tú también crees que esa preciosa niña que está en coma era mi única carta de hijos de ojivas? —admite más que sonriente—. El producto ya está en la calle, pero estoy esperando a que mis chicas me enseñen lo que tienen entre manos —explica haciendo alusión a lo que tiene montado Leire en el salón—. Y no te confundas, todo esto te lo digo porque me estoy hartando de tus jueguecitos y de los suyos.

Josh se levanta y se toma una nueva licencia con la que traspasa la frontera que delimita el espacio personal de la propietaria del despacho. A las cuatro de la madrugada de la posición de Marian, el dirigente continúa con su exposición mirando por la ventana y con las manos a la espalda, cual profesor que recorre los pasillos del instituto.

—Mira a tu alrededor. Pronto todos esos hijos de ojivas van a dominar el mundo. Sus capacidades con respecto a las de los simples humanos como nosotros van a hacer que tu tecnología no sirva más que para engendrar los esclavos más longevos que la humanidad haya visto.

»Nadie va a querer que sus hijos tengan la capacidad de autorregeneración que proporciona tu tecnología si eso significa que sus mentes quedarán ancladas a la mediocridad del ser humano.

Cansado de la situación que ha provocado el fallo de migración de Alba, y también de la especie de juego al que le tiene sometido Marian a la espera de la fusión entre compañías, el máximo mandatario de ETech explota y decide destapar una de las bazas más potentes que la tecnología de migración ha reservado, su capacidad evolutiva.

—Estáis a punto de conocer el nuevo salto evolutivo de la humanidad, los Capacity —concluye y se dirige hacia la puerta de salida dando por acabada una reunión que *a priori* debía de haber sido más larga.

—¡Díaz! —interrumpe ahora Marian.

De pronto, sin saber cómo ha llegado hasta allí, Josh descubre el antebrazo de Thian oprimiendo su garganta contra una de las paredes que se encontraba a más de dos metros de su recorrido. Como si tuviera todo el tiempo del mundo, y a pesar de no circular ni un milímetro cúbico de aire en ningún sentido de las vías respiratorias del invitado, ahora es Marian quien se acerca hasta él para susurrarle:

—Escúchame bien, hijo de puta. Si le haces daño a Ester, la próxima vez le diré a mi amigo que no te suelte, ¿entiendes? ¡Esta guerra no ha empezado todavía!

El gesto con el que Josh recupera su respiración no solo viene acompañado de los mil interrogantes con los que intenta justificar semejante pericia en el movimiento ejecutado por Thian, sino a otros más con los que se pregunta por qué tanto interés en el bienestar de Ester del Páramo.

A varios kilómetros de distancia, esa vuelta a la respiración por parte de Díaz se sincroniza a la perfección con la que también combinan Ester y Pablo tras semanas de sueño inducido. Testigo de ese despertar, Leire pronto caerá ante el incontrolado impulso de la matriarca, mientras su marido asimila la dura exposición con la que Enzo Monzó terminó aquellos diarios.

¿ES ESTE EL FINAL?

Oficinas centrales de CrioTech, Valencia,
1 de diciembre de 2042

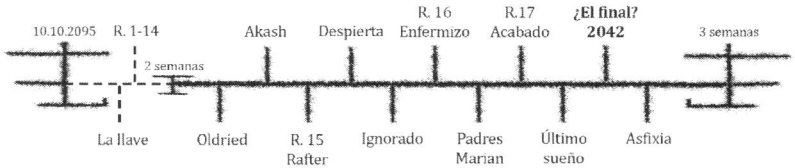

Cualquiera diría que la determinación con la que Leire se aventura hasta el despacho de Marian corresponde a la de alguien que ha pasado tantas semanas consecutivas sumida en la mierda. Hasta ese pasillo, donde hace resonar sus tacones con toda la confianza que también infiere su expresión, ha llegado gracias a la ayuda de un escuálido oriental que parece haber cambiado de bando, Thian Matsuyama. Como era de esperar, tras haber burlado decenas de controles del edificio, Leire no iba a llamar a la puerta antes de entrar. Por lo que después de tantos años, vuelve a escribirse una nueva página acerca de la conexión de esas miradas que se situaron justo después de aquel último abrazo que se dieron descalzas, mientras Ángel esperaba en un taxi.

Marian se ha limitado a levantar la cabeza y clavar los ojos en la no tan boyante joven, que sin más se ha quedado de pie en la puerta sin decir nada. Por otro lado, la flamante promesa de CrioTech es tan idéntica a la de hace unos años que nadie pensaría que ha pasado casi un lustro desde que se dijeron «te quiero» por última vez. Es como si alguien hubiera vaciado el edificio, ni un solo sonido se atreve a forzarlas a que no se tomen su tiempo. Así que es Leire la que decide pasearse en silencio, observando cada extraño motivo que adorna el lugar. Pasados unos minutos, alcanza la silla donde apoya los brazos y recobra así el aliento para exponer las conclusiones que han derivado del último movimiento del detective Enzo Monzó, la carta con la que se despedía.

Estado de conexión: conectando...
Interfaz red de usuario código:
EP061036 Ester del Páramo/PS025865 Pablo Sanders
Fecha: 2122095. 10:15
Acceso a directorio privado/Archivos/Diario de Enzo/
REGISTRO 19

He pensado mil veces cómo empezar esta carta y ni siquiera he podido encontrar el apelativo adecuado para la persona que más he querido y que, a la vez, menos me ha correspondido. Hasta aquí llego con la certeza de que no volveré a verte, porque todo se ha vuelto extraño hasta la ignominia y porque todo parece haberme llevado hasta el punto de entender lo justo. Lo que tú necesitas para continuar con tu vida, ni un poco más, ni un poco menos. Y como te prometí que lo resolvería...

Verás, tenía que haber algo en torno a todo lo que hemos vivido que relacionara nuestros mundos y conectara cada detalle, cada suceso. Un común denominador que diera sentido a su motivación de hacernos daño, ¿verdad? ¡No todo podía girar alrededor de Marian o tu relación con ella!

Así que mientras nos deslumbraba el nacimiento de una tecnología que evitaría que los seres humanos se reprodujeran con la frecuencia habitual, a lo que llamasteis ETech, descubrimos que las personas más capaces de nuestra era decidían poner fin a su vida o, en su defecto, perder el juicio. ¿Qué pasaba en el mundo? ¿Y desde cuándo pasaba esto?

El patrón conductual más flagrante que relacionaba a los humanos más capaces llevaba siglos latiendo frente a nosotros y a diario asumíamos como algo normal la pérdida de todos aquellos genios. Músicos, matemáticos, artistas y otros muchos nos abandonaban por su propia voluntad antes de que su hora hubiera llegado. «Demasiado inteligentes para este mundo...», pensábamos.

Al mismo tiempo, CrioTech, la sociedad que concentraba todos sus esfuerzos en destruir lo que representaba la tecnología de migración también se aseguraba en destruir cualquier posibilidad de que las leyes de la física y nuestra concepción sobre el tiempo cambiaran. Sé que no estabas al corriente, pero mientras tú construías una vida con Ángel, el trabajo del físico Drederick Jablonsky y cualquier voluntad de continuarlo por parte de Mabel Lejeune encontraba su final. Las posibilidades que guardaban sus ecuaciones eran infinitas y ahora solo los que se aseguraron de que ese trabajo no viera la luz son capaces de usarlas.

La lectura de la carta que Leire escondió durante años, junto con el diario que en 2095 Pablo y Ester exploran, se detiene a voluntad del más débil de ellos.

—Espera... —solicita Pablo a su mujer en el vacío del mundo virtual creado para la lectura de aquel USB que, por alguna razón que están a punto de entender, Enzo dejó preparado para Ester—. ¿Qué está diciendo?, ¿qué significa que los que se aseguraron de que el trabajo no viera la luz son los únicos capaces de usar las ecuaciones de Jablonsky?

—¿No te das cuenta? —responde Ester—. Siempre son los mismos. Todo lo que nos ha ocurrido ha sido culpa de CrioTech. No quieren que nadie sepa usar sus fórmulas, por eso eliminaron a Jablonsky simulando aquel accidente de tráfico.

—Pero podría haber sido solo un accidente —replica Pablo frente al claro intento de culpabilizar a su madre, Marian.

—¡Pablo! —recrimina su mujer indignada ante su candidez—. Se cargaron a Zimmer, el compañero de Mabel, e incluso llegaron a secuestrar a su hija Diana. Además, ¿es que no has entendido lo que Alexander Massa quiso decir a Enzo? ¡Lo acabamos de ver en sus diarios! Ese hombre fue el primero en descubrir la formulación en la que más tarde trabajó Jablonsky y lo coaccionaron con la condición de volver a estar con Alice, hasta que lo mataron delante de Ángel.

—¿Pero por qué?, ¿qué sentido tiene que hayan estado matando durante tantos años a gente tan brillante? Entiendo lo de Jablonsky, pero ¿por qué provocarían el suicidio de los demás?

Leire... Si te soy sincero, no puedo imaginar en qué lugar están reuniendo las mentes de todos estos genios de nuestro mundo. Lo que sí tengo claro es que el significado de nuestra existencia cambiaría si supiéramos que con todos estos elegidos podrían estar creando, en otro lugar, una sociedad perfecta y mucho más evolucionada que la nuestra. Ahora mismo, solo pienso en todos esos incomprendidos que pueden haberse marchado en extrañas circunstancias a otro mundo, al no haber sido suficientemente valorados por todos los que nos quedamos aquí. Madame Curie, Aaron Swish, Pitágoras, Hemingway, Lacer... ¡La lista es interminable! Joder, incluso Jesucristo se fue en muy extrañas circunstancias y daría sentido a esta teoría.

Y, por otro, lado tampoco puedo dejar de pensar en muchos otros genios que en vez de irse se quedaron aquí, aunque con la mente tan perturbada como para que se convirtieran en parias, tales como Tesla, Newton, Van Gogh... E incluso ese al que tú conoces y con el que conseguí entender otra pequeña parte de esta historia, Stephan Oldried. Después de lo que has visto, ¿no crees que podrían haber perdido el juicio al haberles negado la oportunidad que antes les habían ofrecido? Estoy seguro de que, en el caso de Oldried, fue lo que pasó. De alguna forma tuvo que fallar una prueba, una pregunta que debía resolver o simplemente es que lo utilizaron para que todo esto llegara hasta ti y, algún día, hasta Ester del Páramo. En fin, hay mucho que todavía no puedo contarte, pero sí que puedo recordarte que un día me hablaste acerca de cómo la red ETech se erigió sobre una única persona y, con ello, incluso he podido contextualizar lo que Stephan susurró en tu oído días después de volverse loco: «¡Su hija ocupará otro cuerpo para que su madre destruya lo que tú sola te has buscado, Leire Aragó!».

La tecnología que creaste a partir de Ester del Páramo es para ellos la red que infecta el mundo y ha generado una consecución de reacciones que empujará a CrioTech a utilizar las más execrables estrategias para volverla contra sí misma, hasta que se autodestruya. Tú mejor que nadie sabes que la clave de todo es esa primera ojiva sobre la que anclasteis el sistema. Tal y como me dijiste: «Si ella cae, el sistema se vendrá abajo». Y solo hay una persona que en el futuro podrá sacudir emocionalmente lo suficiente a la Ester que hoy conocemos como para replantearse su propia naturaleza.

Leire, a la que hoy todavía es una niña, tu primera y más importante ojiva, un día tendrás que responderle con la verdad o con más mentiras. A ella no le servirá escuchar que no lo sabías o que no creíste en mí, porque lo tuvimos delante de nuestros ojos todo el tiempo. CrioTech sabe que no existe nada que pueda forzar a alguien a volverse más contra quien es o contra quien representa que su propio ADN, ¡su futura hija! Una pequeña de cinco años que algún día será separada de su madre para ser migrada al cuerpo de alguien que nunca se sentirá como quien en realidad es. Y tú conoces a la única persona que ha contado una historia parecida. Piénsalo bien, control de las ecuaciones de los físicos más importantes de nuestro tiempo, desaparición de esos mismos científicos en extrañas circunstancias y, alrededor de todo esto, el inexplicable cambio de la estructura cerebral de una niña que quizás solo esté atrapada en el cuerpo de otra persona.

El escenario se detiene de nuevo al constatar que Ester no quiere entender lo que Enzo explica en su carta. Pablo, quien ya era conocedor de alguno de todos estos detalles al ser el hijo de la mismísima Marian Sanz, no puede más que dedicarse a contemplar la estupefacción de su esposa al comprender que ella es la clave de todo. Y, aún peor, para llegar hasta ella han utilizado la migración de su futura hija, llevándola sesenta años atrás al cuerpo donde la verdadera Marian Sanz perdió la vida.

—No lo entiendo. ¿Por qué?, ¿qué han hecho? —pregunta cediendo su liderazgo a alguien que ha tenido años para revolverse contra sí mismo por semejantes artimañas.

—Ester... —reclama Pablo dispuesto a relatar la historia que su madre un día le contó—. Imagínate una niña que de repente despierta en un mundo donde apenas reconoce nada. Ella no lo entiende, pero todo lo que ve es la vida tal y como se desarrollaba hace sesenta años y, aunque no se atreve a contárselo a nadie, ella sabe que aquellos padres que supuestamente había perdido en un accidente no eran los que recordaba.

»Ha sido CrioTech quien ha estado cuidando de ella y los que durante toda su vida le prometieron que volvería a reunirse con su madre. Incluso le dieron la tecnología que necesitaba para alcanzarla en su misma línea temporal. Ahora nuestra hija tiene la misma edad que nosotros.

—¿Cómo puedes saber tú todo eso? —grita Ester.

—¿Es que no te das cuenta de lo que significa todo esto para mí? —responde Pablo—. ¿Por qué crees que me separé de vosotras y nunca he conseguido superarlo? ¿Por qué crees que no quería tener una hija? ¡Ester, Marian es al mismo tiempo mi madre y mi hija! —grita ahora Pablo dejando salir el enorme peso de la frustración que le ha procurado ese horrible secreto—. No entiendes por lo que he pasado.

»Durante toda mi vida he tenido la esperanza de que la gente de CrioTech pudiera estar equivocada y que no fuera verdad que mi madre y mi hija pudieran ser la misma persona. ¡Por eso nunca quise ser padre! ¡Por eso me negaba a seguir con el programa de hijos de ojivas! Y... ¡por eso mi comportamiento era el que era! ¡Porque lo que me dijeron se iba cumpliendo y, a medida que eso pasaba, tenía más miedo por lo que significaba para mí! —ruge Pablo desesperado.

—No, no, no. ¡No! —repite una y otra vez la matriarca de una tecnología a la que comienza a odiar, pues se da cuenta de que una de las implicaciones más importante para ella, en caso de que todo aquello fuera verdad, es que habría perdido la oportunidad de disfrutar de la infancia de su hija—. Pero no lo entiendo, no puede ser. ¿Cómo podrían haber migrado a nuestra niña al pasado?

—Enzo te lo está explicando, amor. Los humanos todavía no entendemos cómo funciona el tiempo. Para nosotros una cosa va detrás de la otra y ya está. Y no conseguimos entender que puede que ni siquiera seamos la primera versión de nosotros mismos —explica Pablo más calmado—. Puede que existan miles de mujeres como tú que ya hayan recorrido el camino que ahora estás descubriendo, y entre las infinitas líneas temporales puede que también existan versiones de ti misma donde todavía ni nos conozcamos.

»Llevo años intentando no creer que CrioTech pueda tener a su alcance el potencial de las paradojas temporales, pero nuestra hija me lo ha repetido miles de veces. La que hoy es Marian recuerda haber cerrado los ojos con tu promesa de que se despertaría en una ojiva idéntica a ella y, en lugar de eso, despertó en medio del caos de un accidente de tráfico en el año 2010.

Mi querida Leire:

Quizás ahora ya puedas ver a Marian con los ojos que ella siempre ha querido que la veas y decirle que crees en ese motivo que la hace sentirse extraña dentro de su propio cuerpo. Quizás le hables de Ester y vea en ella no solo a la matriarca de toda una generación de humanoides, sino a una madre. Porque ese es el motivo por el que el día antes de su suicidio, tras hablar con Akash frente aquella sucursal bancaria, decidió cambiar de rumbo e ir al Fix You con vosotros. Marian fue a despedirse. Creo que ella siempre supo que, cuando volviera a despertar del suicidio, estaría más cerca de Ester del Páramo que de ti; puede que el tiempo me dé la razón.

No sé cuál será para ti el resultado del cómputo de todos estos sucesos. Por mi parte, yo ya he sacado mi propia conclusión con respecto a una organización que trata de evitar que la cadencia de la reproducción humana disminuya y así seguir recolectando especímenes extraordinarios, fruto del mestizaje de nuestra especie. Y de ahí a Roger Lacer... Es decir, durante años me pregunté por qué habían dejado caer a Akash y permitido su muerte. Siempre habían hecho cosas extraordinarias para librarse de nosotros cuando no tenían salida y ese chico se quedó solo allí arriba. Hasta que lo comprendí. El profesor Lacer era una de las piezas más importantes para ellos porque representaba las dos cosas que andaban buscando: por un lado, era un genio y, por otro, estaba a punto de sacar al mercado otra propuesta tecnológica con la que la humanidad vería mermado el ritmo de su reproducción. ¡Su fijación por Lacer les hizo perder una de las partes más importantes de su equipo!

En cuanto a Matsuyama, hasta ahora, no he podido averiguar si en realidad cambió de bando o Maison cometió algún tipo de error. Aunque, después de asumir que su verdadero interés era poner de su lado a Ester del Páramo, no sé si pensar que todo ha formado parte de un plan magistral en el que incluso Oldried ha cumplido su cometido o ha sido fruto de la casualidad. En tus manos dejo la posibilidad de que Ester recupere a su hija, porque el USB, que seguro aún no has podido soltar de tus manos, no se activará si no es con la combinación de vuestro ADN. Mientras tanto, vive tu vida, dile a Marian que sabes quién es y cuida de quien os envío. Mi contacto francés, Pierre Lacroix, necesitará tu ayuda para volver a ser quien era y, para ello, quizás quiera continuar mi trabajo en el punto en el que yo lo dejé.

¡Ester no quiere creer nada de lo que está viendo! El secretismo que siempre envolvió al ETech Storage, la autodestructiva actitud de Pablo e incluso su pseudónimo, la Matriarca, todo en lo que había creído parecía estar despedazándose para dar forma a una realidad muy distinta. ¿Cómo si no podía explicarse que Leire no hubiera encontrado la mente de Alba en ningún sitio? Ella misma lo dijo: «¡Tu pequeña no está! No he conseguido encontrar ninguna migración reciente a una ojiva que se encuentre a día de hoy en este mundo». Siempre se habló de una migración completada. Y, por otro lado, Marian nunca echó más leña al fuego en esa especie de pugna que siempre tuvieron entre ellas. ¡Esa rivalidad era solo cosa de Ester!

—Puede que este sea el motivo por el que mi madre nunca consigue encontrar a quien pretende en las pesadillas que tiene durante las transfusiones de crio. Las que tienen que ver con el accidente donde perdió a sus padres —explica su marido a la inmóvil imagen virtual de Ester.

Y es que, para Pablo, todo aquello era más fácil de digerir. Había tenido años para asumir una realidad que hoy se atestaba de pruebas. Tal y como explica, quizás, el hecho de que en sus sueños Marian nunca encuentre a su madre en el asiento donde la vio morir signifique que simplemente no está porque quien volvió a la vida no fue ella, sino Alba Sanders. Lo que había pasado significaba que Pablo sí fue la clave de aquel horrible secuestro y que Alice siempre había trabajado para CrioTech. Aunque, por otro lado, Ángel Torres, Jablonsky, Zimmer... tantos muertos para poder convencer a una única persona de una simple idea: que la migración humana había sido un error y debía terminar.

Nunca pensé que lo diría, pero la muerte de Ángel Torres me ha hecho tanto daño como a ti. *A priori* me pareció una reacción desproporcionada. Matarlo solo por querer mostrar al mundo que Pablo Sanders es culpable de ser hijo de alguien que nunca eligió. La gente lo olvidaría rápido y seguro que ETech no le hubiera negado la posibilidad de ser migrado. Pero algo me dice que CrioTech reserva para ese muchacho una plaza especial en esta guerra entre tecnologías. Por alguna razón que aún no he podido comprender, quieren que también tenga el tiempo equivalente a cinco vidas humanas, aunque condicionado por secretos mucho más relevantes que ser hijo de Alexander Massa. Por eso he decidido ir a buscar respuestas donde Oldried murmuró en uno de sus conatos de locura. Así que no puedo decirte si algún día volveré, puede que este sea mi final. El final del detective Enzo Monzó.

Me estoy adentrando en el ecosistema que el líder de toda esta especie de religión ha creado y, con cada paso que avanzo, hasta el sitio donde se supone que está, me doy cuenta de lo surrealista que se pueden volver las leyes de la física, incluso en nuestro propio mundo. Necesito averiguar si todos esos supuestos errores que han cometido, como la vuelta a casa de la hija de Mabel, la locura de Oldried o incluso la ayuda que Thian te prestó para llegar hasta tu amiga, en realidad, tuvieron como objetivo que yo descubriera el entramado de toda esta historia para que un día Ester se vuelva en contra de ETech. Puede que nos hayan estado utilizando para destruir de la forma más eficiente ese avance tecnológico que tú diseñaste y del que saben que, antes o después, todas las civilizaciones del universo serán capaces de alcanzar.

De vuelta al despacho de Marian

En el despacho de la líder de la tecnología de criorreparación nada ha cambiado. Los segundos siguen pasando a la espera de que alguna de las dos se aventure a romper la inercia que la exestrella del *marketing* siempre había mantenido enterrada en su interior. El suicidio ya no parecía más que otra forma de expresión con la que quiso decir basta a seguir aparentando quien no era. Y si todo lo que Enzo ha descubierto es verdad, puede que la primera interesada en su supervivencia fuera CrioTech.

—Ahora sé quién eres —afirma la neurocientífica—. ¡Eres la hija de Ester del Páramo!

PUEDE QUE NO

Lugar indeterminado,
20 de diciembre de 2042

Varios tonos a la espera de que un teléfono sea respondido se escuchan hasta saltar el buzón de voz.

—Enzo, bueno, veo que no coges el teléfono y la verdad es que quiero hablar contigo —dice Mabel Lejeune, en la línea de un teléfono olvidado en la taquilla de una estación que probablemente nunca vuelva a abrirse—. Estoy asombrada por el progreso en tu comprensión de la formulación de mi trabajo, pero hay algo de todo lo que dices que no me encaja.

»¡Estás hablando de un suceso temporal muy extraño! Es decir, apenas conocemos los misterios que encierran todo aquello a lo que llamamos paradoja temporal. Todo puede ser viendo lo que hacen estos tipos, pero, para mí, el tiempo es lineal.

»Podríamos entender que incluso puede casi hasta detenerse con respecto a otro punto del universo, pero nunca podremos volver atrás en el tiempo. A día de hoy, no hay ninguna ecuación que pueda explicar que una mente viaje hasta un suceso del pasado.

»En cualquier caso, no sé... ¡Quizás sabes algo más que yo! Me siento como si esto no hubiera hecho más que empezar. Llámame si quieres y lo comentamos. Feliz Navidad. Cuídate mucho, un beso.

ÍNDICE

Prólogo 7

Capítulo 1. Decisiones 9

Capítulo 2. Múltiples ofertas.............................. 57

Capítulo 3. Simultaneidad de sucesos 97

Capítulo 4. 18 Días antes 143

Capítulo 5. Conexiones inexplicables 189

Capítulo 6. Estrategas 231

Capítulo 7. Rendijas y experimentos 273

Capítulo 8. Múltiples conexiones.................... 303

Capítulo 9. Humanos 349

Capítulo 10. Estrechando el cerco.................. 389

Capítulo 11. De otro mundo 433